인간의 마지막이 하나님의 시작이다

인간의
마지막이
하나님의
시작이다

지은이 | 최세웅
펴낸이 | 원성삼
책임편집 | 김지혜
표지디자인 | 한영애
펴낸곳 | 예영커뮤니케이션
초판 1쇄 발행 | 2020년 3월 23일
등록일 | 1992년 3월 1일 제2-1349호
주소 | 04018 서울시 마포구 동교로 55 2층(망원동, 남양빌딩)
전화 | (02) 766-8931
팩스 | (02) 766-8934
홈페이지 | www.jeyoung.com
ISBN 979-11-89887-19-3 (03230)

값 15,000원

이 도서의 국립중앙도서관 출판예정도서목록(CIP)은 서지정보유통지원시스템 홈페이지
(http://seoji.nl.go.kr)와 국가자료공동목록시스템(http://www.nl.go.kr/kolis-
net)에서 이용하실 수 있습니다.(CIP제어번호: CIP2020009822)

모든 인간은 하나님의 형상을 닮은 존귀한 존재입니다. 사람은 인종, 민족, 피
부색, 문화, 언어에 관계없이 모두 다 존귀합니다. 예영커뮤니케이션은 이러한
정신에 근거해 모든 인간이 존귀한 삶을 사는 데 필요한 지식과 문화를 예수 그리스도의
사랑으로 보급함으로써 우리가 속한 사회에 기여하고자 합니다.

최세웅 감독의
목회에세이

인간의
마지막이
하나님의
시작이다

인생의 마지막 5분을 살며,
지난 목회 46년을 돌아보며 기록한
하나님의 도우심

최세웅 지음

예영커뮤니케이션

인생은 운동경기와 같다 했는데, 출생부터 사십까지가 전반전, 사십부터 칠십까지는 후반전 그리고 칠십부터는 연장전이다. 그리고 팔십부터는 인생의 마지막 5분이라 생각한다. 나는 현재 인생의 마지막 5분을 살고 있다.

내 인생을 깊이 생각해 본다.

과연 누가 나를 만들어 이 세상에 태어나게 하셨을까?

나의 의지와는 상관없이 누군가가 당신이 필요해서, 어떤 특별한 계획이 있어 이 세상에 태어나게 하신 것이 아닌가?

인생에는 왕복표가 없고 일회적인 사건으로 끝나기 때문에 결국에는 깊은 후회와 많은 아쉬움으로 끝날 수밖에 없다.

나는 서재에 꽂혀 있는 책을 바라보면서 생각했다.

언젠가 그날이 오면 저 책들, 나와 수십 년을 함께 살아온 저 책들을 다 불태워 버리겠지. 옷장에 걸려 있는 옷도 다 불태워 버리든가 땅속에 묻어 버리겠지. 마지막에 나조차도 땅속에 묻어 버리든가 다 태워 버릴 것이다.

그래서 많은 사람이 발자국 하나라도 남겨 놓고 싶은 마음에서 자서전이나 회고록을 쓰는지도 모르겠다. 나는 자서전이나 회고록을 쓸 만한 자격이나 공로가 없다. 그러므로 모든 것은 그대로 다 땅속에 묻어도 아쉬울 것이 없다. 하지만 영원히 땅속에 묻을 수 없고 또 묻어서도 안 되는 것이 있다. 그것은 영원히 살아 계신 하나님과 그 하나님의 역사다. 특별히 나의 과거와 현재를 지켜 주시고 인도해 주시며 미래에 대한 약속의 말씀을 주신 하나님의 은혜와 사랑 그리고 축복을 절대로 땅에 묻어 버릴 수 없다. 후대에 많은 사람으로 하여금 그 하나님을 만나고 경험하게 만들기 위해서 이 책을 쓰게 된 것이다.

하나님의 역사를 알리고 기념하는 데 세 가지 방법이 있다.

출애굽을 위해서 애굽에 열 가지 재앙을 내리실 때 이스라엘의 장자를 구원해 주신 그 역사를 잊지 않고 기념하게 만들기 위해서 '날'을 정해 놓고 유월절을 지키게 하셨다. 그리고 출애굽 이후 최초의 전쟁, 아말렉과의 전쟁에서 승리하게 하신 하나님의 역사를 책에 기록하여 자손 대대로 은혜와 교훈을 삼게 하셨다. 사무엘 시대에 블레셋의 침략을 받았으나 하나님의 도우심으로 승리하여 미스바에 와서 '하나님이 여기까지 우리를 도우셨다'는 에벤에셀 하나님의 역사를 영원히 기념하기 위해 기념비를 세우게 하셨다. 이렇게 살아 계신 하나님의 역사를 땅에 묻지 않고 살아 있게 하기 위해 이 책을 쓰는 것이다.

또한 나의 목회, 46년 역사의 결론은 '목회는 아무나 할 수 있는 것이 아니고 또 아무나 해서도 안 된다'는 것이다. 이렇게 힘들고 어려운 목회를 하는 후배 동역자에게 작은 위로와 격려가 되었으면 하는 마음에서 이 책을 쓰고 싶었다.

인생의 길을 가는 방법에는 두 가지 길이 있다. 내가 스스로 찾아서 가는 방법과 먼저 가 본 이들에게 물어서 가는 방법이다. 인생은 모든 사람들에게 초행길이다. 자기 스스로의 노력이나 방법으로 찾아가는 것도 의미가 있겠지만 먼저 가 본 이들에게 물어서 가는 것도 또 하나의 지혜요, 방법이다. 그러므로 물어서 실수나 실패를 줄일 수도 있는 것이다. 이런 의미에서 많은 사람의 자서전이나 회고록은 성공은 성공대로, 실패는 실패대로 의미를 가지고 있다. 모세가 이스라엘 민족을 인도했던 목자의 삶은 목회자에게 많은 교훈과 경험이 된다. 나의 목회 46년도 마찬가지다. 성공, 실패를 떠나서 힘들고 어려운 목회를 하는 후배 동역자들에게 따뜻한 사랑으로 전해졌으면 하는 마음에서 감히 이 책을 쓴 것이다. 나는 이 책을 쓰면서 하나님께 감사드리고 젊은 후배 목회자와 그들을 도와 함께 멍에를 메고 살아온 모든 성도에게 감사드린다.

그리고 평생 목회자의 아내로서 불평 한마디 없이 목회와 함께 가정을 돌보면서 마지막 승리와 축복을 안겨 준 사랑하는 아내에게 감사드린다.

2020년 봄

최세웅

목차

1장

하나님의
부르심을 받다

나의 나 된 것은 하나님의 은혜라

소명의식과 사명감

신학대학에서 만난 예수

나의 나 된 것은
하나님의 은혜라

성경에 보면 하나님의 부르심을 받고 평생 사명감을 가지고 산 사람들이 있다. 아브라함은 갈대아 우르에서 달의 신을 섬기는 조상에게서 태어나 그곳에서 하나님의 부르심을 받았다.

> 여호와께서 아브람에게 이르시되 너는 너의 고향과 친척과 아버지의 집을 떠나 내가 네게 보여 줄 땅으로 가라 내가 너로 큰 민족을 이루고 네게 복을 주어 네 이름을 창대하게 하리니 너는 복이 될지라(창 12:1-2).

모세는 애굽 궁중에서 나와 들에서 양을 치며 광야 생활을 하고 있을 때 떨기나무 불꽃 가운데서 하나님의 부르심을 받았다.

예레미야는 모태에서 나오기 전에 열방의 선지자로 부름받았다.

내가 너를 모태에 짓기 전에 너를 알았고 네가 배에서 나오기 전에 너를

성별하였고 너를 여러 나라의 선지자로 세웠노라 하시기로 내가 이르되

슬프도소이다 주 여호와여 보소서 나는 아이라 말할 줄을 알지 못하나이

다 하니 여호와께서 내게 이르시되 너는 아이라 말하지 말고 내가 너를

누구에게 보내든지 너는 가며 내가 네게 무엇을 명령하든지 너는 말할지

니라(렘 1:5-7).

위대한 전도자 바울은 본래 유대교인으로서 교회를 핍박하여 잔해

하고 유대교를 지나치게 믿어 열심이 있었다. 그러나 예수님은 그러한

바울을 사도로 부르셨다.

우리 아버지는 1911년 출생하셔서 인천에 가난한 아이들을 위해 홍

인학원을 설립하셨다. 16년 동안 교장으로 계시면서 교육계에 많은 공

헌을 하셨다. 또한 만능 운동선수로 유도, 역도, 축구 종목에서 인천

대표로 활약하셨다. 인천체육회 체육신문을 발행하셨고 체육 발전에

도 크게 이바지하셨다.

1950년 6월 25일, 40세 되신 해에 한국전쟁이 일어났다. 3년 1개월

전쟁 끝에 1953년 7월 27일 휴전되었다. 그동안 우리 가족은 부산과

마산으로 전전하며 피난 생활을 하다가 다시 인천으로 돌아왔다.

전쟁으로 인해 33%의 주택과 43%의 산업시설이 파괴되었다. 국민

소득은 65달러, 외국 구호물자로 생계를 유지할 수밖에 없을 정도로

가난했다. 나는 서울 배재고등학교에 복교하여 인천에서 서울로 통학하게 되었다.

나는 3대째 불교 가문에서 태어나 모태부터 불교신자로서 절에 다녔다. 1955년 배재고등학교 2학년 때, 친구 이순석이 성탄절이 되었으니 교회에 놀러 가자는 것이다. 별 부담 없이 친구 따라 교회에 나간 것이 신앙생활의 첫 걸음이 되었다. 인천중앙교회 김용련 목사님의 인자하고 따뜻한 사랑에 계속 교회를 다니다가 인천 창영교회로 옮기면서 황치헌 목사님의 설교에 많은 교훈과 감동을 받았다. 고등부를 다니면서 어린이교회학교 새신자반을 맡아 어린이들에게 전도하고 새로 나오는 그들에게 성경을 가르치고 찬송과 기도를 가르쳤다. 그리고 한 달이 지나면 교회학교 해당 반으로 올려 보내는 일을 했다. 가난한 생활 속에서도 신앙은 점점 성장하여 오직 신앙생활에 전념하게 되었다. 고등학교 3학년이 되었을 때 친구 남매와 함께 서울에서 열린 부흥회에 참석했는데 친구 남매는 병이 낫지 않는다고 중간에 인천으로 다시 내려왔다.

그러나 누군가가 나를 강하게 붙들어 놓는 바람에 집으로 돌아가는 것뿐만 아니라 학교에 출석하는 것도 잊어버리고 계속 그 자리를 지키면서 은혜 받는 일에만 전심전력을 다하고 있었다. 드디어 역사적인 밤이 돌아왔다. 그날 저녁 설교 내용은 '십자가'에 대한 것이었다. 예수께서 우리를 위하여 십자가에 죽으셨으니 그 은혜를 갚아야 한다는 것이다. 그날 밤 말씀이 완전히 내 마음을 사로잡았고, 기도의 문이 열리면서 십자가 앞에서 눈물 콧물을 흘리며 회개하였다. 나의 죄 뿐만 아니라 부모 형제 그리고 교인들과 이 민족이 저지른 죄까지 몸부림치고 통곡하면서 밤새도록 회개하였다. 그야말로 야곱이 얍복강에서 회개하던 밤이었다.

새벽기도 시간에 헌금하는 순서가 왔다. 앞에서부터 헌금바구니가 돌아오는데 얼마나 감사한지! 헌금할 수 있는 기회가 온 것이 말할 수 없이 감사했다.

'다 바쳐야지! 남김없이 있는 것을 다 바쳐야지!'

감사한 마음과 기쁜 마음으로 다 바치려고 주머니마다 뒤졌지만 헌금할 돈이 없었다. 정말 가난밖에는 가진 것이 아무것도 없는 때였다. 눈물이 쏟아지기 시작했다. 아무것도 바칠 것이 없다. 온몸은 불덩어리가 되었다. 헌금바구니가 앞에 왔다. 나는 입고 있던 옷을 벗어서 헌금바구니에 넣고 그 자리에 쓰러졌다. 예수님이 나를 위해 죽으셨는데 나는 아무것도 바치지 못하니 어떡하나? 그 자리에 엎드려 울면서 기도하며, 찬송하며, 회개했다.

"하나님 바칠 것이 없으니 어떡하면 좋습니까?"

몸부림치는 동안 브니엘의 새벽이 밝아왔다. 나에게는 새벽이 밝아오는 것보다는 차라리 어두운 밤이 그대로 좋게 느껴졌다. 마음이 더욱 무거워졌다. 무엇으로 십자가의 은혜를 갚아야 하나? 그때 하나님의 음성이 들렸다.

"너 자신을 바쳐라!"

그 순간 모든 문제가 다 해결되는 것 같았다. 너무 너무 감사했다. 드디어 바칠 것을 찾았다. 그날 새벽 나는 하나님의 부르심을 받았다. 두 손을 번쩍 들었다.

"하나님 나를 바치겠습니다. 나를 바쳐 목사가 되겠습니다. 목사가 되어 평생 십자가를 증거하면서 십자가의 은혜를 갚겠습니다."

새로운 결단과 결심을 하면서 큰 짐을 덜고 모든 빚을 다 갚은 것 같은 마음으로 돌아왔다. 인생의 방향이 결정되니, 내가 이 세상에 다시 태어난 느낌이었다.

목회자가 되는 것은 개인의 어떤 목적을 이루기 위한 계획이나 꿈을 가지고 선택한 직업이 아니다. 재벌이 되기를 원했으면 사업가가 되었을 것이고, 권력을 가지고 많은 사람 위에 군림하기를 원했으면 정치가가 되었을 것이다. 또 많은 사람의 인기를 원했으면 연예인이 되었을 것이다. 하지만 목회자가 되는 것은 개인의 의지나 희망에 따라 선택한 직업이 아니다. 하나님의 계획과 필요에 의해 하나님의 특별한 부르심을 받아 이루어진 것이다.

그러므로 목회자는 예수 그리스도의 종으로서 평생 사명감을 가지고 살아야 한다. 예수 그리스도의 종이 된다는 것은 그날부터 모든 자유와 권리를 다 잃어버리는 것이 아니라 모든 죄와 죽음에서 자유와 해방을 얻고 모든 것을 다 가진 자가 되는 것이다. 그러므로 목회자는 사명감을 가지고 일할 때 최고의 행복과 보람을 느끼게 되고, 사명감이 없을 때 가장 불행한 인생을 살게 되는 것이다.

사명감

아버지는 교육과 체육 계통에서 많은 활동을 하셔서 사회적으로 존경을 받고 경제적으로도 부유한 생활을 하셨다. 그러나 한국전쟁 중 부산과 마산에서 피난생활을 하다가, 다시 인천으로 와서는 가난과의 싸움이 시작되었다. 상대적인 가난이 아니라 정말 하루 세끼 먹는 그 자체가 힘들었다. 아버지는 교육과 체육활동 외에는 어떤 직장이나 사업에 대한 사회적 경험이 전무해서 도저히 가난을 이겨 낼 수가 없었다. 그런 와중에 나는 하나님의 택하심과 부르심에 대하여 '나의 몸을 하나님이 기뻐하시는 거룩한 산 제물'로 바치기로 결단했다. 그러나 내게는 두 개의 큰 산이 가로막혀 있었다. 하나는 등록금 문제로 고등학교 졸업장을 받지 못한 상태에서 어떻게 신학교 입학 원서를 제출할 수 있느냐는 것과 또 하나는 부모님의 허락을 받는 문제였다.

그러던 중·고등학교 졸업식 날$^{(1956년)}$이 되었다. 강단에서 교직원, 졸업생 그리고 재학생이 모여 졸업예배를 드리고 졸업생 한 사람씩 이름을 불러 졸업장을 수여했다. 하지만 나는 등록금을 완납하지 못해서 마음을 졸이며 기다리고 있었다. 결국 이름을 부르지 않았다. 졸업장이 없는 졸업식이 되고 말았다. 졸업식이 끝나고 밖에서는 가족들과 친구들이 꽃다발과 선물을 전하며 사진을 찍느라 야단이었다. 그날 내리는 눈은 나의 마음을 그대로 표현하는 듯했다.

하지만 나는 하나님 앞에 약속한 대로 신학을 하고 목사가 될 사람이었다. 내게는 하나님과 나만 아는 위대한 계획이 있고, 새로운 세계가 기다리고 있다. 쓸쓸함도 있었지만 그것은 나를 위축시키지 못했다. 졸업식을 마치고 당당하게 교무실로 담임 선생님을 찾아가 신학교 입학을 위한 서류를 부탁했다. 한마디로 거절당했다. 미납된 학교 등록금을 다 가져와야 도장을 찍어 준다는 것이다. 신학교 입학 마감날 담임 선생님을 다시 찾아가 울면서 사정을 했지만, 끝까지 안 된다는 것이다. 마감시간이 가까워지면서 몹시 괴로웠다. 여기서 모든 것이 다 무너지는 것인가? 피가 끓는 청년들이 사고를 저지르는 그 심정을 알 것 같았다.

잠시 후 선생님은 다급히 오셔서 책망하듯 말씀하셨다.

"빨리 신학교로 가 보라."

아무 설명도 듣지 못한 채 서대문 감리교신학대학교로 달려갔다. 알고 보니 담임 선생님이 나도 모르게 입학원서를 접수해 놓으셨던 것이다. 하지만 또 하나 해결해야 할 문제가 남아 있었다. 바로 가족이었다. 아버지를 비롯한 온 집안은 장남인 나에게 모든 희망을 걸었다. 앞으로 정치가나 의사가 되어 집안을 가난에서 건지고 옛날처럼 자랑스러운 가문으로 든든히 세우기를 바라셨다.

'어떻게 목사가 되겠다는 말을 할 것인가?'

그 당시 목사는 가난의 대명사였다.

'일정 기간이 아니라 평생 가난을 지고 살아야 하는데 내가 목사가 된다고 하면 얼마나 실망하실까?'

어느 날, 용기 내어 목사가 되겠다고 말씀드렸다. 아버지는 아무 말씀도 하지 않으셨다. 온몸이 굳어지는 것을 보면서 아주 불안한 예감이 들었다. 밤은 깊어 가는데 잠든 식구는 하나도 없고 무거운 적막만 감돌았다. 오랜 침묵 끝에 아버지는 3일 동안 깊이 생각해 보고 결정하라고 하셨다. 그리고 일반 대학을 가면 밥그릇이라도 팔아 끝까지 공부를 시키겠지만 만일 신학교에 가서 목사가 되려고 결정한다면 집에서 나가라는 것이다. 나에게는 선택의 여지가 없었다. 이미 모든 것이 결정된 상태였다. 새 날이 밝아왔고, 나는 3일 후에 집에서 나갈 준비를 했다. 그리고 여기저기 찾아다니며 앞으로의 계획을 의논했다.

3일이 지났다. 그런데 놀라운 일이 일어났다. 아버지의 마음에 변화가 일어난 것이다. 모든 것을 다 포기하신 것인지 아니면 성령의 감동을 받으신 것인지, 아버지는 다 알아보았다고 하시면서 신학교 입학을 허락하셨다. 물론 아버지의 결정에 따라 신학교 진학을 결정할 것은 아니었지만, 그래도 아버지의 동의를 받으면 그만큼 부담이 적기 때문에 중요한 부분이었다. 감사하게도 부모님은 허락하셨다. 그러고 나니 너무 죄송해서 죄책감마저 들었다. 자식에 대한 모든 기대가 사라지고 모든 희망을 다 포기해야 하는 부모님의 심정을 생각하니, 죄송하기 그지 없었다. 하루 아침에 부모 형제가 없는 고아가 된 것 같은 기분이었다. 물론 "아비나 어미를 나보다 더 사랑하는 자는 내게 합당치 않다"(마 10:37)는 말씀이 있지만 그 말씀이 내게 요구하는 희생은 너무나 컸다.

목사는 사명감을 가지고 출발한다. 어느 목사가 처음부터 직업의식이 있겠는가? 목사를 해서 무슨 출세를 하고 무슨 돈을 얼마나 벌겠다고 직업으로 목사직을 선택하겠는가? 출세를 하려면 정치를 하고 돈을 벌려면 사업을 해야지 않겠는가? 목사 안수를 받을 때에는 목사 가운을 입히고 어깨에 스톨을 메어 준다. 이제부터 그 힘들고 어려운 목사의 십자가와 무거운 짐을 평생을 짊어지고 가야 한다. 만일 사명감 없이 목사 가운을 입고 스톨을 어깨에 메고 살아간다면 그보다 더 큰 비극이 또 있겠는가? 목회자는 여기서 한걸음 더 나아가 그 사명을 감당하면서 마음에 기쁨과 보람과 감사를 느낄 수 있어야 한다. 바울은 평생 '하나님께서 나를 어머니 복중에 있을 때 택하시고 부르셨다'는 확신을 가지고 살았으며^(갈 1:15-17) 또한 '자기를 충성되이 여겨 직분을 맡겨 주심에 대하여'^(딤전 1:12) 감사하며 살았다. 로마 옥중에서 3년간 많은 고난을 당하면서도 자기 사명을 생각하며 그렇게 기뻐했고, 마지막 죽음 앞에서도 자기에게 주어진 사명을 생명보다 귀하게 여겼다.

> 내가 달려갈 길과 주 예수께 받은 사명 곧 하나님의 은혜의 복음을 증언하는 일을 마치려 함에는 나의 생명조차 조금도 귀한 것으로 여기지 아니하노라(행 20:24)

신학대학에서 만난
예수

나는 장남으로서 부모 형제에 대한 모든 책임을 져야 할 사람이다. 그런데 목사가 되기 위해서 오히려 부모 형제에게 무거운 짐을 지우고 개선장군처럼 신학교에 입학하였다. 신학교에 입학하기까지 힘든 과정은 다 잊고 1학년 1학기를 마쳤다. 그러나 기쁨도 잠시, 2학기 등록금이 없어서 휴학하게 되었다. 나는 1년 동안 등록금을 마련해서 1957년 9월, 1학년 2학기에 복학했다. 야곱의 사다리를 하나씩 밟고 올라가는 기분이었다. 그해 11월이 되었다. 홍현설 학장님이 예배시간에 나오셔서 광고하셨다.

"이번 추수감사절에는 교직원과 학생들 모두, 한 사람도 빠짐없이 꼭 추수감사헌금을 드리면 좋겠어요."

그 순간 난 가슴이 덜컥 내려앉았다.

'1년 휴학을 끝내고 가까스로 복학을 해서 이제 겨우 숨 돌렸는데 또 헌금을 해야 하나?'

추수 감사를 앞두고 남모르는 고민을 하게 되었다. 그렇다고 헌금을 안 할 수는 없어서 지금 입고 있는 양복을 팔아 헌금하기로 결심을 했다. 그렇게 결정하니 마음이 평안해졌다. 그래도 드릴 것이 있어서 하나님께 감사한 마음이 들었다. 그렇게 해도 되는지 가까운 친구와 의논하고 싶었다.

"야, 이번 추수 감사에 이 양복을 팔아서 하면 어떨까?"

무슨 대답을 기대하고 물었는지, 물어보는 나 자신이 너무 초라해 보였다. 나는 내심 "야, 없으면 그만이지. 무슨 양복까지 팔아서 헌금을 해! 그만 둬 하나님은 다 아셔!" 이런 대답을 기대했던 것이 아닌가 싶다. 그런데 그 친구는 한참 고민하더니 무겁게 머리를 들고 말했다.

"야! 그런 마음이 우러나면 그대로 해야지!"

오! 주님, 나는 꼼짝 못하고 양복을 보자기에 싸서 남대문 시장으로 갔다. 헌 옷 가게에 들어가 옷을 내 놓았다. 주인은 옷이 너무 낡고 때가 묻었다고 인상 쓰며 트집잡았다. 그래서 다른 가게로 갔다. 이왕이면 한 푼이라도 더 받아 헌금하겠다는 마음이었다. 다행히 몇 푼 더 받아 가지고 나왔다. 시장을 나와 길을 걷는데 두 가지가 걱정되었다.

'어머니가 왜 양복을 안 입고 다니냐고 물으면 뭐라고 말씀을 드려야 하나?'

'추수감사절이 지나면 추운 겨울이 올 텐데 무슨 옷을 입고 다녀야 하나?'

할 수 없이 나는 다시 시장으로 들어가 염색한 군복을 사 가지고 나왔다. 그 옷을 입고 가서 추수감사헌금을 드렸다는 감격이 있었다.

어느 날 그 작업복을 입고 덥수룩한 머리로, 서대문에서 종로 쪽으로 가는 시내버스 뒷문 쪽에 서 있었다. 잠시 후 한 점잖은 어른이 나보고 "다음에 내린다."고 말했다. 남자 조수는 뒷문 차창을 보고 있었다. 왜 나에게 내려 달라는 것인가? 생각해 보니 더벅머리에 남루한 복장, 나를 조수로 착각했던 것이었다. 나는 웃으며 "저는 차장이 아닌데요." 그 어른은 너무 미안한 표정을 지으며 내렸다.

그러던 어느 날 윤종선 교수께서 나를 부르시더니 어느 장소에 박스 하나를 갖다 놨으니 가져가라고 하셨다. 그곳에 가서 박스를 가지고 집에 돌아와 열어 보니 헌 양복이 들어있었다. 강의 시간마다 보는 내 차림새가 매우 초라하게 보였던 것 같다. 교수님은 많은 생각 끝에 내게 부담을 주지 않고 또 자존심을 건드리지 않는 방법으로 도움을 주고자 하신 것 같다. 나는 그 옷을 가져다 놓고도 자존심인지 아니면 열등감인지, 끝까지 그 양복을 입지 않았다. 교수님은 강의실에서 나를 보실 때마다 얼마나 민망하고 부담이 되셨을까? 자연스럽게 그 옷을 입고 웃으면서 교수님께 보여 드렸으면 좋았을 텐데….

학교를 졸업한 이후 평생 목회하면서 나는 감리교신학대학 동산에서 만난 그 예수님을 계속 만나는 경험을 했다. 1983년 6월 18일, 아버지가 74세에 하나님의 부르심을 받으셨다. 그때 487명의 목회자와 성도들이 조문을 와서 많은 위로와 격려를 해 주셨다. 그때 들어온 부의금 6,178,000원을 장학금으로 예금했다. 그 돈이 19년 후에 2,100만 원이 되어 2002년 2월 19일, 장학금으로 기부했다. 그래서 총 20명의 신학생들에게 지불되었다. 1993-1997년까지 감리교신학대학 이사로, 1998-2001년까지 재단 이사장을 역임했다. 그리고 네 학기에 걸쳐 객원교수로 "전도와 교회 성장"이라는 과목을 가르쳤다. 100주년 기념관을 건축할 때 교회에서 2억 원의 헌금을 드렸다. 나에게는 감리교신학대학이 예수님을 만나는 겟세마네 동산이 되었다.

감리교회신학대학과 초년 목회의 가난은 삶의 현장에 실제적인 훈련이 되었다.

2장
인간의 마지막이
하나님의 시작이다

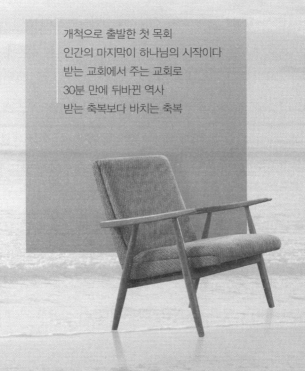

개척으로 출발한 첫 목회

인간의 마지막이 하나님의 시작이다

받는 교회에서 주는 교회로

30분 만에 뒤바뀐 역사

받는 축복보다 바치는 축복

개척으로 출발한
첫 목회

　1956년, 서울 냉천동에 소재한 감리교신학대학교에 입학하였고, 1년 휴학한 까닭에 5년 만인 1961년에 졸업하였다. 그해 6월에 김포 여단의 해병 사병 118기로 입대하였다.

　김포 여단에 복무하던 중 여단장의 특명으로 강화군 송해면 당산리에서 복무하게 되었다. 해병여단 지역인 그곳은 한강 하류로 1.3㎞ 떨어진 북한 땅이 한눈에 보이는 조용한 농촌으로 120여 호가 살고 있었다. 24시간 대남 방송이 시끄럽게 들려오는 이 마을에는 몇 사람의 월북 가족들이 살고 있기도 했다. 가끔 간첩들이 강을 통해 몰래 왕래하는 지역이라 주민에게 민주주의 교육을 시키라는 특명을 받고 그 부락에 들어가게 된 것이다.

　그때 내 나이 스물다섯이었다. 서울 메디컬센터에서 지어 준 마을회관을 빌려 초등학교를 졸업한 청소년들을 상대로 야학을 열었다. 의외로 반응이 좋아 40여 명이나 모여들었다. 이에 고무된 나는 그 청소년들에게 중학교 과정으로 영어와 역사를 열심히 가르쳤다. 그러면서 교회가 없는 마을에 교회를 개척할 계획을 세우고 윤리 시간을 만들어 성경을 가르치며 전도를 시작하였다. 이 일로 10여 명의 교인을 얻었고 그들과 함께 예배를 드릴 수 있게 되었다.

그러나 기쁨도 잠시였다. 1962년 11월경, 교회창립예배를 드리려 하는데 주민들의 반대에 부딪친 것이었다. 예배 도중에 동네 청년들이 들어와 강단 앞에 서서 노골적으로 예배를 방해했다. 남포등을 깨뜨려 바닥에 기름과 유리 조각으로 범벅이 되었고, 술에 취한 채 교회에 들어와 유행가를 부르는 청년도 있었다.

그렇지만 나는 여기에 굴하지 않았다. 강화군과 송해면 내에 조직되어 있는 마을재건청년회와 협력하여 80여 호 가정을 찾아다니며 몇 백 년 된 터줏가리를 헐기도 하고, 우상숭배와 관련된 것을 태우기도 하였다. 온갖 박해 속에서 목숨을 걸고 미신을 타파하면서 복음을 증거하였다.

어떤 노인은 지게 막대기를 휘둘러 댔고, 누군가는 돌을 던지기도 하였다. 또 마을에서 방을 주질 않아 6.3㎞ 떨어진 강화읍에 방을 얻어 놓고 매일 자전거로 오가며 전도했다.

그때 마침 그 마을 이석조 씨의 아내가 이유를 알 수 없는 병을 앓기 시작하였다. 남편 이석조 씨와 그 아내는 병을 고치려고 산 너머에 있는 홍의감리교회에 다니게 되었다. 바로 이 부부의 배려로 그 집 건넌방에 이사하여 살면서 다시 교회를 개척하게 되었다. 이석조 씨는 당시 55세였다. 부인 황문명 씨와 아들 이진선(당시 6세) 그리고 두 딸이 있었다.

내가 기억하기로 이석조 성도는 별로 배운 것은 없는 분이었다. 하지만 참으로 진실하고, 착하고 또 부지런한 분이었다. 교회를 개척하도록 하나님께서 예비해 놓으신 분이라는 생각이 들었다. 후일 그 교회에서는 그분의 공로를 인정하여 명예장로로 추대하였다.

부인되는 황문명 성도는 예수님을 위해 봉사하던 마르다와 같은 분이었다. 새벽이면 가만히 방문을 열고 접시에 계란 한 개와 젓가락 한 짝을 머리맡에 놓아 두셨다. 지금도 그분의 목자에 대한 소박한 사랑을 잊을 수 없다. 마당에 신발을 벗어 놓으면 하나님 종의 신발이라고 열 번이면 열 번, 신발을 닦아서 마루에 올려 놓으셨다.

교인들이 찾아오면 꼭 식사 대접을 해서 보냈고, 어떤 때는 그냥 갈까봐 교인들의 신발을 감추어 놓기도 하셨다. 후일 권사님이 되셨다. 당시 6살이었던 아들 이진선은 성장해서 현재 인천에 있는 송림제일감리교회에서 성실한 목회자로 목회를 했다. 또 부흥사로서 중부연회 부흥단장으로 크게 활동하고 있다. 지금은 시흥지방 산돌교회를 담임하고 해병 목우회 회장으로 군 선교 활동을 하고 있다. 하나님께서 '울며

씨를 뿌리는 자'에게 기쁨으로 단을 거두게 하신 것이다. 그렇게 진행된 복음 사역에 하나님이 함께 하셔서 결국 35명의 청·장년과 50여 명의 어린이들이 모이는 교회로 우뚝 서게 되었다.

한번은 교인 가정에 초상이 났다. 교인들이 많지 않아서 믿지 않는 동네사람들이 상여를 메고 가게 되었다. 이들이 몇 번씩 길에서 상여를 내려놓고 노제를 드리며 온갖 미신적인 행사를 해서 우리가 만류했더니 길바닥에다 상여를 내려놓은 채 다 자기 집으로 가 버렸다. 찾아가 사정을 해도 막무가내였다.

그래서 동네에 들어가 마을 사람들 앞에서 막 호통을 쳤다.

"세상에 기독교를 반대하는 사람들은 공산주의자들밖에 없어요."

야단쳤더니 자기들보고 빨갱이라고 했다고 덤벼드는 바람에 온통 난리가 났다. 당시에 해병여단의 특명을 받은 입장에서 전도를 했기에 믿는 데가 있어서 그랬던 것 같았다. 이렇게 첫 목회는 1963년 10월 15일, 당산교회를 개척으로 시작되었고, 나이는 26세로 해병대 근무 중이었다.

1963년 12월, 전역을 하면서 그 교회를 떠났다. 1964년, 그 이웃에 있는 홍의감리교회 전도사로 파송이 되었다. 그리고 개척한 당산감리교회까지 함께 돌보게 되었다. 그 교회는 56년의 역사를 가진 교회로 성장했다.

교회 개척은 정말 인간적으로 감당하기 어려운 일이지만, 결과적으

로 하나님께 큰 영광을 돌리고, 이웃을 구원하며, 목회자 자신의 발전
과 성장을 가져오는 좋은 계기가 되는 것 같다.

이때의 경험은 나의 46년 목회에 평생 좋은 밑거름이 되었다.

인간의 마지막이
하나님의 시작이다

유대 민족의 역사는 인간의 마지막이 하나님의 시작임을 보여 주고 있다. 유대 민족이 430년 동안 애굽에서 노예생활하면서 짐승처럼 학대 받고 많은 고통을 당했다. 남자아이는 공개적으로 살해 명령을 내려 나일강에 버리게 하였다. 그야말로 인간의 마지막이었다. 여기서부터 하나님의 역사가 시작되었다.

1967년 4월, 강화도 삼산면 석모도 석모감리교회에서 1년 만에 인천 동지방 무지리교회(현. 시흥지방 시온교회)로 파송받았다. 결혼한 지 1년 된 아내와 1살 된 딸을 데리고 이삿짐을 배에 싣고 석모도를 떠났다. 부둣가에 나와 손을 흔들며 아쉬워하는 교인들을 향해 보이지 않을 때까지 갑판 위에 서서 손을 흔들었다. 섬에서 육지로 나오는 시원함도 있었지만, 평생 섬에서 사는 교인들에 대한 미안함이 있었다. 우리 내외는 갑판 위에서 어린아이들처럼 교인들이 꾸려 준 삶은 계란을 꺼내 먹으면서 인천동지방 무지리교회에 대한 부푼 기대와 꿈을 가지고 인천항에 도착했다.

도착하면 인천 부두에서 만나자고 전보를 보낸 장로님이 보이지 않았다. 아무리 찾아봐도 아는 교인이 한 사람도 보이지 않았다. 이상한 예감이 들었다. 잠시 기다리다 할 수 없이 트럭을 불러 이삿짐을 옮겨 실었다. 주소 하나 가지고 인천 시내를 벗어나 교회를 찾아갔다. 시골길에 차를 세워 놓고 교회가 있는 마을로 들어갔다. 우물가에서 한 여인을 만나 물었다.

"여기 무지리교회가 어디에 있습니까?"

"누구시죠?"

"예! 제가 그 교회에 파송 받아 온 최세웅 목사입니다."

그 여인은 깜짝 놀라며 말한다.

"아유, 우리 목사님 떠나지 않고 그대로 계시기로 했는데요."

걱정스러운 얼굴로 교회가 있는 쪽을 가리켜 주었다. 교회에 가 보니 나는 가슴이 털썩 내려앉았다. 목사님은 나보다 나이가 많으셨다. 조심스럽게 인사드렸다. 무뚝뚝한 표정으로 교인이 가지 말라고 해서 그대로 있기로 했다는 것이었다. 짐작으로 그 목사님이 파송 받고 가기로 결정된 교회가 마음에 들지 않아 가지 않으려고 결심하신 것이 아닌가 싶었다. 나는 몇 마디 대화를 나누면서 더 이상 어떤 주장이나 권면이 필요 없겠다는 판단이 들었다.

"목사님, 감리회 교역자가 교인들이 가라고 하면 가고, 있으라 하면 있는 겁니까? 감독의 파송에 의해 파송 받는 곳으로 가고 오는 거지요. 더 이상 교인들에 대한 이야기는 그만두시고, 목사님의 솔직한 심정을 말씀해 주세요. 그대로 이 교회에 계시겠다면 제가 그대로 돌아갈 것이고 혹시 나중에라도 목사님이 다른 교회로 가시겠다면, 오늘 이삿짐만 내려놓고 다른 곳에 가 있다가 목사님 떠나신 후에 오겠습니다."

"아! 교인들이 가지 말라고 붙잡는 데 어떻게 가요!"

"예, 그럼 그렇게 알고 가겠습니다."

깨끗이 마무리 짓고 나오니, 뒤는 깨끗해도 앞은 캄캄했다.

먼 산을 바라보니 해는 걱정스러운 얼굴로 아무 말 없이 서산으로 넘어가고 있었다. 터덜터덜 걸어 도로변으로 나왔다. 기다리던 트럭 기사가 난리가 났다. 당장 이삿짐을 풀라는 것이다. 사정사정해서 왕복 요금을 더 주기로 하고 다시 인천으로 나왔다. 인천에 부모님이 계셨지만, 이삿짐을 가져다 놓을 장소도 마땅치 않았고, 더구나 갈 교회가 없어 집으로 이삿짐을 끌고 들어오는 자식의 초라한 모습을 정말 보여 드릴 수가 없었다. 할 수 없이 급한 대로 친척집 마당으로 이삿짐을 가지고 들어갔다. 주일이 되어도 갈 만한 교회도 없었다. 한달 가까이 지나면서 약간의 송별금으로 가지고 있던 돈도 생활비로 바닥났다. 우리 직계 가족도 문제지만 내가 돌보아야 할 부모형제도 대책이 없다.

한 달이 되도록 이삿짐을 풀지 못했다. 앞날이 캄캄하고 불안하기 짝이 없었다.

아내는 병이 나서 누웠다. 나도 입안이 다 헐고 탈진했다. 연회 파송도 마무리되었다. 모든 목회자는 파송 받은 교회로 이사를 했고 부임 예배도 끝났다. 비어 있는 교회가 없다. 자칫하면 1년 동안 교회 없이 보내게 되었다.

교회 인사 이동이 하나님에 의해서가 아니라 교권을 쥐고 정치하는 정치꾼들 손에서 이루어졌다. 어쩌다 교회가 나면 자기 계파 목사를 끌어다가 좀 나은 교회로 보내는 것이다. 다른 계파로 들어오라는 권면도 받았지만 끝까지 거부하고 그야말로 하나님 한 분만 믿고 가기로 했다. 당신들은 당신들 방법대로 살고, 나는 하나님의 법대로 살겠다고 큰 소리쳤다. 당당하게 하나님만 믿고 큰소리친 것이다.

교회 없이 한달이 지났다. 아무 보장도 없이 기한도 없이 언제까지 기다려야 할까? 교역자 회의에서 감리사를 만났다. 위로도, 설명도 없이 무조건 간촌교회(현, 시흥남지방 성천교회)로 가라고 했다. 싫으면 그만두라는 말투였다. 알고 보니 인천 동지방 52교회 중 교세가 제일 약한 52번째 미자립 교회였다. 경기도 시흥군 수암면 하중리에 있는 교회로 1953년에 창립되었다. 14년 동안 목회자가 10번이나 바뀌었고 매월 두 교회로부터 생활비 보조를 받아 살아가는 미자립 교회였다. 다시 이삿짐을 싣고 교회를 찾아갔다. 반기는 교인은 한 사람도 없고, 오히려 어디서, 어떻게 해서 왔느냐고 따지듯 물었다. 알고 보니 직전 담임목사가 그대로 있기로 했는데, 조금 큰 교회가 나왔다고 갑자기 가 버렸다고 했다.

1967년 5월 11일, 14평 예배당 강단에는 책상 하나가 놓여 있고, 뒤에는 신발장 하나 있는 교회에서 20여 명 교인을 모아 놓고 간촌교회 10대 목사로 부임했다. 교회 마당에는 초가지붕으로 된 방 하나와 부엌이 있는 목사 주택이 있었다. 무지리교회에서 당한 일은 인간의 마지막이 되었고, 간촌교회에 부임한 것은 그야말로 하나님의 시작이 되었다. 좁은 방에서 네 식구가 살게 되었다. 추운 겨울 방 안에 피워 놓은 연탄난로에 딸이 넘어져 얼굴에 화상을 입기도 했고, 아들은 영양실조에 걸려 예배당 마당 사방에 다니며 설사를 했다. 어디에도 책을 펴 놓고 앉아 읽을 만한 공간이 없었다. 좁은 방 안에서 우리 네 식구는 숨을 쉬는 것 외에는 아무것도 할 수가 없는 처지가 되었다.

"서른 나이에 이렇게 살다가는 앞으로 무슨 일을 만날는지, 이제는 죽기 아니면 살기다. 여기서 다시 시작하자! 여기서 주저앉으면 끝이다."

비장한 각오를 다지고 우선 책을 볼 수 있는 방 하나를 꾸미기로 했다. 흙벽돌을 찍어 벽을 쌓고, 초가지붕을 덮었다. 이만하면 훌륭한 서재였다. 버스를 타고 부천으로 나가 복숭아 상자 네 개를 사다가 벽돌 위에 올려 놓고 신문지를 깔아 책꽂이를 만들었다. 책을 꽂으며 정리할 때의 기쁨은 이루 말할 수가 없었다. 세상 부러울 것이 없었다.

아침에 들어가면, 점심시간 외에는 하루 종일 그 방에서 나오지 않고 성경을 연구했다. 하나님은 새 역사를 위하여 나를 그 방에 가두셨다. 설교 준비가 아니라 성경 연구였다. 창세기부터 요한계시록까지 성경 주석을 읽었다. 그곳이 안식처였고, 천국처럼 여겨졌다.

어느 날 엉뚱한 생각이 떠올랐다.

"만일 어느 교회에서 부흥회를 인도해 달라는 초청이 들어오면 어떻게 하지? 한 번도 부흥회를 인도해 본 적도 없고, 교회나 나이로 봐서 누가 나에게 부흥회를 부탁하겠나? 앞뒤를 분별하지 못하는 어린아이 같은 생각이다. 너무 많은 시련을 겪다 보니 공상에 빠진 것인가? 하지만 그날을 위해서 부흥회 준비를 해 보자."

월요일부터 토요일까지 14회 설교, 그중에 4회는 낮 시간 성경 강해였다. 마태복음 5-7장을 본문으로 "산상보훈"을 준비했다. 약 6개월이 걸렸다. 일단 준비가 끝난 그해^(1968년) 12월, 겨울이었다. 갑자기 전화가 걸려왔다. 화정감리교회를 담임한 이현덕 목사님이었다. 부흥회를 인도해 달라는 요청이었다. 나는 깜짝 놀랐다. 어쩌면 하나님은 이렇게 정확하실까? 이렇게 시작된 부흥회는 평생 계속되었다. 국내외를 부흥회 약 1,200회 정도 인도하였다. 인간에게는 마지막이 있지만 하나님은 시작이 있을 뿐이다.

노아의 홍수는 인류의 마지막 심판과 멸망을 가져오는 종말이라 생각했지만 뜻밖에 무지개가 떠올랐다. 하나님의 새 약속이었다. 인간의 마지막은 역시 하나님의 시작이었다. 우리는 극단적인 상황에서 '마지막'을 생각한다. 그러나 모든 것이 다 '끝났다'고 두 손을 들어서는 안 된다. 하나님은 항상 우리에게 무지개를 보여 주신다. 서산으로 넘어가는 해는 영원히 진 것이 아니다. 아침이 되면 다시 떠오를 것이다.

모세가 애굽에서 40년 부귀영화를 누리다가 도망치듯 미디안 광야로 나왔다. 여기서 모세의 인간적인 꿈과 희망은 끝났다. 미디안 광야는 인간 모세의 무덤이 된 것이다. 하지만 모세는 하나님에 의해 다시 시작되었다. 이스라엘 백성을 출애굽시켰고, 이스라엘 새 역사의 발판이 되었다.

현실을 볼 때에는 낙심할 수밖에 없고, 꿈을 포기할 수밖에 없지만, 하나님을 바라보니 새로운 희망과 시작이 보였다. 그야말로 인간의 마지막이 하나님의 시작이 된 것이다.

'받는 교회'에서
'주는 교회'로

　1967년 5월, 30세에 네 식구가 성천교회(간존교회)에 부임했다. 14평 교회에 20여 명의 교인들이 출석하고 있는 미자립 교회였다. 우리는 매월 두 교회로부터 생활비 보조를 받아 살았다. 6개월 보조를 받다가 더 이상 보조를 받지 않기로 결정했다.

　그 이유는 자존심이 허락하지 않았다. 물론 미자립 교회 목사가 고 맙게 생각하고 받을 것이지 무슨 얼어 죽을 자존심이냐 하는 자책감도 있었지만 남의 도움으로 먹고 살면서도 자존심을 버리지 못했다.

　그리고 교인들은 다 부유한 생활을 하는데, 십일조 하는 교인은 한 사람도 없었다. 교인이 가난하든가 아니면 모든 교인이 십일조를 하면 서도 교회가 어렵다면 몰라도, 부유한 생활을 하면서 십일조를 하지 않고 무슨 면목으로 남의 도움을 받을 수 있단 말인가!

우리가 노력하면 '자립할 수 있겠다'는 어느 정도의 자신감이 있었다. 나는 비장한 결심을 하고 보조해 주는 교회 재무부장 박 장로를 만났다. 그동안 도와주셔서 감사하다는 인사를 드리고, 다음 달부터는 보조를 받지 않겠다고 말했다.

"이제 먹고 살만 하오? 다른 목사나 전도사들은 도와 달라고 야단인데….”

"우리 스스로 노력해 보겠습니다."

그래도 마음이 시원하지 않아 배다리시장에 가서 거울을 사서 그 교회 고영춘 담임목사님을 찾아가 인사드리고 전해 드렸다. 교회로 돌아와 교인에게 말했더니 난리가 났다.

"다른 목사님들은 돌아다니면서 보조금도 잘 얻어 오는데 목사님은 뭘 먹고 살려고 준다는 보조금을 다 거절하셨어요?"

날보고 똑똑하지 못하다, 철이 들지 않았다는 등 원망과 책망이 이만저만 아니었다. 그러나 나에게는 길이 보였다. 교인들이 십일조만 하면 다 해결되는 문제였다.

비장한 결심을 하고 십일조 설교를 시작했다. 주일 낮, 밤, 수요일 한 달 동안 십일조 설교를 열두 번했다. 설교하면서 교인들을 바라보니 아예 머리를 숙이고 앉아 있는 이, 설교 중에 머리를 옆으로 돌리고 한숨 쉬는 이, 아무래도 교회 안에 무슨 일이 터질 것만 같았다.

월말 임원회의가 열렸다. 속장이 입을 열었다.

"이제는 십일조 설교 좀 작작하시죠. 새신자들이 나와 앉았는데 거기다 대고 그렇게 돈 이야기를 하면 어떻게 합니까? 돈이 중요합니까? 한 사람의 영혼이 중요합니까?"

나는 정색했다.

"물론 영혼이 더 중요하죠. 하지만 그분들에게 십일조라는 것이 아니고 속장님 같은 임원이나 교회 오래 다니신 분들에게 하라는 겁니다. 그래도 하지 않으시면 앞으로도 할 때까지 계속 하겠습니다."

열두 번의 설교를 마치면서 십일조 할 사람 손을 들라고 했다. 안영순 권사님 한 분만 손들었다. 예배 후에 안 권사님을 불러 의논했다.

"우리 교회도 어렵지만 우리 교회보다 더 어려운 교회가 있으니 그 교회들을 도와줍시다."

매월 내가 얼마씩 헌금할 테니 권사님도 매월 조금씩이라도 같이 헌금하자고 권했다. 그 다음 달부터 인천 선린감리교회와 강화 당산교회에 매월 보조금을 보내게 되었다. 부임한 지 1년이 지나면서 인천 동지방 52교회 중에 25번째 교회로 성장했다.

모든 교회는 크기에 상관없이 엄청난 잠재력을 가지고 있다. 그것은 교인 수나 헌금, 교회 건물보다 더 중요한 것이다. 그러므로 교회를 예수 그리스도의 무덤으로 만들어서는 안 된다. 또한 목회자는 예수 그리스도의 무덤을 지키는 '무덤지기'가 되어서도 안 된다. 교회 안에 예수 그리스도가 살아 계시는 한, 교회는 베푸는 교회가 될 수 있다.

교회의 본질과 사명은 섬기고 나누어 주는 데 있다. 큰 교회만이 아니라 작은 교회도 마찬가지다. 미자립 교회나 개척 교회도 교회로서의 본질과 사명은 똑같다. 모든 교회는 예수 그리스도라고 하는 엄청난 잠재력을 가지고 있다. 무한한 가능성을 가지고 있다. 매사에 '할 수 없다'는 이유만 찾아서도 안 된다. 교회가 아무리 작고 어려워도 더 작은 교회가 있으면 어떤 모양으로든지 도와야 한다.

유대인에게는 "부림절"이라는 특별한 날이 있다. 그날은 남을 돕는 날이다. 아무리 가난한 사람이라도 그때는 자기보다 더 어려운 이웃을 도와야 한다. 주는 것은 하나님이 기뻐하시는 제사다. 그리고 모든 것은 기회가 있다. 내가 아무리 많은 것을 가지고 있어도 기회를 놓치면 나누어 줄 수 없다. 소자에게 냉수 한 그릇이라도 주는 것은 예수 그리스도에게 주는 것이다.

예수께서 "너희는 거저 받았으니 거저 주라"(마 10:8)고 가르치셨다. 물론 우리가 노력하고 온갖 수단으로 얻은 것은 사실이지만, 그 이전에 얼마나 엄청난 것을 대가 없이 거저 받았는가? 받지 못했다면 그 다음의 것은 아무것도 가질 수 없고 이룰 수 없었을 것이다. 그러므로 거저 받은 것을 생각하고 거저 주라는 것이다. 어떤 의미에서는 거저 주는 것은 거저 받은 것을 갚는 것이다.

받는 축복보다
바치는 축복

　예수님의 교훈 중에 6분의 1, 비유 중에 3분의 1이 물질에 대한 말씀이다. 돈에는 눈이 없다. 아무나 끌고 가는 대로 끌려가는 것이다. 물질로 하나님께 영광을 돌릴 수도 있고, 만 가지 죄악을 범할 수도 있다. 또 물질 때문에 행복할 수도 있고, 물질 때문에 불행할 수도 있다. 영국 속담에 "돈의 가치는 소유에 있는 것이 아니라 사용하는 데 있다"고 하였다. 또한 빌 게이츠는 "돈 버는 법보다 먼저 돈 쓰는 법을 가르치라"고 하였다. 바울은 고린도 교인들에게 헌금을 가르치면서 "너희의 후한 헌금으로 하나님께 영광을 돌리라"고 가르쳤다.

　물질로 하나님께 영광 돌리는 것은 십일조로부터 시작된다. 그러므로 십일조는 인간의 자유의지와는 상관없이 무조건 법을 지키는 마음으로 바쳐야 한다. 아브라함은 가장 좋은 십일조 모범을 우리에게 보여 주었다. 아브라함은 십일조가 법으로 규정되기 이전에 자원하는 마음으로 드렸고, 기쁨을 누렸다. 그리고 십일조는 마지막 상한선이 아니라 모든 것을 바치는 것의 최저 시작임을 보여 주었다. 그것으로 시작해서 마지막 아들을 바치는 데까지 나아갔다.

나는 신학교를 졸업하고 군 생활을 하면서 1963년 10월 16일, 26세에 강화 당산교회를 개척 설립하고, 그해 12월 28일에 제대, 1965년 3월 1일에 결혼했다. 그 당시 생활은 엘리야가 그릿 시냇가에 살면서 아침, 저녁 까마귀들이 물어다 주는 떡과 고기를 먹으며 살던 것처럼 아주 가난했다. 1967년, 30세에 강화를 떠나 인천 동지방 성천교회로 부임했다. 성천교회는 미자립 교회로서 매월 생활비가 7,000원이었고, 두 교회로부터 생활비 보조를 받아 그때부터 아내는 가계부를 쓰기 시작했다. 아내는 48년을 가계부를 기록해 왔다. 은퇴 후 어느 날 아내의 그 가계부를 들춰 보다가 나도 모르게 끌려 세 번을 반복하여 읽게 되었다. 마치 회고록을 보는 듯했다.

이제는 그런 세월을 다시 살라고 하면 도저히 살 수 없을 것 같다. 내 힘으로, 내 지혜로 살아온 것이 아니라 예수님 손을 붙들고 그 손에 끌려 나도 모르게 여기까지 살아온 것이다. 계산중앙교회에서 매월 50만 원씩 생활비를 받으면서 그때부터 시작한 10의 2조가 벌써 39년이 되었다.

특별한 것은 드리는 축복을 경험하게 되었다. 십일조를 바치다가

1980년부터는 10의 2조를 드리기 시작했다. 그리고 1년에 받는 생활비에서 두 달 생활비는 전액을 하나님께 드렸다. 7월에는 맥추감사헌금, 11월은 추수감사헌금으로 바쳤다.

45년 목회 기간 중 계산중앙교회에서만 39년 목회하고, 2008년 5월에 은퇴했다. 은퇴하면서 퇴직금 2억 5,000만 원을 받았다. 나는 그중에 5,000만 원을 헌금하기로 결심했다. 그리고 아내와 가족을 어떻게 설득할까 하는 문제로 고민했다. 혹시 5,000만 원은 많으니 조금 줄여서 1,000만 원만 하자고 하면 어떡하나 걱정하면서 조심스럽게 아내에게 말을 꺼냈다. 뜻밖의 반응이 나왔다. 한마디 의논도 없이 무조건 퇴직금 전액을 다 바치자는 것이다. 아브라함의 믿음에 비할 바 못되지만, 아브라함의 믿음의 그림자를 멀리서 보는 듯했다. 아내는 헌금하는 일과 남을 돕는 일에 있어서는 평생 한 번도 반대하는 일 없었고 매번 나보다 더 많은 헌금을 하자고 주장했다. 남을 돕는 일에도 항상 앞장섰다. 가난했지만 드리는 기쁨, 감사, 축복으로 살았다.

결국 우리 가족은 드리는 복이 복 중에 제일 큰 복임을 경험했다. 보상에 대한 기대감을 가지고 드리는 사람은 기쁨과 보람을 느낄 수 없다. 그러나 사랑하는 마음, 감사하는 마음으로 드리는 사람은, 바치는 것보다 더 큰 기쁨과 감사를 느낀다.

벳세다 광야에서 오병이어를 바친 가난한 어린아이와 아무 일도 하지 않고 거저 받아 먹은 5,000명 이야기는 우리에게 교훈을 주고 있다.

어른들은 하루 종일 굶고 먼 길을 걸어오느라고 몹시 지쳐 있었다. 저녁이 되었지만 들판이라 돈이 있어도 음식을 사먹을 수 없는 형편이었다. 그때 어린아이가 바친 물고기 두 마리, 보리떡 다섯 개로 어른들은 배불리 먹고 열두 바구니가 남게 되었다. 그야말로 어른들은 큰 축복을 받았다고 기뻐하며 감사하며 자랑했다.

그러나 가난한 어린아이는 자기가 먹을 것을 먹지 않고 돌아갈 길에 배고플 것을 염려하지 않고 자기가 가지고 있는 오병이어를 아낌없이 예수께 바치면서 기뻐하고 감사했다.

어린아이는 바치는 복을 받았고 어른들은 받는 복을 받았다. 어른들은 받으면서 감사했고 어린아이는 바치면서 기뻐하고 감사했다. 오천 명이 먹고 열두 바구니가 남는 기적은 바치는 믿음에서 일어났다. 받는 복은 나 하나로 끝나지만 바치는 복은 오천 명에게 돌아갔다. 예수님도 "받는 자보다는 주는 자가 복이 있다"고 하셨다. 지나친 표현일 수도 있지만 '받는 축복은 거지 축복이고, 바치는 축복은 부자 축복이다'라고 할 수 있지 않을까?

내가 바친 헌금을 남에게 공개한다는 것은 성숙치 못한 어린아이의 마음이라 할 수도 있고, "오른손이 하는 것을 왼손이 모르게 하라" 하신 예수 그리스도의 말씀에도 맞지 않는 것을 잘 알고 있다. 하지만 자랑보다는 이것을 통해서 하나님의 살아 계신 역사를 보고 느끼게 하고 싶은 마음에서 사실 그대로를 고백하는 것이다.

30분 만에 뒤바뀐 역사

지금까지 장로로서 훌륭한 목사님을 섬기며 신앙생활을 하고 있는 것이 자랑스럽다. 본인은 50년 전 1969년 감독님을 이 교회로 모셔온 장본인이다. 이제 50년 전을 기억해 보면서 30분만 늦었어도 불가능했을 '최세웅 목사님 모시기'에 대해 회상해 보고자 한다.

1969년 봄, 인천 동지방(중부연회는 인천 동, 서지방으로 나뉘어 있다)의 교역자 회의가 창영교회에서 있었다. 그때에 29명의 교역자가 모였고, 당시 교역자 보고 시간이 있었는데 작은 키에 코가 크신 최세웅 목사의 보고 차례도 있었다.

"교회 예산은 362만 원이고, 교인은 23명이며, 50만 원씩 지원받던 것을 6개월 만에 끊고, 오히려 100만 원을 지원하는 교회로 성장했습니다."

당당하면서도 순수하게 지난 사역보고를 하는 모습을 보는 순간, 유능한 목사님이라는 생각이 들었다. 나는 지방회 순서가 끝나기 전에 일을 보러 급하게 당시에 내가 운영했던 서점으로 왔다. 그런데 이것이 웬일인가? 조금 전에 지방회에서 보고를 하시던 최세웅 목사님이 우리 서점으로 들어오시는 것이 아닌가?

"아니, 목사님! 어떻게 저희 서점에(당시 제물포에 있었음) 오셨어요?"

"누구신데 저를 아십니까?"

목사님이 깜짝 놀라셨다.

"예, 오늘 지방회에서 보고하시는 것을 들었는데, 어떻게 6개월 만에 그렇게 교회를 성장시키셨나요?"

"그저 조그만 교회입니다."

목사님은 겸손히 말씀하셨다. 그 당시 최세웅 목사님은 성천교회를 담임하셨고, 교회로 돌아가는 버스를 타기 위해 창영교회에서 제물포까지 걸어 오셨다고 하였다.

그 후에 나는 성천교회를 찾아갔다. 그러나 목사님은 이발소에 가셨기 때문에 계시지 않았다. 조금 있으니 마침 성천교회 권사님과 집사님들이 오셨다. 나중에 알았지만 목사님은 창영교회 부목사님으로 인사를 가기 위해 이발을 하러 가신 것이었다. 급한 마음에 더 이상 기다리지 못하고 성천교회 교인들에게 내 속마음을 털어 놓았다.

"최세웅 목사님을 우리 교회로 모셔 가겠습니다."

"예, 그렇게 하셔야지요. 우리 목사님은 부흥회 인도를 하셔야 하지요."

그러자 그 교회 임원들이 대답하였다.

"부흥회 강사로 모셔 간다는 것이 아니고 아주 우리 교회로 모셔 간다는 겁니다."

"무슨 얘기입니까? 안됩니다. 교회가 이제 자라기 시작했는데요."

권사님과 집사님들이 극구 반대하였다. 나는 그때 권사님과 집사님들을 설득하기 시작하였다.

"큰 고기는 큰 물에서 놀아야 크게 자라고 활동할 수 있는데 언제까지 여기에서 계시게 할 것입니까?"

한 30여 분 동안을 모셔 가야 한다 모셔 가면 안된다고 실랑이하였다. 그때 최세웅 목사님께서 말끔히 이발을 하고 들어오셨다.

"아니, 표 속장님 어떻게 오셨어요?"

"최 목사님, 며칠 전에 말씀드린 대로 우리 교회 인사위원회에서 만장일치로 가결이 되었기에 목사님을 모시려고 왔어요."

그런데 사실 교회인사위원회에서 한 가지 염려를 했는데, 그것은 나이가 연소하다는 것이었다. 목사님은 당시 32세였다. 당시 인사위원회에서는 여기저기 많은 목사님을 추천받았으나 인사위원회에서 부결되곤 했는데, 최 목사님은 나이말고는 아무런 문제가 없었다.

"예수님은 30세에 목회를 하셨는데, 33세는 한참 일하실 나이가 아닙니까?"

인사위원회 임원을 설득했다.

그 후 주일에 본 교회에서 부임 설교를 하셨고, 월요일에 교회에서는 이삿짐을 옮기기 위해 트럭을 준비하여 갔다. 그런데 성천교회 교인들의 반대는 또 시작되었다.

"이제 유능한 목사님을 모셔서 교회가 기틀을 잡고 성장하기 시작했는데 무슨 말씀입니까?"

목사님을 붙들고 놓아주지 않는 것이었다. 간신히 교인들을 설득해서 도망치듯이 목사님을 모시고 나왔다. 부임 1주일 전이 되었다.

그런데 어느 목사님께서 오랜 역사와 전통을 가진 교회이기 때문에 젊고 경험이 없는 목사를 받아서는 안 된다며 반대하셨다. 급기야 토요일에 세 분의 목사님이 나를 찾아오셔서 직접적인 반대의 말씀을 하셨다.

"교인 모두가 우리 교회에 참된 주의 종을 보내 달라고 매일 새벽마다 마룻바닥이 흥건히 젖도록 눈물 뿌려 기도했습니다. 그리고 그 응답으로 하나님은 최세웅 목사님을 보내 주셨습니다. 그러니 이제 더 이상 괴롭게 하지 말아 주십시오."

교회 인사위원회에서는 단호한 태도를 보였다.

"우리는 누가 뭐라고 해도 주의 종을 모실 것입니다. 어렵게 부임하시더라도 상관하지 않겠습니다."

결국 최 목사님은 그 당시 교인 120명에 아래층 50평, 위층 60평의 석조 예배당과 조그만 주택에서 목회를 시작하게 되셨다. 모든 잡음이 사라진 뒤에, 나는 목사님께 말씀드렸다.

"목사님, 이제 원점부터 다시 시작하는 겁니다."

드디어 최세웅 목사님이 26대 담임자로 부임하신 것이다. 1969년, 120명에서 전도 폭발이 일어나 1978년, 1,000명을 돌파하고 계속 성장하였다. 지금은 7,000명의 교회로 성장되었다. 최세웅 목사님도 이제는 머리가 반백이 되셨다. 그러나 "백발은 영화의 면류관이라."는 말씀처럼 지혜와 영광으로 옷 입으신 것이다. 지금까지도 감독님은 무슨 일이 있더라도 아프시지 않는 한 양을 양육하시느라 노심초사하셨다. 온 정열을 다 바치는 훌륭한 영적 아버지시다. 오직 주 예수 그리스도로 옷 입으시고, 오로지 교회와 목회의 일을 도모하고 계시는 참 목자이시다.

할렐루야!

이 글은 1998년, 최세웅 감독 성역 35주년, 계산중앙교회 근속 30주년 기념 문집에 표덕철 장로님이 기고하신 글이다.

3장

문이 열리는 교회

전도와
성령의 역사

사도행전은 예수 그리스도의 십자가와 부활 이후 30년 동안 일어난 사건을 기록하고 있다. 사도행전 30년의 역사에는 성령 역사가 약 55회 일어났다. 그러므로 사도행전의 주인공은 역시 성령이시다.

첫째, 전도의 문을 열어 주셨다.

성령께서 예루살렘에서 전도의 문을 열어 주시므로(행 1-7장) 복음이 사마리아(행 8장)를 거쳐 로마까지(행 9-28장)전파되었다. 만일 전도의 문이 열리지 않았다면 기독교는 예루살렘에서 끝나고 말았을 것이다. 그러나 인류를 구원하시기 위하여 각 나라와 민족에 전도의 문을 열어 주셨다.

아시아의 경우, 1807년 9월 7일, 중국에서 전도의 문을 열어 주셨다. 런던선교회의 로버트 모리슨(Robert Morrison)을 중국 선교사로 보내셔서 광저우를 시작으로 선교하게 하셨다.

일본의 경우, 1549년 천주교의 예수회 소속인 자비엘(Francis Xavier)이 가고시마에 상륙하여 선교를 시작하였다. 개신교는 1854년에 체결된 일미화친조약, 1858년에 체결된 일미수호통상조약을 계기로 1859년 5월 3일, 미국감독교회(아메리카성공회)에서 리긴스 선교사와 뒤이어 감독교회의 윌리엄스(C. M. Williams) 선교사, 근대 일본 건설의 아버지라 할 수 있는 미국네덜란드개혁파교회의 푸르벡크(Guido F. Verbeck) 선교사 등이 나가사키에 들어오게 되었다. 그는 나가사키에 10여 년 동안 체재하면서 인권 사상, 민주주의 사상의 토대가 된 '하나님 앞에서 만인은 평등하다'를 가르치며, 시대에 크게 공헌하는 인물을 육성하였다.

대한민국의 경우, 일본보다 26년이 늦은 1885년 4월 5일, 부활절에 미국감리교회에서 파송한 아펜젤러(Henry Gerhard Appenzeller) 선교사와 미국장로교회에서 파송한 언더우드(H. G. Underwood) 선교사가 인천에 상륙하여 선교를 시작하였다. 성령께서는 모든 교회에도 전도의 문을 열어 주셨다. 요한계시록에 나오는 소아시아 지역의 일곱 교회 중 빌라델비아교회(계 3:7-13)에 전도의 문을 열어 주셨다.

볼지어다 내가 네 앞에 열린 문을 두었으되 능히 닫을 사람이 없으리라…(계 3:8).

빌라델비아 교회가 위치한 도시는 지역적으로 문이 열려 있는 도시였다. 주전 138년에 희랍어와 그 문화를 보급하기 위한 목적으로 세워졌고, 무시아(Mysia)와 루디아(Lydia)와 브루기아(Phrygia) 등 세 도시와 접해 있는 국경 도시였다.

빌라델비아라는 희랍어는 '자기 형제를 사랑하는 자'라는 뜻이다. 이런 지명의 도시에 세워진 빌라델비아 교회에 다윗의 열쇠를 가지신 예수 그리스도께서 전도의 문을 열어 주셨다. 다른 교회들은 터키인들과 이슬람 교도에 의해서 다 없어졌으나 빌라델비아 교회만은 1,000여 명의 교인들과 함께 지금까지 건재하고 있다.

전도자 바울은 성령께서 전도의 문을 열어 주시는 것을 무수히 경험하였다. 1차 전도 여행을 마치고 안디옥으로 돌아와서 그동안 하나님께서 함께한 모든 일을 보고하였고, 또한 이방인들에게 믿음의 문을 열어 주신 것을 보고하였다.(행 14:27-28; 고후 2:12)

바울은 로마의 옥중에서 골로새 교인들에게 기도를 부탁하였다. 그런데 병중에 있었지만 병 낫기를 위해 기도를 부탁하지도 않았고, 생사가 걸린 재판을 위해서 기도를 부탁하지도 않았고, 감옥에서 석방되게 해 달라고 기도를 부탁하지도 않았다. 오로지 전도를 위해서 기도를 부탁하였다.

또한 우리를 위하여 기도하되 하나님이 전도할 문을 우리에게 열어 주사 그리스도의 비밀을 말하게 하시기를 구하라 내가 이 일 때문에 매임을 당하였노라(골 4:3).

그 결과 옥중에 갇혔으나 전도의 문이 막히지 않고, 오히려 전도의 문이 더 크게 열리고 복음의 진보가 이루어졌다.(빌 1:12)

결과적으로 기독교는 로마에서 끝나지 않았다. 성령의 도우심으로 더욱 큰 불길과 더욱 강한 바람을 타고 온 세계로 확산되어 세계를 복음화하게 되었다. 예수님은 천국의 문과 전도의 문을 여는 열쇠를 교회에 주셨다.(마 16:19) 교회는 그 열쇠를 잃어버려도 안 되고, 땅속에 묻어 버려도 안 된다.

한국에 1885년 전도의 문이 열려 처음 기독교가 들어왔다. 1903년에는 감리교 선교사들이 원산에 모여 집회하는 중에 큰 은혜를 받고 그 불이 평양으로 번져 거기서 전국으로 산불처럼 퍼져 나갔다. 1973년에는 빌리 그레이엄 목사의 서울 전도부흥회로 전국적으로 전도의 문이 열렸다. 그 당시 한국 교회 교인 수가 약 400만 명이었는데 10년 후에는 800만 명이 되었고, 2000년이 되면서 드디어 한국 교회 교인 수가 1,000만 명을 넘어서게 되었다.

나는 1980년 계산중앙교회에서 전도와 성령의 기적적인 역사를 경험했다. 그해 교회 표어를 놓고 많은 고민을 했다. 교회는 예수 그리스도의 몸이요 예수 그리스도는 교회의 머리라고 했으니, 교회 표어나 모든 계획을 예수님과 의논하지 않을 수 없었다. 그 문제로 새벽마다 기도하는 중에 "문이 열리는 교회"라는 표어가 떠올랐다. 처음에는 좀 이상한 느낌도 들어 벽에다 써 놓고 읽어 보기도 하고 빈 예배당에 들어가 그 표어를 큰소리로 외쳐 보기도 했다. 좀 어색한 느낌도 들었지만 성령의 감동으로 결국 "문이 열리는 교회"로 표어를 정했다. 그 표어를 제목으로 신년 첫 주일 설교를 했다. 본문은 요한계시록 3장 7-8절로 하였다.

"금년에는 무슨 문이든지 열려야 합니다. 기도의 문이든, 전도의 문이든, 축복의 문이든, 하늘의 문이든, 그중에 특별히 전도의 문이 열려야 합니다."

설교 후에 전 교인이 함께 기도하고 표어를 외쳤다. 성령의 역사로 전도의 문이 열리고 전 교인이 전도자로 변하여 그 결과 1980년도에 1,053명의 새신자가 등록한 것을 시작으로 2000년도까지 20년 동안 25,511명의 새신자들이 교회에 등록하였다. 2010년까지 30년 동안 33,882명이 등록하였다.

새신자들이 해마다 증가함에 따라 39년 동안 10년마다 네 번에 걸쳐 성전을 건축하였다. 1976년에 135평, 1986년에 2,000평 그리고 2000년에는 강화도에 11,000평, 산 중턱에 25,000평 기도원 "말씀의 집"을 건축하였다. 2010년에는 3,000평 대지 위에 현재 5,000평 교회를 건축하였다.

연도별 새신자 등록 현황

연도	새신자	연도	새신자	연도	새신자
1980	1,053	1991	1,364	2002	632
1981	1,387	1992	2,321	2003	1,367
1982	1,290	1993	1,807	2004	744
1983	1,006	1994	1,350	2005	1,128
1984	871	1995	1,070	2006	753
1985	1,092	1996	1,280	2007	800
1986	711	1997	558	2008	801
1987	1,047	1998	1,241	2009	972
1988	1,250	1999	932	2010	197
1989	1,399	2000	593	합계	33,882
1990	1,889	2001	977		

성령께서 전도의 문을 열어 주시는 역사는 2000여 년 전에 사도행전에서만 일어났던 과거의 일회적인 사건이 아니다. 모든 나라와 모든 교회에서 일어나고 있는 하나님의 현재적인 역사적 사건이다.[히 13:8] 그러므로 모든 교회는 자기 교회의 사도행전 역사를 기록할 수 있어야 한다.

둘째, 제자들을 전도자로 만드셨다.

베드로를 자연인 그대로 보면 특별한 것이 없는 사람이다. 그는 가난하고 무식하며 사회적으로 특별한 위치의 사람이 아닌 평범한 어부였다. 또한 다혈적이고 감정적인 사람으로서 때와 장소를 가리지 않고 나서기를 좋아하며, 흥분을 잘하고, 싸우기를 좋아하는 사람이었다. 반면에 의지가 약해서 아침저녁으로 마음과 생각이 쉽게 바뀌는 사람이었다. 그런 베드로는 어부로서는 별 문제 없이 살아가고 있었다.

베드로에게 세 번의 놀라운 변화가 일어났다. 첫째는 기독교인이 된 것이고, 다음은 예수 그리스도의 제자가 된 것이고, 그 다음에는 제자에서 전도자가 된 것이다. 오순절에 임한 성령께서는 제자 베드로를 전도자로 변화시켰다. 베드로를 비롯한 열두 제자들은 다 성령에 의해서 전도자로 변화되었다.

제자들이 전도자로 변하지 않고, 그대로 있었다면 어떻게 12명의 제자들이 3,000명, 5,000명 그리고 수만 명으로 늘어날 수 있었겠는가? 그리고 우리나라까지 어떻게 선교사들이 올 수 있었으며, 어떻게 우리 마음속에 예수 그리스도를 모실 수가 있었겠는가?

한 사람의 기독교인이 전도자로 변한다는 것은 그의 가족과 이웃 그리고 그 민족의 구원과 절대적인 관계가 있는 것이다. 따라서 기독교인인 나 한 사람이 전도자로 변하지 못하면 그 책임을 영원히 짊어져야 하는 것이다.

바울은 사울 왕과 같은 베냐민 지파였고, 유대의 율법학자이자 헬라 철학자였다. 특히 유대인으로서 법과 양심을 생명처럼 지키면서 살았다. 이러한 배경에서 철저하게 기독교를 반대하고 핍박하였다.

성령께서는 베드로를 전도자로 만드신 것처럼, 바울로 하여금 예수 그리스도를 구주로 믿게 하고, 더 나아가 위대한 전도자로 변화시키셔서 그리스도의 복음을 소아시아 지역에서 유럽으로 건너가게 하셨다. 또한 땅 끝까지 복음이 이르게 하셨다.

존 웨슬리(John Wesley)는 1703년 6월 17일, 영국국교회(성공회) 목사인 사무엘 웨슬리(Samuel Wesley)와 어머니 수산나(Susanna) 사이에서 태어났다. 그가 태어난 곳은 런던에서 북쪽으로 160㎞ 떨어진 엡웝(Epworh)이었다.

그는 목사의 가정에서 태어나 모태에서부터 교인이 되었고, 기독교 계통의 학교에서 공부하였고, 23세에 안수를 받았다. 35세가 되는 1738년 5월 24일, 뜨거운 성령의 체험을 통해서 위대한 전도자로 변화되었다.

88세에 세상을 떠날 때까지 지구를 12회 이상 돈 거리인 25만 마일 이상을 전도하며 다녔다. 그의 전도를 통해서 영국 내에 71,668명, 세계에 12만 명의 감리교인이 생겨나게 되었다. 존 웨슬리의 기념비(紀念碑)의 비문(碑文)에는 그의 고백이 기록되어 있다.

세계(世界)는 나의 교구(教區)다. 가장 좋은 것은 하나님께서 우리와 함께 계심이라. 하나님은 그 일꾼은 장사(葬事)하시나 그 사역은 계속된다.

성령에 의해서 전도자로 변하는 것은 하나님의 계획이요 명령이다. 베드로, 바울, 존 웨슬리가 전도자로 변하지 않았다면 세계 역사는 지금보다 훨씬 불행해졌을 것이고, 그리스도의 복음이 우리에게 이르지도 못했을 수도 있다.

전도자로 변하는 것은 가정을 구원하고, 민족을 구원하고, 세계를 구원하고자 하시는 하나님의 계획에 의한 것이다. 우리는 전도자가 되어야 한다. 새 역사를 만들어 내는 '시작하는 교인'이 되어야 한다.

그 당시 계산중앙교회는 지역적인 특성 때문에 해마다 500가정 이상이 이사를 갔다. 새신자들 중에는 집을 사서 이사왔지만, 진학 문제, 직장, 사업관계로 도시로 출퇴근하다가 경제적으로 안정되고 여유가 생기면, 도시로 이사를 가는 것이다. 거의가 계산중앙교회에 끝까지 정착은 못하고 떠나지만, 우리는 '복음 검문소' 역할을 잘해서 계양지역을 거쳐 가는 이들에게 이마에 '인'을 쳐서 보내자고 더욱 열심히 전도했다.

전도와
종말 의식

세례 요한이 유대 광야에서 복음을 전파할 때였다.^(마 3:1-12)

> 이미 도끼가 나무 뿌리에 놓였으니 좋은 열매를 맺지 아니하는 나무마다
> 찍혀 불에 던져지리라(마 3:10).

또한 뒤에 오실 예수님을 가리켜 말씀하셨다.

> 손에 키를 들고 자기의 타작 마당을 정하게 하사 알곡은 모아 곳간에 들
> 이고 쭉정이는 꺼지지 않는 불에 태우시리라(마 3:12).

사람을 낚는 어부 출신인 베드로도 말했다.

사랑하는 자들아 주께는 하루가 천 년 같고 천 년이 하루 같다는 이 한 가지를 잊지 말라 주의 약속은 어떤 이들이 더디다고 생각하는 것 같이 더딘 것이 아니라 오직 주께서는 너희를 대하여 오래 참으사 아무도 멸망하지 아니하고 다 회개하기에 이르기를 원하시느니라(벧후 3:8-9).

위대한 전도자 바울도 이와 같이 말했다.

주의 날이 밤에 도둑 같이 이를 줄을 너희 자신이 자세히 알기 때문이라 그들이 평안하다, 안전하다 할 그때에 임신한 여자에게 해산의 고통이 이름과 같이 멸망이 갑자기 그들에게 이르리니 결코 피하지 못하리라(살전 5:2-3).

예수님도 열두 제자를 부르사 더러운 귀신을 쫓아내며 모든 병과 모든 약한 것을 고치는 권능을 주시고, (마 10:1) 전도하러 보내시면서 여러 가지 방법과 주의 사항을 가르쳐 주셨다.

이 동네에서 너희를 박해하거든 저 동네로 피하라 내가 진실로 너희에게 이르노니 이스라엘의 모든 동네를 다 다니지 못하여서 인자가 오리라(마 10:23).

예수님은 두 가지 종말 사건을 배경으로 전도하셨다. 주후 70년에 로마의 티투스(Titus) 장군에 의해서 예루살렘이 멸망하게 될 것과 예수님의 재림 때에 역사의 종말과 최후 심판이 있을 것을 말씀하셨다.

첫째, 전도자에게는 내일이 없다.

하나님은 노아 시대에 물로 세상을 심판하시고자 하실 때, 먼저 회개하고 구원받을 수 있는 기회를 주시려고 노아를 통해서 방주를 짓게 하시고, 전도하게 하셨다.

노아는 120년(480−600세) 동안 방주를 지었다. 전승에 의하면, 나무로 종(1.5m)을 만들어 놓고, 하루에 세 번씩 경고의 종을 울리며 전도하였다고 한다.

비 한 방울 오지 않는 맑은 날, 그것도 땅이나 바닷가가 아닌 산 위에다 방주를 지으면서 홍수 심판이 온다고 경고하면서 전도했으니 얼마나 우스꽝스러웠겠는가! 뭇사람이 비웃으며 무시했을 것이다. 그러나 노아는 120년 동안 계속 방주를 지으면서 전도하였다. 120년이 얼마나 긴 세월인데, 그렇게 오래 기회를 주실 수 있었을까? 80여 년으로 끝나는 인생의 연수로는 120년이 긴 세월이지만, 하루가 천 년 같고 천년이 하루 같은 영원한 시간 속에서는 한 순간에 불과할 수도 있다.

마지막 120년이 되었지만, 하나님께서는 한 번 더 기회를 주시기 위해서 7일을 더 연기하면서 하나님께 돌아와 회개하고 구원받기를 기다리셨다. 그러나 사람들은 눈과 귀가 어두워 천국 문이 닫히고, 심판의 나팔소리가 들려오는 것을 듣지 못하였다. 전과 같이 계속 먹고 마시고, 장가 들고 시집 가면서 세상 죄와 멸망을 향하여 달려가고 있었다. 다가올 종말에도 이와 똑같은 현상이 벌어질 것이라고 예수님은 경고하셨다.

> 노아의 때와 같이 인자의 임함도 그러하리라 홍수 전에 노아가 방주에 들어가던 날까지 사람들이 먹고 마시고 장가 들고 시집 가고 있으면서 홍수가 나서 그들을 다 멸하기까지 깨닫지 못하였으니 인자의 임함도 이와 같으리라(마 24:37-39).

하나님은 요나를 니느웨 성으로 보내 전도하실 때에도 40일 동안 기회를 주셨다. 그 40일은 요나에게는 전도할 기회였고, 니느웨 사람들에게는 하나님을 믿고 구원받을 수 있는 기회였다. 요나는 하나님께서 주신 전도의 기회를 놓치지 않고 끝까지 전도하였고, 니느웨 사람들은 전도를 듣고 하나님께서 주신 마지막 기회를 놓치지 않고 하나님께 돌아와 회개하고 구원받았다. 전도하는 사람이나 전도를 받는 사람에게 기회가 얼마나 중요한 것인가! 미국감리교회의 덴만 박사님은 훌륭한 전도자였다. 감리교회 평신도로 미국감리교회 선교부 총무를 맡아 오랫동안 봉직하였다.

한번은 한국 교회를 방문했을 때에 이화여자대학교 다락방에서 환영

모임을 가졌는데, 마침 덴만 박사님이 시계가 없는 것을 보고 시계 하나를 선물하였다. 그런데 얼마 후에 보니 또 시계가 없어 궁금해서 그 시계를 어떻게 하셨느냐고 물었더니, 여행할 때에 일부러 시계를 차고 다니지 않는다고 하셨다. 옆에 있는 사람들에게 시간을 물으면서 전도의 기회를 만든다는 것이다.

위대한 전도자인 바울은 감옥에 있으면서 불편하고, 많은 고통을 당했지만 그 상황을 전도의 기회로 삼았다. 오히려 전도가 더 잘되어 복음의 진보가 이루어졌다고 기뻐하였다.(빌 1:12)

예수님은 갈릴리로 가시다가 사마리아에 있는 수가라 하는 동네에 있는 야곱의 우물에서 만난 여인에게 "물을 좀 달라"고 대화를 시작하셨다. 결국 그녀로 하여금 구원받게 하셨고, 그녀의 전도를 통해 동네 사람들도 믿어 구원받게 하였다. 물 한 모금 마시는 것도 전도의 기회로 삼으신 것이다.

칼빈(J. Calvin)은 '생업에의 소명'(生業召命)이란 말을 하였다. 생업을 위해서 무슨 일을 하든지 우리는 그 일을 통해서 전도하라는 하나님의 부르심을 받은 것이라는 뜻이다. 기독교인들은 어디에서 무슨 일을 하든지 있는 그 자리와 역할을 전도의 기회로 삼아야 하는 것이다.

어느 날, 서재에서 책을 보는데 언덕 아래에 있는 다리 위로 장례 행렬이 지나가고 있었다. 그 장례 행렬을 내려다보면서 나는 나름대로 종말 의식을 느꼈다.

'관 속에 누워 있는 저 사람이 과연 예수 그리스도를 믿고 하나님의 나라로 가는 사람일까? 아니면 교회 옆을 지나가면서 교회와 교인을 원망하고 있을까? 우리 교인들 중에 한 사람이라도 저에게 전도한 사람이 없었다면 그 책임을 누가 져야 할까?'

전도할 수 있는 기회도 놓치고, 전도를 받고 믿을 수 있는 기회도 다 놓쳤다면 얼마나 아쉽고 후회스러운 일이 되는 것인가! 나는 다시 한 번 죽음 앞에서 전도에 대한 종말의식을 느꼈다.

그 다음 주일, 나는 교인들에게 설교하면서 전도를 다시 한 번 간곡하게 부탁하였다.

"이제라도 여러분 옆에 아직 한 번도 전도하지 못한 사람이 있으면, 그분이 믿지 않고 세상을 떠나기 전에 그리고 여러분이 전도하지 못하고 세상을 떠나기 전에 속히 전도하십시오."

전도하는 것도 기회가 있고, 믿는 것도 기회가 있다. 예수님이 사마리아 여자에게 전도하셨고, 예수님을 구주로 깨닫고 믿은 그녀가 전도하러 동네에 들어간 사이에 제자들이 먹을 것을 사 가지고 왔다. 그 제자들과 대화 중에 매우 중요한 말씀을 하셨다.

> 너희는 넉 달이 지나야 추수할 때가 이르겠다 하지 아니하느냐 그러나 나는 너희에게 이르노니 너희 눈을 들어 밭을 보라 희어져 추수하게 되었도다(요 4:35).

제자들은 넉 달이 지나야 추수하게 될 것이라고 대답했지만, 예수님은 당장 추수하지 않으면 곡식을 다 버리게 된다고 하셨다. 누구의 판단이 옳은 것인가? 제자들은 곡식을 있는 그대로 보았지만, 예수님은 곡식이 아니라 전도할 대상으로 보신 것이다. 전도에는 넉 달의 여유가 없다. 전도에는 내일이 없다. 전도하는 그날이 마지막이다.

1912년 4월 14일, 영국을 떠나 미국 뉴욕으로 항해하던 여객선 타이타닉(Titanic)호가 자정이 조금 지났을 때, 빙산과 충돌하여 4월 15일 오전 2시 40분에 침몰하였다. 1,517명이 사망하였다.

그 배에는 시카고 무디교회로 설교하러 가던 존 하퍼 부흥사가 타고 있었다. 널빤지를 붙들고 생사를 헤매다가 한 젊은이를 보고 가까이 다가가 물었다.

"당신, 예수 믿고 구원받았습니까?"

"아니오."

몇 분 후에 다시 그 젊은이에게 숨차게 물었다.

"당신은 하나님과 화해했습니까?"

그리고 존 하퍼는 물속에 빠졌다.

15일 후, 뉴욕에 있는 어느 교회에 그 젊은이가 나타나 간증하였다. 칠흑같이 어두웠던 그날 밤, 존 하퍼가 마지막으로 자기에게 전해 준 그 말씀이 계속 귀에 쟁쟁하여 예수님을 믿게 되었다면서, 자기는 존 하퍼의 마지막 구원자라고 고백하였다. 그러므로 전도는 항상 마지막 종말 의식을 가지고 해야 한다.

너는 말씀을 전파하라 때를 얻든지 못 얻든지 항상 힘쓰라 범사에 오래
참음과 가르침으로 경책하며 경계하며 권하라(딤후 4:2).

사랑하는 자들아 주께는 하루가 천 년 같고 천 년이 하루 같다는 이 한 가
지를 잊지 말라 주의 약속은 어떤 이들이 더디다고 생각하는 것 같이 더
딘 것이 아니라 오직 주께서는 너희를 대하여 오래 참으사 아무도 멸망하
지 아니하고 다 회개하기에 이르기를 원하시느니라(벧후 3:8-9).

　전도자에게는 마지막 5분이 중요하다. 대부분 운동 경기에는 전반전
과 후반전이 있고, 마지막 5분이 있다. 마지막 승패는 전, 후반이 아니
라, 마지막 5분에 결정된다. 그러므로 마지막 5분을 돌이킬 수 없는 시
간이고, 그 시간이 마지막 기회이다. 역사의 마지막 5분은 세상 끝이기
때문에 그때가 되면 여러 가지 징조가 나타난다.(마 24:3)
　특별히 기독교인들이 관심을 가져야 할 부분은 종교적인 대혼란과
영적인 분별력이다. 마태복음 24장을 보면, 거짓 그리스도들이 나타
나고, 거짓 선지자들이 일어나서 심지어 기사와 이적을 행하면서 이미
믿는 성도들까지 미혹한다고 하였다. 그러므로 기독교 안에서까지 참
과 거짓을 구별할 수 없을 만큼 역사 이래 가장 큰 신앙의 혼란에 빠지

게 되는 것이다.

더구나 사탄도 자기를 광명의 천사로 가장하고,^(고후 11:14) 사탄의 일꾼들도 의의 일꾼으로 가장하기^(고후 11:15) 때문에, 겉으로만 보아서는 분별이 불가능하다. 신앙의 혼란과 함께 기독교는 점점 약해지고, 반대로 이단은 독버섯처럼 번성하게 된다.

이슬람교를 보자. 7세기에 아랍의 예언자 마호메트가 40세에 메카라는 지역에 있는 동굴에 들어가서 기도하다가 가브리엘 천사에게 계시를 받아서 만든 종교라고 한다.

겉으로 보면, 하나님과 기도와 성경 등이 나와서 기독교와 사촌 같으나 실은 완전히 다른 종교이다. 그 예를 들면, 이슬람교에서는 성부와 성자와 성령, 삼위일체를 부정한다. 하나님만 신이고, 예수님은 신이 아니다. 성령도 부인한다. 이와 같이 기본부터 다르다.

재미있는 것은 이 사람들은 부인을 4명까지 둘 수 있다는 것이다. 아내를 4명이나 두는 것이 종교적으로 허용된다. 그 이유는 남자들이 전쟁에 나가서 많이 죽는 결과로 생기는 많은 과부를 돌보아야 하기 때문이다. 이 사람들은 전쟁을 성전이라고 하고, 전쟁에 나가서 죽는 것을 순교라고 한다.

7세기에 생긴 이슬람교의 교주인 마호메트가 친구와 조카, 부인들에게 전도했는데, 10년 동안 전도한 결과가 100명 밖에 되지 않았다. 그런데 이 사람들이 기독교인들보다 더 목숨을 걸고 전도했기 때문에,

1976년에는 영국 런던에서 세계에 흩어져 있는 이슬람교 국제대회를 열 정도가 되었다. 런던에서 국제대회를 연 것은 런던을 이슬람교 도시로 만들면, 유럽도 이슬람화시킬 수 있다는 계산이 있었기 때문이다.

국제대회를 연지 10년 만에 런던에 이슬람교 사원이 1,500개가 생겼다. 놀라운 일이 아닐 수 없다. 미국에는 이슬람교 사원이 1,209개가 있고, 또 건물을 짓지 않은, 개척 교회 같은 기도처가 2,204개가 있다. 이 사람들은 앞으로 50년이 지나면 프랑스를 이슬람교 국가로 만들 수 있다고 장담하고 있다.

2002년, 용산에 있는 이슬람교 사원에서는 이슬람 대학을 만들어서 800명을 모집했다. 전교생을 다 기숙사에서 지내게 하고, 전액 장학금을 주면서 교육하여 이슬람교 성지 순례를 시키는 계획을 세웠다. 이러한 방법으로 급속도로 신자 수가 늘어나고 있다.

우리의 전도는 그냥 한 사람을 붙들고 말한다.

"예수님을 믿으시오. 예수님을 믿으시오."

그러나 이 사람들은 전쟁을 해서라도 이슬람교를 온 세계에 전해야겠다고 생각하기 때문에, 전쟁을 성전 곧 거룩한 전쟁이라고 한다. 이 사람들은 종교 전쟁에서 죽는 것뿐만 아니라, 일반 전쟁에 나가서 죽는 것을 전사했다고 하지 않고 모두 순교했다고 한다.

1930년부터 1980년까지의 50년 동안에 기독교는 47%가 늘었지만,

이슬람교는 50년 동안에 500%가 늘었다. 2000년 11월 12일자 조선일보에 2025년이 되면 지구 인구의 3분의 1이 이슬람교 신자가 될 수도 있을 것이라고 예상하였다.

기독교는 지금 11억 명밖에 되지 않고 천주교회까지 합해서 21억 명이지만, 이 사람들은 지금 12억 명이나 되었다. 개신교보다 더 많다. 기독교인들이 정신 바짝 차리지 않으면 안된다. 종말이 가까워지면 많은 사람이 이단의 유혹에 넘어가고 끌려가는 현상이 벌어지는데, 거기에는 전적으로 기독교인이 전도하지 못한 책임이 있다. 기독교인들은 전도할 생각은 하지 않고, 수많은 하나님의 백성이 이단에 끌려가는 것을 가만히 보고만 있는 엄청난 죄악을 범하고 있다.

그동안에는 기독교가 열심히 전도해서 세계의 역사를 이끌어 갔지만, 이제는 자칫하면 기독교는 역사의 뒤안길로 밀려나고, 이슬람교가 세계 역사를 앞에서 끌어갈지도 모르겠다.

세상 종말에 대해 예수님은 온 세상 모든 나라와 민족에게 천국 복음이 전파되어야 끝이 올 것이라고 말씀하셨다.[마 24:14] 이와 같이 예수 그리스도께서 2,000년 전에 종말을 예고하셨고, 요한과 베드로와 바울 같은 전도자들은 항상 종말을 경고하면서 벼랑 끝 전도를 하였다. 예수님이 곧 재림하실 것이라고 생각했으나 2000년이라는 세월이 흘렀다. 그리고 아무 말씀도 없으시다. 그러면 예수의 재림이나 종말은 허구란 말인가?

2,000년 세월이 결코 긴 세월이 아니다. 노아 때에도 120년을 전도하면서 기다렸다. 문제는 예수님이 모든 나라와 민족에게 천국 복음이 전파되기를 기다리고 계시는 것이다. 그때가 바로 예수님의 재림과 종말의 날이 되는 것이다.

전도하는
세 가지 방법

요한복음 4장 5절 이하에 나오는 예수님과 사마리아 여인과의 대화 속에는 모든 인간에게 공통적으로 필요한 세 가지 욕구가 드러나 있다.

첫째, 먹고 마시는 것에 대한 욕구이다. 인간은 육체를 가지고 있기 때문에 근본적으로 먹고 마시는 것에 대한 욕구가 있다. 예수님이 정오가 되어 시장하고 목이 말라 그녀에게 물 좀 달라고 하시면서 대화를 시도하셨고 대화 중에 예수님은 말씀하셨다.

> 예수께서 대답하여 이르시되 네가 만일 하나님의 선물과 또 네게 물 좀 달라 하는 이가 누구인 줄 알았더라면 네가 그에게 구하였을 것이요 그가 생수를 네게 주었으리라(요 4:10).

사마리아 여자는 말했다.

여자가 이르되 주여 그런 물을 내게 주사 목마르지도 않고 또 여기 물 길

으러 오지도 않게 하옵소서(요 4:15).

둘째, 윤리. 도덕적인 욕구이다. 인간에게는 죄로 말미암아 생긴 마
음과 정신적인 문제가 있다. 마음과 정신적인 문제를 해결하기 위해서
인간에게는 도덕이 필요하다. 인간은 정신을 가지고 있기 때문에 도덕
으로 정신세계를 만족시켜 주어야 하는 문제가 있다. 예수님은 "가서
네 남편을 불러 오라."(요 4:16)고 말씀하셨고 사마리아 여자는 "나는 남
편이 없나이다."(요 4:17)라고 대답하였다. 그러자 예수님은 "네가 남편
이 다섯이 있었으나 지금 있는 자는 네 남편이 아니니 네 말이 참되도
다."(요 4:18)라고 말씀하셨다.

셋째, 종교적인 욕구이다. 인간은 영혼이 있기 때문에 물질적인 것
이 풍부하다 해도 결코 진정한 만족을 누릴 수 없다.

은을 사랑하는 자는 은으로 만족하지 못하고 풍요를 사랑하는 자는 소득

으로 만족하지 아니하나니 이것도 헛되도다(전 5:10).

영혼을 가진 인간에게는 종교가 절대적으로 필요한 것이다. 그 여자

는 예수님이 선지자이심을 알게 되었고 계속 말씀을 들으면서 예수님이 바로 자기가 기다리는 메시아 곧 그리스도이심을 깨닫고 믿게 되었다. 그런 사마리아 여자는 동네에 들어가서 사람들을 전도해서 예수님께 돌아오도록 만들었다.

이와 같이 인간에게는 육체적인 욕구와 정신적인 욕구 그리고 영혼에 대한 욕구가 있고 그 욕구를 만족시키기 위해서 일용할 양식과 윤리 그리고 종교가 있는 것이다. 전도는 예수 그리스도를 통해서 이 세 가지 욕구를 채우도록 만들어 주는 것이다.

어떤 방법으로 예수 그리스도를 전해야 할까? 전도에는 몇 가지 효과적인 방법이 있다.

첫째, 말로 전하는 것이다. "지금은 말로 전도할 때가 아니다"라고 말하는 사람들도 있다. 전도하는 교인들의 언행이나 생활이 본이 되지 못하고, 그들이 전하는 말을 뒷받침하고 있지 못하기 때문에, 말로 하기보다는 차라리 행동으로 보여 주는 것이 낫다고 생각하는 것이다. 물론 그럴 수도 있다. 그러나 전도자인 바울은 성령의 감동을 받아 이렇게 기록하였다.

> 그런즉 그들이 믿지 아니하는 이를 어찌 부르리요 듣지도 못한 이를 어찌 믿으리요 전파하는 자가 없이 어찌 들으리요(롬 10:14).

> 그러므로 믿음은 들음에서 나며 들음은 그리스도의 말씀으로 말미암았느
> 니라(롬 10:17).

믿음은 들음에서 나는 것인데 듣지도 못한 이를 어찌 믿을 수 있으며 말로 전파하는 자가 없이 어찌 들을 수 있느냐는 뜻이다. 전하는 자가 없으면 들을 수 없고, 듣지도 못하면 믿을 수 없다는 것이다. 모든 기독교인이 다 입을 다물고 있으면, 아무것도 이루어질 수 없다. 그러므로 생활이나 행동으로 모범을 보이는 것도 중요하지만, 보다 더 중요한 것은 인간관계의 기본인 말로 전하는 것이다.

> 사람이 마음으로 믿어 의에 이르고 입으로 시인하여 구원에 이르느니라
> (롬 10:10).

말로 전도해서 이해하게 하고, 큰 감동을 주어 예수를 믿게 하려면 대단한 능변가(能辯家)가 되어야 한다고 생각하는 사람들이 있다. 그러나 성경에 나오는 전도자들을 보면 그렇지 못한 경우가 많다.

하나님께서는 모세에게 애굽에 들어가 전도하라고 하셨을 때, 모세는 이렇게 말했다.

> 오 주여 나는 본래 말을 잘 하지 못하는 자니이다 주께서 주의 종에게 명

령하신 후에도 역시 그러하니 나는 입이 뻣뻣하고 혀가 둔한 자니이다 여

호와께서 그에게 이르시되 누가 사람의 입을 지었느냐 누가 말 못 하는

자나 못 듣는 자나 눈 밝은 자나 맹인이 되게 하였느냐 나 여호와가 아니

냐(출 4:10-11).

모세는 스스로 말재주가 없다고 하면서 하나님의 명령을 거절했는
데, 정말 말재주가 없는 것인지 애굽에 가서 전도하라는 하나님의 명
령을 불복하기 위한 핑계인지 규명할 필요가 있다. 스데반은 모세를
가리켜, "모세가 애굽 사람의 모든 지혜를 배워 그의 말과 하는 일들이
능하더라."(행 7:22)라고 높이 평가하였다. 그렇다면 모세의 말재주를 어
떻게 평가해야 할까?

예레미야나 바울의 경우도 같다. 예레미야 선지자는 자신에게 임한
하나님의 말씀에 대해 이렇게 설명하고 있다.

주 여호와여 보소서 나는 아이라 말할 줄을 알지 못하나이다 하니 여호와

께서 내게 이르시되 너는 아이라 말하지 말고 내가 너를 누구에게 보내

든지 너는 가며 내가 네게 무엇을 명령하든지 너는 말할지니라(렘 1:6-

7).

전도자에게 필요한 것은 달변이 아니다. 사명감에 불타는 책임감,

영혼을 사랑하는 열정, 진실한 자기 신앙의 고백과 성령의 능력과 지혜가 있어야 한다. 하나님은 말할 수 있는 모세에게 말씀하셨다.

여호와께서 그에게 이르시되 누가 사람의 입을 지었느냐 누가 말 못 하는 자나 못 듣는 자나 눈 밝은 자나 맹인이 되게 하였느냐 나 여호와가 아니냐(출 4:11).

나는 말을 못하는 농아보다는 말하는 사람들의 책임이 얼마나 막중한가를 체득한 적이 있다.

어느 날, 어떤 사람이 한 청년을 데려와서 부탁했다.

"이 청년을 좀 키워 주시지요."

알고 보니 농아였다.

'아니 정상적인 청년도 아니고 농아인데 장애인 청년을 어떻게 키우나?'

거절하려다가 키워 보겠다고 대답하였다. 감리교신학대학에 입학하고, 4년간 공부하고 졸업하기까지 전액 장학금을 지원해 주었다. 힘들고 어려운 일을 하나님의 은혜로 잘 감당하였다. 그런데 그 농아 청년이 대학원에 갔으면 좋겠다는 의사를 표하였다.

"이왕이면 대학원까지 보내자."

또 장학금을 주어 대학원까지 졸업을 시켰다.

"그 청년이 목회자가 되기 위한 모든 과정을 다 마쳤으니 어느 교회에서 초빙하겠지."

하지만 어떤 교회에서도 초빙하지 않았다. 결국 계산중앙교회에서 농아부를 조직하여 농아 선교를 시작했다. 그 후에 교육관을 지어 한 층에 농아인 교회를 설립해서 몇 년 동안 생활비를 주었고, 주변에 있는 성도들이 수화를 배워 농아인 목회를 돕도록 하였다. 얼마 후에 대학을 졸업하고, 유치원 교사 일을 하면서 본 교회에서 열심히 봉사하는 한 여자 청년과 결혼을 하게 되었다. 당사자는 농아 선교에 사명을 가지고 농아인 전도사와 결혼하기로 결심했지만, 내심으로는 얼마나 많은 갈등과 괴로움이 있었을까 하는 생각에 가슴이 아팠다. 친정 부모님들은 얼마나 가슴이 아프실까?

"정상적인 사람과 결혼해서 원만한 가정을 이루고 농아인 선교를 할 수도 있을 텐데, 꼭 농아 청년과 결혼해야만 하나?"

신앙적인 고민과 갈등을 많이 하셨을 것이다.

목사인 내 입장에서도 그들의 결혼에 찬성할 수도 없고 반대할 수도 없어서 심각한 고민하였다. 이와 같이 어려운 과정을 겪으면서 결혼하게 된 것이었다.

그 부부는 아기를 낳아 농아인 교회 목회를 열심히 감당하면서 보람을 느끼고 있다. 그러나 내게는 그 부부를 보면서 아쉬움이 있었다. 어느 날, 자신도 모르게 그 사모에게 말하였다.

"이거 봐. 요즘 같이 과학과 의학이 발달된 시대에 농아를 고칠 수가 없나?"

그러자 사모가 빙그레 웃으면서 대답하였다.

"목사님, 고칠 수 있어요."

"그럼 고쳐야지. 집이나 땅을 팔아서라도 고쳐야지. 그리고 건강한 몸으로 선교하면 더 좋잖아."

"목사님 우리는 고치지 않기로 했어요. 우리는 평생 농아로 살기로 했어요. 한국에 농아인이 35만 명(교인 7,000명, 교회 100개)이 있는데, 그들에게 전도하려면 우리가 농아로 있어야 됩니다."

그때 농아가 아니고 말할 수 있다는 사실에 대하여 두려움과 큰 책임을 느끼게 되었다.

"그래! 농아가 된 것이 죄가 있어서가 아니다. 우리가 말할 수 있는 것이 의로워서도 아니고 믿음이 좋아서도 아니구나! 말을 하는 것도 말을 못 하는 것도 다 나름대로의 이유가 있고 사명이 있는 것이구나! 우리가 입으로 말을 할 수 있다는 것은, 입을 가지고도 말을 할 수 없는 것과 똑같은 기적이라고 생각한다. 말을 할 수 있는 입이 있다는 것은 큰 특권이면서 책임이다. 말할 수 있는 입을 가지고도 복음을 전하지 않았기 때문에, 복음을 듣지 못한 사람들이 믿지 않고 멸망에 이른다면 입을 가지고도 전도하지 않은 사람의 책임이 얼마나 무서울까!"

둘째, 글로 전하는 것이다. 신약 27권 중에는 바울의 편지가 13권,

사도 요한의 편지가 5권, 누가의 편지가 2권으로 총 20권의 편지가 들어 있다. 말로 하는 전도와 달리, 글로 쓰는 편지는 그 내용이 정확하고, 또 많은 사람에게 오랫동안 돌려가며 볼 수 있는 특징이 있다.

나는 여기에 죽음 직전에 처한 딸이 아버지에게 보낸 감동적인 편지를 소개하고자 한다.

부산에서 50대의 가나안교회 김유순 집사님이 인천 계산중앙교회 목사관으로 나를 찾아왔다. 계산중앙교회가 있는 지역에 친정아버지가 살고 있는데 아무리 전도해도 받아들이지 않는다는 것이다. 원거리에서 전화로 전도하고, 특별한 날이면 직접 찾아 뵙고 여러 번 전도했지만 아버지는 한사코 반대하신다는 것이다.

"우리 동양에도 불교, 유교와 같은 훌륭한 종교가 있는데, 왜 서양 놈의 종교인 기독교를 믿느냐?"

그러니 가까이 계시는 목사님이 가끔 찾아가 전도해 주셨으면 감사하겠다는 것이다. 친정아버지 전도를 부탁하러 찾아온 것이다. 그 일이 있은 지 얼마 후, 김 집사님의 친정아버지는 간암으로 인천 성모병원에 입원하시게 되었다.

친정아버지는 죽음의 문턱에 서 있었다. 이제는 예수 그리스도를 믿는 것도 마지막 기회가 되었다. 김유순 집사님은 기도하면서 눈물로 아버지께 5장 분량의 전도 편지를 써서 병원으로 보냈다. 아버지는 병석에서 딸이 보낸 마지막 편지를 읽으셨다. 아래는 편지의 전문이다.

사랑하는 아버지께

아버지, 정말 이때까지 전 아버지를 사랑하지 못했습니다.

아버지를 생각하면 자꾸만 부정적인 면만 떠오르고, 따뜻한 아버지의 사랑을 아무리 기억하려고 해도 생각나지 않았습니다. 그러나 이 순간, 이 글을 쓰는 순간에, 저는 그래도 아버지가 계셔서 든든한 울타리가 되어 지켜 주심을 알게 되었습니다. 그런 저에게 새삼스레 아버지가 무엇이든지 해 주려 했던, 학교 다닐 때의 아름다웠던 기억이 떠오릅니다. 아버지가 따뜻한 사랑의 표현을 처자식에게 못하셨지만, 그래도 아버지는 묵묵히 처자식을 지켜 주셨습니다.

아버지, 걱정되시지요? 아버지 앞에서 태연한 척, 모르는 척한 것은 입원하신 아버지의 마음을 편하게 해 드리는 것이 아버지에 대한 배려인 것 같아 그랬습니다. 그런데 막상 아버지가 다 알게 되고, 수술도 힘들다고 하시니 갑자기 무너져 내리는 답답함이라니.

아버지, 인간은 어떻든 한번 태어나면 다 떠나게 마련이지요 단지 고통 없이 편하게, 갑자기 떠나는 것보다는 정리할 수 있는 시간이 있는 게 나을는지 모르지요. 그래도 어쩔 수 없는 슬픔 앞에 전 아버지를 위해 기도하면서 얼마나 펑펑 흐느끼며 울었는지 모릅니다.

그 전까지는, 저에겐 아버지에 대한 정이라든지 사랑이 없는 줄 알았습니다. 그냥 아버지에게는 담담했고, 의무감이나 느꼈었는데, 막상 아버지가 편찮으시다는 소식에 가슴 밑바닥에서 밀려오는 아픔과 절벽 밑으로 떨어져 내리는 듯한 막막함 등 아버지가 불쌍하기만 합니다.

그 전에는 늘 엄마만 불쌍하다고 생각했었습니다. 따뜻한 남편의 사랑도 못 받는 엄마가 불쌍해서 무조건 엄마 편이 되었지만, 이제는 그게 아니란 생각이 듭니다.

아버지 사랑해요.

아버지, 아버지 딸이 마지막 부탁을 드립니다. 엄마와 함께 교회에 나가세요. 아버지가 걸어서 다니실 수 있을 때에 하나님을 믿으세요. 믿지 않으면 지옥이에요. 이 세상에서 사는 것은 잠시뿐이고, 죽어서 영원히 살 세계가 있습니다. 죽은 다음에도 누릴 영생은 하나님께서 주시는 선물입니다. 하나님은 우리 인간의 죄를 징벌하셔야 하지만, 우리를 사랑하기 때문에 하나님이 성자 하나님을 이 세상에 보내 주셨습니다.

그분이 바로 예수 그리스도이십니다. 그러므로 우리는 그냥 예수 그리스도를 믿기만 하면 영생은 우리의 것입니다. 그렇지만 하나님을 믿지 않으면 영원히 죗값으로 지옥에서 고통을 받으며 지내게 됩니다. 저 역시 하나님이 살아 계신 것을 확신하기가 참 힘들었어요. 나만 착하고 바르게 살면 되지, 무슨 하나님이 살아 있다는 것인지, 죽어서 구원받는 것은 또 무엇인지 이해하고 받아들이기가 무척 힘들었어요.

그래서 "무조건 의심하지 말고 믿고 받아들이자, 믿고 순종하자."라고 다짐하고 또 다짐해도 힘들었어요. 그러던 중에 "내가 뭐 그리 잘났다고 남들이 다 믿는 하나님을 믿지 못하나 나보다 훨씬 똑똑하고 잘난 박사, 의사, 변호사, 심지어 미국 대통령들이 성경책에 손을 얹고 선서하는데 왜 나는 못 믿나."라는 생각도 해 보았습니다. 어느 날, 뉴스 시간에 클린턴 대통령이 그 바쁜 와중에 가족들과 주일 예배를 보며 나오는 모습을 보고는 그냥 다 받아들이고 믿기로 작정했지요. 뭔가 있으니 믿겠지 하면서 말입니다. 이제는 다 믿습니다. 하나님이 살아 계셔서 역사하시는 것도 확신합니다. 사람은 어떤 계기가 있을 때나 고통 중에 있을 때에 하나님을 믿게 되나 봅니다.

저 역시 시영이 때문에 하나님을 찾게 되었습니다. 세브란스에 한 달이나 입원해서 정밀 검사를 해도 아무런 방법도 없고, 제대로 학교생활을 못해 나가고, 모든 면이 부족하게 느껴지고, 절망감 때문에 차라리 아이와 제가 없어져 버리고 싶을 때도 있었습니다. 게다가 남편이 사업이라고 해서 좀 버는가 싶더니, 툭하면 부도가 나고, 그 부도가 몇 년째 지난 이제는 엄청난 은행 빚만 남았고 그 은행 이자 갚기도 벅차서 쩔쩔매게 됐을 때는 희망이 다 사라져 버린 것 같았습니다. 남편까지도 밉고, 만사가 다 귀찮아지기도 했습니다. 살 의욕도 못 느끼겠더군요. 설상가상으로 저에게 병마까지 덮쳤습니다. 엄마, 아버지께는 여태껏 속였지만 재작년 제가 세브란스에 입원했을 때, 자궁암이라는 진단을 받았습니다. 그것도 흔한 자궁암이 아니라 근육 속으로 파고 들어간다는 선암이라고 했습니다. 그래서 다른 사람들보다 수술 범위도 더 넓었고, 입원도 더 오래해야 했고, 항암 주사는 3주 간격으로 세 번 입원하며 맞았습니다. 물론 머리카락은 남김없이 다 빠져서 가발을 써야 했고, 그 끔찍한 구토에 시달렸고 몸을 가누지 못할 정도로 기진맥진한 상태로 10여 일간 고생해야만 했습니다. 겨우 조금 회복되면 또 항암 주사 맞으러 서울 가고….

그때 남편, 시부모님, 엄마, 아버지, 올케언니의 극진한 사랑을 깨달으며 하나님께 감사했습니다. 불행 중 다행인 것은 엄마가 병원에서 제 간호를 해 주시면서 제가 고통스러워하고 힘들어하는 것을 보시고, 무조건 하나님을 다시 믿기로 작정하신 것이지요. 엄마의 믿음이 좋으신 것이 얼마나 감사한지 몰라요. 이제는 아버지가 깨어져야 할 때입니다.

아버지, 그냥 이대로 받아들이고 믿으세요. 어린아이 같은 순진한 마음으로 의심하지 마시고 지나간 잘못은 회개하고 하나님을 믿으세요. 아버지의 딸이 아버지를 위해서, 아니 아내를 위해서 그리고 자식을 위해서 마지막으로 해 줄 수 있는 것은 하나님을 믿고 의지하면서 사실 때까지 마음의 평안을 느끼고, 작은 일이라도 감사하고, 서로 사랑하며 위해 주는 것입니다. 저도 이제는 후유증 없이 깨끗하게 건강을 되찾았고, 회사도 지금은 바쁘게 일을 해서 조금씩 조금씩 은행 빚도 갚아 나가고 있고 마음도 편합니다.

작은 오빠도 지난 주일부터 교회에 나오고 있습니다. 물론 아이들은 계속 믿어 왔고, 재언이는 학교에서도 교회에서도 누구에게나 인정받고 또 바르게 잘 커서 제게 얼마나 큰 힘이 되는지 모릅니다.

아버지, 제 부탁을 저버리지 마시고, 하나님을 믿겠다고 약속해 주세요.
이 부탁마저 저버리신다면 제게는, 아니 남아 있는 모든 가족에게는 큰
상처와 짐이 될 것입니다. 보내 드리는 테이프를 하나씩 들으시고, 마음
여시기를 간곡히 기도드립니다.

아버지, 힘내세요! 아버지 곁에는 아버지를 진심으로 사랑하는 가족과 만
물을 창조하신 하나님께서 아버지를 굳건히 지켜 주시니까요. 아버지 감
사합니다.

1997. 4. 11.

아버지의 딸 유순 드림

이 편지를 읽으신 아버지가 어떻게 하셨을까?

"내가 예수를 믿어야겠다. 딸의 소원을 들어 주어야겠다."

결국 예수님을 믿기로 작정하셨고, 계산중앙교회에서 8주간 신앙생
활을 하시다가 8월 25일 하나님 나라에 가셨다. 김유순 집사님은 아버
지를 전도하여 하나님을 믿게 하였고 마지막에 영생을 누리게 하였다.
원근 각처에 있는 가족과 친척과 친구 그리고 이웃에게 전도 편지를 보
냈으면 좋겠다. 내가 히로시마에 있는 교회에서 전도집회의 설교를 하
면서, 김유순 집사님이 친정아버지께 전도했던 것을 간증했더니 그 교
회 장로님의 부인이 "내일 당장 친정부모님께 전도하러 가겠다"며 약
속하고 헤어졌다.

셋째, 인격과 생활로 전하는 것이다. 기독교인들은 말이나 글로 전도할 뿐만 아니라, 자기의 인격이나 생활을 통해서 예수 그리스도를 보여 줄 수 있어야 한다. 그러므로 바울은 기독교인을 가리켜 "그리스도의 향기"라고 하였다.

> 항상 우리를 그리스도 안에서 이기게 하시고 우리로 말미암아 각처에서 그리스도를 아는 냄새를 나타내시는 하나님께 감사하노라 우리는 구원 받는 자들에게나 망하는 자들에게나 하나님 앞에서 그리스도의 향기니 (고후 2:14-15).

또 바울은 기독교인을 가리켜 "그리스도의 편지"라고 하였다.

> 너희는 우리의 편지라 우리 마음에 썼고 뭇 사람이 알고 읽는 바라 너희는 우리로 말미암아 나타난 그리스도의 편지니 이는 먹으로 쓴 것이 아니요 오직 살아 계신 하나님의 영으로 쓴 것이며 또 돌판에 쓴 것이 아니요 오직 육의 마음판에 쓴 것이라(고후 3:2-3).

예수 그리스도를 믿지 않는 사람들은 기독교인의 인격에서 예수 그리스도의 향기를 맡고, 그들의 생활에서 예수 그리스도를 읽을 수 있어야 한다.

가가와 토요히고(1888-1960)는 일본 고베에서 기생의 아들로 태어났는데, 4세 때에 아버지가 죽고 5세 때에 어머니마저 돌아가셨다. 어릴 때부터 본처의 자녀들에게 기생의 자식이라고 놀림을 받으며 자랐다. 어려서 절로 보내져 불도를 닦게 되었는데, 12세 때 결핵 3기가 되어 자살을 기도하기도 하였다.

어느 날, 길에서 나팔을 불고 북을 치면서 전도하는 구세군 전도대의 전도를 받게 되었다. 그들은 하나님의 사랑을 전하면서 그에게도 "하나님은 당신도 사랑하십니다"라고 전해 주었다. 토요히고는 "정말 하나님께서 나 같은 사람도 사랑하십니까?" 하고 반문하였다. 결국 하나님의 사랑에 큰 감동을 받고, 그들과 함께 다니며 전도하게 되었다.

21세가 되었을 때, 그는 모든 고난과 죽음을 각오하고, 빈민굴에 들어가서 그들과 함께 생활하면서 어린이 주일학교를 만들어 어린이 전도에 더욱 정열을 쏟았다. 깡패들에게 매를 맞아 앞니 4개가 부러지는 고통을 당하기도 하였다. 33세에 자서전과 같은 소설인 『사선을 넘어서』라는 책을 썼는데, 놀랍게도 25만 부나 팔렸다. 그는 일생동안 수많은 사선을 넘었다. 그의 생애는 하나님이 살아 계신 것과 그 하나님이 왜 인간에게 필요한지 그리고 하나님을 향한 믿음이 얼마나 위대한 것인가를 보여 주었다.

또 인격과 생활의 전도자로 대한민국의 손양원 목사님(1902-1950)을 들 수 있다. 손양원 목사님은 1920년 경남 함안에서 태어나 7살에 예수님을 믿기 시작했고, 일제 치하에서 신사 참배 거부로 1940년부터 감옥에 갇혔다가 해방과 함께 석방되어 교회로 돌아왔다.

나환자들이 살고 있는 전남 여수에 있는 애양원에서 시무하셨다. 1948년 10월, 여수·순천지방에서 국방경비대 제14연대 소속 군인들이 반란을 일으키고, 기독교를 박해하면서 손양원 목사님의 중학생인 두 아들 동인이랑 동신이를 살해하였다. 두 아들의 장례 예배를 드리면서 온 교인들은 눈물바다를 이루었다. 그 자리에서 손양원 목사님은 하나님 앞에 11가지 감사를 드렸다. 그중 한 가지는 아들 한 명을 바치기도 어려운 데, 아들 두 명을 다 하나님 앞에 바치게 되어서 감사하다는 것이었다. 얼마 후, 두 아들을 총살한 범인인 안재선 씨가 체포되었고, 결국 재판에 넘겨져 총살형을 받게 되었다. 그때 손양원 목사님은 안재선 씨를 총살시키지 말고, 당신에게 돌려주면 두 아들 대신에 양아들로 키우겠다고 특청을 해서 그를 아들로 키웠다. 손양원 목사님은 1950년 9월 28일, 한국 전쟁 중에 공산군에 의해 순교하였다. 이 이야기는 『사랑의 원자탄』이라는 책으로 출판되었다. 가가와 토요히고나 손양원 목사님은 인격과 생활을 통해서 예수 그리스도의 향기와 편지가 되셨다.

열두 번
들러 오기

강화 석모감리교회는 1908년 3월 3일에 창립된 교회였다. 나는 1966년 4월, 58년의 역사를 가진 교회에 23대 목사로 부임했다. 오래된 교회일수록 역사와 전통을 자랑한다. 그러나 오랜 역사와 전통을 가진 교회 중에는 여러 가지 문제를 가지고 있는 경우도 많다.

석모감리교회도 예외는 아닌 것 같았다. 문이 닫힌 교회였다. 높은 성벽에 갇혀 있는 고성과 같은 분위기였다. 전도의 문을 여는 것이 중요했다. 그래서 '열두 번 들러 오기' 전도 운동을 펼치게 되었다. 각 교인마다 전도 대상자를 정해 놓고 한 달 동안 주일 낮, 밤, 수요일 열두 번 찾아가서 전도하는 것이다. 주일 예배 시간에 전도결심서를 나누어 주고 전도 대상자 이름을 써내라고 하였다.

아무도 쓰는 사람이 없었다. 쓰지 않으면 오늘 집에 못 간다고 강력하게 권면했다. 마지못해 쓰는데 형식적으로, 무책임하게 쓰는 것 같았다. 교인들의 반응은 대부분 부정적이었다.

나는 모세의 경우를 들어 강권했다. 하나님께서 모세에게 애굽에 들어가 전도해서 이스라엘 백성을 구원하라고 하셨을 때 모세는 당연히 순종했어야 했다. 왜냐하면 그가 태어나서 석 달을 숨겨 키우다가 더 이상은 힘들어 갈대상자에 담아 나일강에 띄워 보냈다. 그때 하나님이 보내신 바로의 딸에 의해 구출되었고 40년 동안 애굽 궁중에서 세상 학문을 통달하고 온갖 부귀영화를 누렸다. 이렇게 생명을 구해 주신 은혜를 보답하기 위해서라도 하나님 명령에 순종하여 전도해야 했지만 세 가지 이유를 들어 거절했다. 첫째, 나는 하나님에 대하여 잘 모른다. 나 하나는 그런대로 믿지만 남이 믿도록 가르치고 설명할 수는 없다. 둘째, 내가 전해도 그들이 믿지 않는다. 셋째, 나는 입이 둔해서 말을 잘 못한다. 전도할 수 없는 이유를 들어 거절했다. 그러나 하나님은 화를 내시며 강제로 모세의 등을 밀어 애굽에 들여보내 전도하게 하셨다. 억지로 전도했지만 200만 명이 구원받았다. 억지로 하는 전도에도 기적이 일어난 것이다.

나는 내가 한 말에 대한 책임을 지고, 좀 더 강하게 밀어 붙이기 위하여 나도 한 사람을 정해 놓고 전도하기로 했다.

"이 동네에 다 예수 믿어도 끝까지 믿지 않을 사람이 있습니까?"

"아! 있죠. 그 사람은 바늘 끝도 안 들어갈 사람이예요. 얼마나 뻣뻣

한 지 우리가 장작개비라고 별명을 지었어요."

알고 보니 속장의 남편이었다. 나는 그 사람을 맡아 전도하겠다고 교인들 앞에 약속했다. 교인들이 걱정하며 말한다.

"목사님은 무슨 특별한 재주가 있으신지 몰라도 어려울 겁니다. 전에 목사님도 못했고, 망신만 당하셨어요."

듣고 보니 좀 불안하고 걱정되었다. 오죽하면 장작개비라고 할까? 첫 번째 찾아갔다. 인사를 드리고 교회에 나오시라고 전도했더니, 한 마디로 시원하게 말한다.

"나가야죠! 나가고 말고요. 목사님이 찾아오실 때까지 있어서야 되겠어요? 염려마세요!"

세상에 사람이 그렇게 좋을 수가 없다. 이 정도면 열두 번까지 갈 필요도 없겠다는 생각이 들었다. 다음에 꼭 나오시라고 부탁드리고 돌아왔다. 여러 번 찾아갔는데 갈 때마다 사람이 점점 굳어졌다. 막상 전도를 못 하겠다고 하던 교인들은 예배시간마다 새신자를 데려왔다. 그러나 그 장작개비 노인의 전도는 불가능해 보였다.

열한 번째 찾아갔다. 인사를 해도 받지 않았다. 마지막 열두 번째 수요예배 시간이 되었다. 예배 시간마다 새신자들이 나와 교회는 들어설 자리가 없다. 저녁도 먹지 못하고 마지막으로 그 노인을 찾아갔다. 전도 보다는 따지는 식으로 말을 걸었다.

"지난번 꼭 오시겠다고 하시고, 왜 안 오셨습니까?"

아무 대답도 없다. 다시 방법을 바꾸어서 사정하기로 했다.

"할아버지, 제가 할아버지를 열두 번 찾아뵙고 교회로 모시고 오기로 교인들 앞에서 약속했습니다. 오늘이 열두 번째입니다. 그렇게 가기 싫은 교회! 평생 다니시라는 것도 아니고 오늘 저녁 한 번만 오셔서 교인들 앞에 보여 주셨으면 좋겠습니다."

그랬더니 화를 벌컥 내셨다.

"아니 예수 믿으면 끝까지 믿어야지 한 번만 왔다 가라는 말이 뭐요? 올라갈 테니 먼저 올라가시오."

교회 재종 소리가 들렸다. 예배 시작 시간이었다. 어쩔 수 없이 전도에 실패하고 혼자 교회로 올라갔다. 새신자들로 꽉 차서 들어설 자리가 없다. 강단에 올라갔는데 얼굴을 들 수 없었다. 찬송가 한 장을 더 부르면서 기다렸다.

'하나님, 교인들이 다 전도 못 해 와도 내가 맡은 장작개비 노인만은 꼭 오게 해 주세요.'

4절까지 불렀을 때 예배실 문이 열렸다. 한복을 곱게 차려입은 장작개비 노인이 들어오는 것이 아닌가! 교인들로 꽉 차서 앞자리로 들어올 수 없었는데 비집고 들어와 맨 앞자리까지 와서 앉았다. 교인들은 깜짝 놀라 여기저기서 수군대며 야단이었다. 58년 교회 역사에 최대의 전도 잔치가 벌어진 것이다. 전도에는 마지막이 없다.

목표 달성을 위한
한 해에 세 번 추수 감사

계산중앙교회에서 있었던 일이다. 추수감사 주일을 앞에 놓고 여러 가지 계획과 함께 헌금 목표를 정하고 교인들에게 열심히 기도하면서 최선을 다해 헌금하라고 권면했다. 그러나 추수감사헌금이 목표에 미달되었다. 교회 임원회를 열어 다음 주일에 추수감사헌금을 다시 해서 목표를 달성하자고 간곡히 부탁했다. 두 번째도 목표에 미치지 못했다. 물론 거기서 끝낼 수도 있겠지만 나는 고민했다. 헌금의 문제가 아니라 하나님을 위한 계획과 목표가 달성되는 것이 문제였다. 목표 달성과 함께 교인들을 훈련시키는 차원에서 한 번 더 추수감사헌금을 하자고 광고했다. 어느 교인은 당당하게 이의를 제기했다.

"목사님 우리가 세운 예산은 어디까지나 예산 아닙니까? 예산은 달성될 수도 있고 미달될 수도 있는 것 아닙니까?"

따지듯 항의해 왔다. 이와 같이 교회 안에는 믿음은 없고 똑똑하기만 한 교인들이 있다. 매사에 비판적이고 신앙적인 판단보다는 항상 자기주장을 앞세우는 이들이 있다. 그들을 위해 설명이 필요했다.

"우리가 예산을 세울 때에는 반드시 어떤 계획이나 목표가 있어 세운 것 아닙니까? 그 예산이 나와야 모든 계획이나 목표를 달성할 수 있는데 예산대로 헌금이 나오지 않으면 우리가 세운 모든 계획과 목표가 다 무산될 수밖에 없습니다."

결국 그 해에 세 번 추수감사헌금을 하였다. 교인 중에는 세 번 다 헌금을 한 교인도 있지만 끝까지 한 번 헌금하는 것으로 끝난 교인들도 있었다.

모세가 생각났다. 출애굽 역사를 보면 하나님께서 이스라엘 민족을 구원하기 위하여 여러 방법으로 40년 동안 역사하신 것을 볼 수 있다. 목회는 모세가 혼자 홍해를 건너고 광야를 지나, 가나안 땅으로 가는 것이 아니다. 이스라엘 백성을 이끌고 홍해를 건너고, 광야를 지나, 요단강을 건너, 가나안 땅으로 가는 것과 같다. 하늘로부터 시시각각 들려오는 하나님의 음성을 들으며, 끊임없이 뒤에서 들리는 백성의 원망과 불평불만을 업고 가나안 땅으로 가는 것이다. 오랜 세월 많은 어려움이 있었지만 끝까지 포기하지 않고 목표를 달성했다. 결국 모세의 마지막 목회 인생은 비스가 산에서 하늘나라를 바라보며 희생 제물로 끝났다.

예수님의 "내 집을 채우라"는 말씀을 보자. 어떤 사람이 큰 잔치를 배설하고 손님을 초청하였는데 한 사람은 밭을 샀기 때문에 불가불 밭에 나가야겠다며 사양했고, 한 사람은 소 다섯 겨리를 샀기 때문에 그 소를 시험하러 간다고 가 버렸고, 한 사람은 장가들어 못 간다고 거절했다. 주인은 노하여 종들에게 명하기를 빨리 시내 거리와 골목으로 나가서 가난한 자들, 소경, 저는 자들을 데려오라 하였다. 종들은 주인의 말대로 나가 데려다 앉혔다. 그래도 자리가 차지 않고 많이 비어 있었다. 주인은 포기하지 않고 다시 종들에게 길과 산, 물가로 나가서 사람들을 강권하여 데려다가 내 집을 채우라고 하였다. 예수께서도 세 번씩이나 전도하고 권면하고 인도하게 하셔서 목표를 달성하게 하셨다. 사도 바울도 "내가 선한 싸움을 싸우고 나의 달려갈 길을 마치고 믿음을 지켰다"고 승리의 개가를 불렀다.

평생 목회하는 동안 수많은 목표를 세우게 되고 그때마다 목표 달성을 위하여 최선을 다해야 하며 경우에 따라서는 어떤 희생도 감수해야 한다. 하나님의 목표와 계획은 반드시 이루어진다. 하나님에 의해서 이루어지게 되어 있다. 그 과정에서 연단과 희생이 필요한 것은 우리를 훈련시키고 교육시키고자 하시는 하나님의 방법이다. 목표를 달성하기 위해 끝까지 최선을 다하면 교인들 마음속에 묻혀 있던 믿음이 활성화되고, 하나님의 살아 계신 증거와 역사를 체험하게 되며, 교인들로 하여금 매사에 자신감을 갖게 만들 것이다.

왜
교회가 쇠퇴하는가?

    한국 교회는 기독교 역사에 그 전례를 찾아볼 수 없을 정도로 짧은 기간에 급성장한 것으로 좋은 평가를 받아왔다. 하지만 근래에 와서 한국 교회는 성장이 더딘 모습을 보이고 있다. 얼마나 정확한 통계인지는 몰라도 어느 교단은 1년에 교인 수가 3만 명이 줄었고, 한국 감리교회는 2011년부터 교인 수가 감소하기 시작하여 현재 113,391명이 줄어 1,452,351명이 되었다. 6,296교회 중 약 45%가 개척 및 미자립 교회라는 통계가 나왔다. 각 교단의 통계를 다 확인하지는 못했으나 근래에 와서 한국 교회 성장이 많이 침체되어 오히려 교인 수가 줄고 있다는 말을 듣는다. 1996년 5월 26일, 미국 웨슬리신학교 루이스 총장이 계산중앙교회를 방문하였다. 그때 나는 미국 교회를 배우고 싶다는 뜻을 전했다. 루이스 총장은 웃으면서 "한국 교회가 이렇게 부흥하고 있는데 미국 교회를 배울 것이 뭐가 있느냐?"며 가볍게 넘겼다. 진지하게 다시 내 의도를 설명했다.

"미국 교회는 미국을 기독교 국가로 세웠고, 기독교 문화와 역사를 만들었습니다. 그리고 세계 선교에 크게 공헌했는데 왜 쇠퇴하게 되었는지 그 이유를 알고 싶습니다. 그래서 한국 교회의 거울을 삼고 싶습니다."

루이스 총장의 초청을 받고 계산중앙교회 목회자 일행은 1997년 6월 21-25일까지 웨슬리신학교에서 18시간 강의를 들었다. 주제는 "미국 교회의 성장과 쇠퇴"(The Rise and Decline of American Churches)로, 신학적, 역사적, 목회인 차원에서 미국 교회가 쇠퇴하게 된 이유를 배웠다. 신학적 입장(Theological)에서 로간(Dr. Jim Logan) 교수, 역사적 입장(Historical)에서 스트롱(Dr. Doug Strong) 교수, 왓슨(Dr. David Watson) 교수로부터 실천신학 입장(Practical)에서 강의를 듣고 토론했다. 놀라운 것은 오늘의 한국 교회가 미국 교회의 전철을 그대로 따라가고 있다는 사실이었다.

미국감리교회는 1784년 볼티모어연회에서 정식 교단으로 형성되었다. 1800-1830년 사이에는 부흥운동을 통해 급격히 성장하여 인구 증가율과 동등하게 교인이 증가하여 100% 성장하였다. 수평 이동이 아니라 전도를 통해서 모든 교회가 부흥하여 감리교회는 1830년까지 미국에서 제일 큰 교단으로 성장하였다. 1830-1950년까지는 성장이 주춤했지만 그래도 제일 큰 교단으로 성장하였다. 1950년부터는 점점 쇠퇴하기 시작하여 1965-1997년까지 32년 동안 교인 수가 1,100만 명에서 800만 명으로 오히려 300만 명이 줄었다.

교회가 자기의 정체성과 사명을 잃어버려서 교인 수가 줄었다

바울은 자기의 정체성을 "사도로 부르심을 받고 택정함을 받은 사람"이며 사명은 "이방에 전도하는 것"이라고 고백하였다. 예루살렘으로 올라가면서 결박과 환난이 나를 기다린다 해도 "주 예수께 받은 사명 곧 하나님의 복음을 증거하는 일을 마치려 함에는 나의 생명을 조금도 귀한 것으로 여기지 아니한다"고 하였다. 그는 평생 빚진 자의 심정으로 살았다. 하지만 미국 교회는 점점 정체성과 사명을 잃어버리고 세속화되면서 관료적이며 제도적으로 변했다. 신학적으로는 특별히 웨슬리 신학이 없어지면서 정체성을 잃기 시작했다. 그 후 미국감리교회의 13개 신학교에서는 웨슬리에 대한 책만 출판하기로 약속하고 현재 25권을 출판했다. 웨슬리신학 전공 교수 5명이 각 교회와 연회로 출강을 나가 목회자와 평신도에게 웨슬리를 가르쳤다.

젊은 세대들이 교회를 떠났기 때문이다

제2차 세계대전 이후로 젊은 세대들이 교회를 떠나기 시작했다.

1997년 미국 교회 교인 평균 연령은 남자 59세, 여자 63세였다. 청년들이 교회를 떠나면서 현상 유지도 어려웠지만 미래의 희망도 기대할 수 없게 되었다.

자기희생의 문화가 자기만족의 문화로 변해 갔다

1946년 이후 급격히 인구가 증가하고 산업화되면서 경제성장과 물질문명의 발달로 많은 사람은 희생보다는 자기만족을 채우는 데 가치를 두었다. 사회문화의 급변으로 교회의 문화도 희생이 아니라 자기만족을 위한 '기복신앙'으로 변했고, 설교는 성공을 위한 '긍정적이고 적극적인 사고방식'을 강조하게 되었다. 교회 자체가 목적이 아니라 하나의 수단과 방법으로 전락했다. 교회는 또 하나의 백화점이 되었다.

속회가 없어졌다

1880년부터 요한웨슬리가 처음 감리교회를 시작하면서 만들었던 속회라는 기본 조직이 미국감리교회에서는 없어졌다. 산업사회가 되고 생활이 바빠지고 교통이 불편해지면서 교회 밖에서 모이는 일은 점점 어려워져 결국 속회가 없어지게 되었다. 모든 모임은 주일에 교회에서만 모이게 되었다. 속회가 없어지면서 대화나 권면은 없어지고 교회 안에서 일방적인 설교와 성경공부만 남게 되었다. 또한 어려움에 처한 교인을 가까이서 신속하게 돌보지 못하게 되고, 낙심자와 새신자 관리도 효과적으로 할 수 없게 되었다. 교회의 여러 조직 중에 가장 기본적이고 효과적인 조직은 속회다. 물론 사회 변화에 대처하기 위하여 교회의 변화도 필요하지만 때로는 변하지 않아야 사회 변화를 감당하고 이겨 낼 수 있는 경우도 있다. 태풍이 불고 폭우가 쏟아질수록 나무뿌리는 더욱 견고하게 제자리를 지켜야 하는 것이다. 결국 1880년에 없어졌던 속회는 1988년 다시 회복하게 되었다.

작은교회만들기운동

미국 교회는 1950년부터 의도적으로 '작은교회만들기운동'을 시작했다. 작은 교회는 300명 재적에 150명 출석하는 기준으로 만들었다. 그 숫자가 자립할 수 있는 교세라고 판단했기 때문이었다. 버지니아 연회에서는 6개월마다 작은 교회를 만들었다. 감리사가 구역회에 다니며 주로 하는 일은 교회를 나누어 작은 교회를 만드는 일이었다. 어느 구역회에서는 토론의 주제가 "교회 성장"이었다.

"자기 교회가 성장하는 것이 좋은가, 나쁜가?"

결과적으로 목회자는 자기 교회 부흥과 성장에는 무관심, 무책임하게 되었고 교인들은 전도의 사명과 보람을 잃어버리게 되었다. 물론 작은 교회일수록 많은 고충과 희생이 있는 것이 사실이지만 그 어려움 때문에 교회의 정체성이나 사명을 망각해서는 안 된다. 또 작은 교회로 안주해서도 안 될 것이다. 교회 부흥과 성장을 '대교회주의'로 비판하고 매도할 것이 아니라 '전도와 세계 구원'이라는 의미와 목표로 평가해야 할 것이다.

교회는 작은 교회라야 교회 본질을 유지하고 모범적인 교회가 되는 것이 아니다. 또한 이상적인 교회나 사회 구원에 있어서도 기준이 교회의 크고 작음에 있는 것도 아니다. 작은 교회는 아무리 작아도 교회로서의 의미가 있고, 큰 교회는 큰 교회로서의 의미와 사명이 있다.

교회는 질적인 변화를 통해서 양적으로 성장하는 것이 정상적인 부흥이다. 사도행전 30년 역사는 질적, 양적으로 교회가 성숙하고 성장하는 모습을 자세히 기록하고 있다. 질적인 성장 없이 양적인 성장이 가능한가? 양적인 성장은 반드시 질적인 성장 과정과 함께 일어난다. 작은 교회 목회자를 돕고 그 교회가 성장하도록 적극 돕는 일은 절대적으로 필요하지만 일부러 작은 교회를 만드는 것은 지양해야 한다.

교회 개척은 재고되어야 한다

선교 초기에는 교회 개척이 필요했고, 모든 교회는 그 과정을 통해서 시작되고 성장했다. 오늘날 모든 교회는 개척 교회로부터 출발해서 자립하게 되었고, 중대형 교회가 되었다. 그러나 지금 교회 개척은 기존 도시의 확장, 재개발, 신도시 형성 지역이 아니면 선교적 의미도 없고 현실성도 없다. 필요 이상으로 많은 개척 교회가 들어서고 있다.

인천 계양구에도 1970년에 네 개였던 교회가, 2017년^(인구 327,056명) 약 470교회가 되었다. 지역에 따라 100미터 이내에 다섯 교회가 있고 심지어는 같은 건물 안에 두 교회가 있는 경우도 있다. 해마다 개척 교회가 늘어나지만 반면에 문을 닫는 교회, 또 두 교회가 합치는 경우도 생기고 있다. 교인이 없는 개척 교회에서 누가 지역사회에 나가 전도하며, 언제 교회가 성장해서 자립할 수 있을까? 지역 선교는 이미 안정된 기존 교회에 맡겨도 충분하지 않을까?

물론 신학대학을 졸업한 전도자들의 진로를 염려하지 않을 수 없는 것도 사실이다. 그러나 그들의 일자리를 위해서 무리하게 동서사방에 교회를 개척한다는 것은 무책임하고 일시적인 방편에 불과하다. 이제는 특별한 지역에 교회를 개척하는 경우를 제외하고 특수 목회와 해외 선교에 관심을 돌려야 한다. 학교, 병원, 교도소, 기업체, 군 선교. 현재 일본에는 8,000교회 중 목회자가 없는 무목교회가 1,000교회나 된다.

세계 각처에 우리의 선교를 기다리는 마게도냐 사람들이 많다. 신학대학 재학시 구체적인 진로와 사명을 결정하고 전문교육을 받는 것이다. 그 나라의 언어와 역사 문화를 연구하여 선교사 자격과 능력을 키워 졸업과 동시에 특수 목회나 해외로 나가게 하는 것이다. 국내 교회 개척에 필요한 재정이면 해외 목회나 선교도 가능할 것이다. 기존 교회는 모든 방면의 지원을 아끼지 말고 빚진 자의 심정으로 보내는 선교에 동참해야 할 것이다.

전도의 씨앗
만들기 운동

　1970년대, 인천 계양산 주변 일곱 개 교회에는 30대 전후의 젊은 교역자들이 목회하고 있었다. 젊은 날 불과 몇십 명 모이는 시골 교회에서 귀한 세월을 보내는 것 같아 안타까운 생각이 들어 일주일에 한 번씩 모여 성경과 영어공부를 하기로 했다. 그때 사도행전을 연구하면서 전도에 눈을 뜨게 되어 "웨슬리전도단"을 조직하고 일곱 교회를 순회하면서 오전에는 교인들에게 전도를 가르치고 오후에는 교역자들이 교인들과 함께 각 지역을 다니며 전도하게 되었다. 그 후에 감리회 본부 선교국에서 웨슬리전도단을 조직하면서 초대 이사장을 맡게 되었다. 각 연회별로 웨슬리전도단과 웨슬리전도학교를 조직하면서 전국적으로 웨슬리전도운동이 활발하게 전개되었다.

　나는 지금까지 국내 26교회, 지방연합 33회, 연회연합 20회, 미주 지역 한인선교100주년 기념, 4대 도시 순회집회, 유럽 지역 6회, 일본인 교회 100교회에서 약 250회이상 인도하였다. 그때마다 주제는 '전도의 씨 만들기 운동', 즉 교인들을 전도의 씨앗으로 만드는 운동이었다. 사도행전 30년 역사를 보면 성령의 역사가 50회 이상 일어났다. 그중에 첫 번째 일어난 역사는 120명의 교인을 전도자로 만든 역사였다. 만일 초대교회 120명의 교인이 전도자로 변하지 않았다면 기독교는 120명의 교인으로 끝났을 것이다. 기독교는 예루살렘 밖으로 한 발도 나가지 못하고 예루살렘 예수의 무덤에 영원히 묻히고 말았을 수도 있다.

그 당시 팔레스타인 지방에는 400만 명의 유대인이 살고 있었다. 그중에 기독교인은 120명, 인구 비례로 보면 기독교인은 3만 3,000명 중에 1명이었다. 아주 적은 수였지만 성령은 그들을 전도자로 만들어 전도하게 하셨다. 그 결과 불과 30년 만에 120명의 교인들이 3,000명, 5,000명 그리고 수만 명으로 늘어나게 되었고, ^(행 21:20) 기독교는 예루살렘에서 끝나지 않고 유대와 사마리아를 지나 로마까지 이르게 하여 세계를 복음화했다.

베드로는 세 번의 변화를 경험했다. 믿지 않던 베드로가 교인으로, 제자로, 마지막에는 전도자로 변화되었다. 바울도 기독교를 앞장서서 반대하였지만 예수를 만나 기독교인이 되었고, 사도로, 마지막에는 이방 전도자로 변화되었다. 바울은 자기 자신에 대하여 고백하기를, "나는 훼방자요, 핍박자요, 포행자요, 만삭되지 못하여 난 자"였지만 부활하신 예수 그리스도를 만남으로 제자가 되었고, 전도자가 되었다.

이와 같이 베드로와 바울은 전도의 씨앗이 되었다. 나는 일본 교인들을 전도의 씨앗으로 만들기 위해 2013년 6월 10일 일본 생명의말씀사에서 일본어로 『남은 자』(Remnant, 殘りの民)을 출판하여 일본 전국 17개 서점에 보급했다.

일본 기독교인은 전도를 못하는 교인들이 아니라 전도를 안 하는 교인이다. 그러므로 인구의 0.4% 밖에 되지 않지만, 그들을 전도의 씨앗으로 만들기 위해서 책을 출판하고 계속 전도집회를 인도하였다. 이와 같이 "전도의씨앗만들기운동"은 국내외로 계속 이어졌다.

전도왕
유 권사

유별순 권사님은 1973년 여의도 빌리 그레이엄 전도집회에 참석하여 은혜를 받았고, 그때부터 성령 충만한 전도자로 변하여 전도왕이 되셨다. 이 권사님이 1980-1985년까지 300여 명을 전도해 왔다.

작전동 서광산업에 다니는데 아침에 출근했다가 저녁 6시에 퇴근해서 저녁을 먹고 7시쯤 전도를 나간다. 그 시간에 나가 전도하면서 전도왕이 되었다. 어느 날 같은 지역에 신혼부부가 이사왔다. 믿지 않는 부부였다. 권사님이 매일 저녁 같은 시간에 찾아가 전도했다. 갈 때마다 특별한 뉴스가 있는 것도 아니고 매일 똑같은 "예수 믿으면 구원받는다."는 내용으로 전도했다. 똑같은 말을 하는 것도 힘들겠지만, 매일 같은 사람에게 같은 말을 듣는 사람은 얼마나 짜증나고 힘들었을까? 어쩌다 그 시간에 오지 않으면 그 신혼부부는 본의 아니게 기다려지기도 했다고 한다.

어느 날 마당에 들어서는 인기척이 나니 남편이 아내에게 말했다.

"아이쿠, 또 왔군. 정말 사람 미치겠네. 빨리 나가서 안 믿는다고 그래."

아내가 신경질적으로 화냈다.

"안 믿는다니까 저렇게 매일 오잖아."

남편이 화를 내면서 말한다.

"그럼 믿는다고 그래 버려!"

그래서 결국 두 부부가 교회에 나오게 되었다. 남편은 모범택시 기사이고 아내는 나중에 김포 양곡교회 여선교회 회장이 되었다.

한번은 30대 젊고, 일류대학을 나온 여성을 전도했다. 아파트에 살고 남편은 검찰청에 근무했다. 어떻게 저런 여인을 전도해 왔을까? 도무지 이해가 되지 않았다. 엘리베이터도 없는 아파트 5층까지 열한 번 찾아갔다는 것이다. 싫은 기색도 보이고 때로는 면박도 주고 어떤 때는 문도 열어 주지 않는데, 눈 딱 감고 열한 번 찾아갔다는 것이다. 그래서 교회가 어떤 곳인가 궁금해서 나오게 되었다는 것이다.

유 권사님은 성경 없이 교회를 다니고 계셨다. 하루는 권사님께 말씀 드렸다.

"권사님, 전도 많이 하시는 것도 좋지만 성경을 가지고 다니셔야지요."

"목사님, 성경 봐서 뭘 해요. 매주일 목사님이 주시는 그 말씀대로 살면 되지요."

진국이다. 오히려 성경 말씀대로 살지 않으면서 성경을 끼고 다니는 교인들이 이상하게 보였다. 그러나 유 권사님이 한글을 전혀 몰랐던 것이다. 신학적으로 말하면 하나님과 예수님이 몇 촌 지간인지도 모르시는 분이다. 그런데 자기보다 공부도 많이 하고 사회적인 위치도 있고는 사람들에게 어떻게 전도했기에 교회에 나왔을까? 한번은 새로 입주하는 아파트 사람들을 보고 "이 아파트를 다 교회로 몰고 갔으면 좋겠다."라는 말씀도 하셨다. 권사님의 기도 속에는 이미 모든 아파트가 다 들어와 있고, 모든 아파트에 입주하는 사람들은 다 전도의 대상이었다. 1985년 64세가 되었을 때 미국에 있는 딸에게 초청을 받았다. 비자가 나오도록 기도해 달라는 것이다.

"권사님 안됩니다. 여기서 전도해야지요. 영어도 못 하면서 권사님은 전도 안 하면 못 살잖아요."

비자를 받기 위해 대사관에 인터뷰하러 갔는 데 떨어졌다. 또다시 기도해 달라는 부탁이었다. 곤란했다. 미국에 가게 해 달라고 기도할 수도 없고, 또 가지 않게 해 달라고 기도할 수도 없다.

'아이쿠 하나님, 하나님의 일이니 하나님께서 알아서 해 주세요.'

결국 비자가 나와 미국 애틀란타에 사는 딸네 집으로 갔다. 주변에 한국 사람이 없었다. 어디를 가면 만날 수 있을까? 알아 보니 미군 부대 앞에 가면 부대를 출입하는 한국인을 만날 수 있다는 것이다. 매일 아침, 사위 차로 부대 앞까지 태워다 주면 하루 종일 부대 앞 잔디에 앉아 한국인이 나타나기를 기다렸다가 전도했다고 한다. 그래서 미군 헌병이 이상하게 보고 부대 가까이 오지 못하게 하고 나중에는 군견을 끌고 와 위협했다. 하지만 멈추지 않고 전도해서 70여 명의 교인이 모여 교회를 만들고 조대연 목사를 모시게 되었다.

계산중앙교회에 출석하는 교인 한 분이 미국에 다니러 갔다. 어느 날 마트에 갔다가 열심히 전도하는 한국 여자를 만났다고 한다. 전도지를 들고 마트에 출입하는 사람들에게 열심히 전도하고 있었단다. 여러 나라 말로 된 전도지였다. 미국 사람들에게는 영어로 된 전도지, 일본인에게는 일본어, 한국인에게는 한국어로 된 전도지, 각 나라 말로 된 전도지를 만들어 전도하고 있었다. 같은 한국 사람을 만나 너무 반가워 인사를 나누었다.

"한국 어디서 오셨습니까?"

"예, 인천에서 왔습니다."

"나도 인천에 살았습니다."

"어느 교회에 다니셨나요?"

"예, 계산중앙교회에 다녔습니다."

"아니, 나도 계산중앙교회에서 다니는데요."

두 분이 타국에서 너무 반가워 얼싸안고 기뻐했다. 이 유별순 권사님은 전도지를 건네주면서 전도하고 가라고 했다는 것이다. 그 교인은 얼떨결에 전도지를 받았지만 용기가 나지 않아 신문 가판대 옆에 두고 왔다고 했다.

유별순 권사님이 89세 노환으로 위독하다는 소식을 듣고 강석홍 장로님과 함께 마지막 천국환송예배를 드리기 위해 미국으로 심방을 갔다. 옆에 호텔에 숙박하면서 임종을 기다리고 있었다. 그런데 심방을 받으시더니 오히려 건강이 다소 회복되셨다. 우리는 언제까지 호텔에서 기다릴 수 없어서 다시 한국으로 귀국하기로 했다.

"권사님, 우리 가야 되겠어요."

"가셔야죠."

가족들과 함께 마지막 예배를 드리고 눈물로 헤어졌다. 우리가 한국으로 돌아온 며칠 후 유 권사님은 하나님의 부르심을 받으셨다. 우리는 한국에서 같은 시간에 모여 추모예배를 드렸다.

비가 쏟아졌던
종동원 주일

목회를 교회가 하나도 없고 교인도 없는 지역에서 개척으로 시작하여 마지막 몇 천 명이 모이는 교회에서 은퇴하였다. 두 번 배를 타고 들어가는 섬 교회, 농촌 교회, 도시 교회 목회를 다 경험했다. 작은 교회 목회자들이 겪는 고통과 그 가족의 희생, 또한 큰 교회로 성장하기까지 목회자와 교인들이 바치는 살아 있는 순교도 보았다. 1968년, 처음 부흥회를 인도하기 시작하였고, 이어서 전도에 대한 사명과 소명의식을 가지고 전도집회도 인도하게 되었다. 개체 교회 집회를 인도하면서 지방 전도집회 35회, 연회집회 25회, 일본 교회 "전도의씨앗만들기운동" 집회를 95개 교회에서 150회 인도하였다. 결국 46년 목회 기간 동안 전도 운동도 병행하게 되었다.

여러 가지 전도 경험 중에 특별했던 경험 하나를 소개하고 싶다.

1978년, 교회 표어는 "전도 폭발"이었다. 9월 3일을 총력전도주일로 정해 등록교인 1,000명이 목표였다. 그렇게 열심히 전도 운동을 했는데, 8월 마지막 주일 출석 교인 수가 515명이었다. 8월 한 달 동안 총력전도 계획을 세우고 열심히 기도하며 준비하였다.

① 총력전도를 위한 속회 지도자 협의회

② 매일 저녁 9–11시 전교인 특별기도회

③ 8월 20일 속별 축호 전도

④ 속별 새신자 수 배당

⑤ 개인별 전도결심서 제출

⑥ 속별 출석 파악

⑦ 영화 상영(이기풍 목사)

⑧ 전도지 2만 장 배포

⑨ 버스 현수막 달기 등

계획을 세워 실천해 나갔다.

드디어 9월 3일, 역사적인 총력전도주일이 되었다. 기도하며 믿음으로 계획을 세우고 준비했는데, 이게 웬일인가? 새벽부터 비가 내리기 시작하는 것 아닌가? 실망이 되었다. 그동안 교인들에게 한 말이 다 거짓말이 된 것 같았다. 11시 예배시간이 되었지만 비는 그칠 줄 모르고 계속 내리고 있었다. 총력전도를 다음 주일로 연기해야 하나라는 생각도 들었다. 어떤 결정도 내리지 못한 채 강단 위로 올라갔다.

그런데 그 비를 맞으면서 새신자들이 교인들과 함께 온 것이 아닌가! 그날 예배 참석 인원은 1,119명이었다. 물론 새신자가 모두 등록교인이 된 것은 아니지만 교회 성장과 부흥의 원동력이 되었다. 교인들은 뜨거운 전도자로 변했고, 교회에는 계속 전도의 불길이 일어나게 되었다. 목회자인 나에게도 놀랍고 감동적인 경험이 되었다.

전도 경험 하나를 소개한다.

비가 너무 많이 와서 들판에 논이 다 물에 잠겨 버렸다. 마을에 나가 전도할 분위기가 아니었다. 그러나 성령의 역사를 믿고 비가 잠시 개었을 때, 마을로 들어갔다. 나는 할머니 한 분을 만났는데 화가 나서 나에게 말했다.

"하나님보고 이 논에 물을 다 빼라고 그래요. 하나님이 눈에 보이면 칼로 찔러 죽이고 싶어요."

담장 아래에서 고등학생에게 전도하고 기도하는데, 그 학생 어머니가 오시더니 야단을 치신다.

"야, 뭐 하고 있어."

전도의 목적은 경쟁의식이나 자기만족을 위해서 교인 수를 늘리거나 교회를 크게 건축하여 대형 교회를 만드는 데 있는 것이 아니다. 가난하고 병든 자들을 돌아보는 윤리를 실천하는 데 있는 것도 아니다. 그러한 일은 전도의 목적이 아니라 그 결과다. 전도의 목적은 베드로와 같이 '이웃을 사랑'하여 '내게 있는 예수 그리스도를 주는 것'이다. 그래서 사도 바울은 마지막 죽음이 기다리지만 예루살렘으로 올라갔다.

> 오직 성령이 각 성에서 내게 증언하여 결박과 환난이 나를 기다린다 하시나 내가 달려갈 길과 주 예수께 받은 사명 곧 하나님의 은혜의 복음을 증언하는 일을 마치려 함에는 나의 생명조차 조금도 귀한 것으로 여기지 아니하노라(행 20:23-24).

전도의 앞길에 '결박과 환난'이 기다리는 경우도 많다. 그러나 전도는 생명과 바꿀 만한 가치가 있다. 사도행전의 전도 역사는 성령에 의한 순교의 역사다. 전도(증인, Martus)라는 말과 순교는 동의어이다. 사도행전은 성령에 의해서 일어난 역사를 생생하게 기록하고 있다. 성령에 의한 전도로 교회가 개척되고, 성령에 의한 전도로 교회가 성장하고, 성령에 의한 전도로 역사의 변화를 이루었다.

꿈에 본
오늘의 한국 교회

　1975년 1월 20일, 수원 근방에 있는 모 교회에서 부흥회를 인도하게 되었다. 교회를 새로 건축하고 큰 꿈과 기대를 가지고 모인 부흥회였다. 교파를 초월해서 지역 목회자들과 교인들이 모여 마치 연합집회와 같은 부흥회가 되었다. 앉을 자리가 모자라 통로까지 의자를 들여놓고 추운 겨울이었지만 난로도 다 밖으로 내놓고 자리를 넓혀 앉았다. 성령의 역사는 시간시간마다 많은 변화와 열매로 나타났다. 목요일 아침, 담임목사와 함께 한 교인의 집에 식사 초대를 받았다. 식사자리에서 그 교인이 지난 밤 꿈 이야기를 들려주었다.

　꿈에 새로 지은 자기 교회가 나타났는데 교회 안에 들어가 보니 사람들이 한 곳에 모여 있는 것이 아니라 네 패로 나뉘어 따로따로 모여 있고, 사람들이 들어오고 나가는 것도 모르고 서로 머리를 맞대고 무엇인가 열중하고 있었다고 한다. 가까이 가 보니 화투판이 벌어져 있었다. 아니 이럴 수가 있나? 성령이 하나 되게 하신 것을 힘써 지켜야 하고, 모이면 기도하고, 찬송하며, 말씀을 상고해야 하는데, 교회가 네 패로 나뉘어 있다니…. 게다가 교인들은 세상 향락에 빠져 있으니 너무나 기막히고 슬픈 일이 아닐 수 없었다.

잠시 후 담임목사님이 들어오셨다. 강단 위로 올라가서서 네 패로 갈라져 화투판을 벌이고 있는 교인들을 바라보시면서 아무 말씀도 없이 우는지, 웃는지 이상한 얼굴 표정만 짓고 계셨다.

'왜 목사님이 한마디 책망도 없이 저러고 계실까?'

너무 답답하고 안타까운 마음을 금할 수 없었다. 마침 그때 교회 밖에서 많은 사람의 비명소리가 들려왔다.

"사람 살려! 우리 좀 살려 줘요!"

깜짝 놀라 밖으로 뛰어나가 보니 이게 웬일인가! 교회가 있는 동네 한가운데로 붉은 흙탕물이 넘쳐 흐르는데 많은 동네 사람이 떠내려가고 있었다. 허우적거리며 떠내려가는 사람들이 교회를 향하여 손을 흔들며 비명을 지르는 것이다.

"우리 좀 살려 주세요! 건져 주세요!"

너무 많은 동네 사람이 떠내려가 누구부터 건져야 할지 몰라 교회 창문을 열고 교회 안에 있는 사람들을 향하여 소리쳤다.

"빨리 나오세요! 사람들이 다 떠내려가요! 죽어가고 있어요! 빨리 나와 저 사람들을 건지세요. 생명 줄을 던져 건져 주세요!"

한 사람의 교인도 교회 밖을 내다보는 사람이 없었다. 혼자 발을 동동 구르며 울다가 깨어 보니 꿈이었다고 한다.

그 꿈 이야기를 들으면서 한국 교회의 현실을 보는 듯했다. 숨이 막힐 정도로 가슴이 아프고 교인들 앞에 부끄러움을 금할 수 없었다. 많은 교회가 세상의 빛과 소금이 되어 세상을 구원하는 방주가 되어야 하는데 내부의 여러 문제 때문에 세상 법정을 드나든다. 그래서 온갖 비난과 멸시와 부끄러움을 당하고 있다. 교단 안에 계파를 형성하고 교권 싸움으로 목회를 대신하다가 성의가 갈기갈기 찢어진 목회자, 온갖 이해관계로 교단 정치를 하다가 눈이 어두워진 평신도 지도자들….

오늘날 기독교인들은 눈을 떠서 주변에 전도를 기다리는 사람들을 보아야 하고, 귀가 열려 도움을 구하는 이웃의 부르짖음을 들을 수 있어야 한다. 우리는 강도 만난 이웃을 보고도 그대로 지나치는 제사장이나 레위인들이 되어서도 안된다. 강도 만나 죽어가는 사람들을 보고도 외면하고 지나치는 것은 또 하나의 강도 행위이다. 전도자 바울은 평생 이방인에게 빚진 자의 심정으로 살았고 전도하지 아니하면 화를 받을 것 같은 두려움으로 살았다. 한국 교회는 세상에 있는 동안 전도의 빚을 다 갚고 평안한 마음으로 하나님 앞에 갈 수 있어야 한다.

심는 자와
거두는 자

1988년 10월 9일은 총력전도주일이었다. 목표는 1+1, 한 사람의 교인이 한 사람씩 책임지고 전도해 오는 것이다. 교인들에게 전도를 강조하면서, 주일에 전도하지 못하고 교인들은 반드시 밀짚모자나 우산을 가지고 오라고 했다. 남들은 다 전도해 오는데, 전도도 못하고 무슨 얼굴로 교회에 들어오겠는가! 그러니 예배를 드리지 않고 집으로 되돌아갈 수는 없고, 교회 마당에서 예배드려야 할 텐데 그날 햇빛이 쨍쨍하면 밀짚모자를 쓰고, 만일 비가 오면 우산을 쓰고 마당에서 예배드리라고 광고했다.

총력전도주일, 강단 위에서 새신자들이 얼마나 오는지 현관 쪽을 바라보고 있는데, 놀랍게도 교인이 줄을 지어 새신자를 데리고 들어오는 것이다. 그런데 현관에서 이상한 광경이 벌어졌다. 복잡한 현관에서 강순자 권사와 조경애 권사가 싸움을 하고 있는 것이다. 부목사와 전도사들이 함께 있으면서도 말릴 생각은 하지 않고 멍하니 서서 구경만 하고 있다. 새신자들이 밀려오는데 싸우려면 지하실에 가서 실컷 싸우지 왜 새신자들 앞에서 저렇게 싸우고 있는지…. 강단에서 야단칠 수도 없고, 호사다마의 역사인가?

예배 후 부목사들을 불러 물어보니 알고 보니 즐거운 싸움이었다. 강순자 권사가 팬더아파트 상가에서 미장실 원장을 전도해서 등록을 하는데, 갑자기 조경애 권사가 말했다.

"왜 내가 전도해 놓은 사람을 당신이 데려왔어. 내가 그동안 얼마나 전도하느라 애를 쓰고 오늘 아침에 교회에 오기로 약속했는데, 왜 내가 맡은 사람을 데려왔어."

"전도하면 뭘 해. 데려오는 사람이 임자지."

강 권사는 자기 앞으로 이름을 올리라는 것이었다. 새신자 등록을 받는 전도사들은 입장이 난처해 누구 앞으로 등록시켜야 할지 몰라 당황했다고 한다.

나는 예수께서 사마리아 여인에게 하신 말씀이 생각났다.

> 거두는 자가 이미 삯도 받고 영생에 이르는 열매를 모으나니 이는 뿌리는 자와 거두는 자가 함께 즐거워하게 하려 함이라(요 4:36).

그래서 두 권사 앞으로 다 등록시키라고 하였다. 전도하는 사람은 자기가 전도할 때 직접 열매를 거두지 못해도 누군가가 반드시 그 열매를 거두게 될 것이라고 믿어야 하고, 또한 전도의 열매를 거두는 사람은 누군가가 전도의 씨를 심어 놓았기 때문에 내가 거둘 수 있게 되었다고 믿어야 한다. 총력전도를 통해서 주일날 1,250명의 새신자가 등록했다.

1988년 3월 1일-4월 9일까지 사순절 기간이었다. 40일 동안 예수 그리스도의 남은 고난을 어떻게 몸에 채울 것인가를 놓고 기도했다. 전도를 통해서 그리스도의 고난을 내 몸에 채우기로 했다. 전도 목표를 장년 500명 그리고 중·고·청년 각 150명씩으로 정했다. 먼저 6명의 부목사와 4명의 심방 전도사에게 전도에 대한 서적을 한 권씩 읽고 발표하도록 했다. 그리고 교구별로 전도계획서를 제출하도록 했다. 매주일 전도 결과 보고를 받았다. 40일 만에 장년 639명, 중·고·청년 182명이 새로 등록했다.

전도는 싸움이요 전쟁이다. 그러므로 고난이 따를 뿐만 아니라, 경우에 따라서는 순교도 당하는 것이다. 전도는 어떤 고난을 지불하더라도 반드시 해야 하고, 나의 생명을 희생 제물로 맞바꿀 만큼 귀한 것이다. 그러므로 전도는 또 하나의 순교다. 그러므로 순교의 정신을 가지고 해야 한다.

전도의
빛을 갚자

　사도 바울은 교인들을 가르칠 때 '권하다', '권면하다'라는 용어를 많이 사용했다. '권면하다'라는 말은 어느 정도 상대편의 사정과 형편을 참작하여 가능하면 해 보도록 부드럽게 부탁하는 것이다. 그러나 전도는 '권면'이 아니라 '명령'이다.

> 하나님 앞과 살아 있는 자와 죽은 자를 심판하실 그리스도 예수 앞에서 그가 나타나실 것과 그의 나라를 두고 엄히 명하노니 너는 말씀을 전파하라 때를 얻든지 못 얻든지 항상 힘쓰라 범사에 오래 참음과 가르침으로 경책하며 경계하며 권하라(딤후 4:1-2).

　전도는 명령이기 때문에 이유 여하를 막론하고 무조건 순종할 수밖에 없는 절대적인 것이다.

> 내가 복음을 전할지라도 자랑할 것이 없음은 내가 부득불 할 일임이라 만
> 일 복음을 전하지 아니하면 내게 화가 있을 것이로다(고전 9:16).

또한 전도는 해도 좋고 안 해도 좋은 것이 아니다. 할 수 밖에 없고 또 반드시 해야 하는 것이다. 전도자 바울은 믿음의 아들 디모데에게 "너는 모든 일에 근신하여 고난을 받으며 전도인의 일을 하라."고 명령하면서 자기는 "헬라인이나 야만이나 지혜 있는 자나 어리석은 자에게 다 내가 빚진 자라."(롬 1:14)고 하였다. 평생 복음과 함께 고난을 받으며 살았고, 마지막 하나님 제단에 전도의 산 제물로 바칠 날이 가까웠다고 고백하였다.(딤후 4:5-6) 우리도 하나님과 모든 이웃들에게 전도의 빚을 갚아야 한다.

20여 년 전 어느 교회에서 부흥회를 인도하던 중 교회를 떠났던 한 청년이 다시 하나님 앞으로 돌아온 일이 있었다. 그 청년은 많은 은혜를 받았고 특별히 전도의 사명을 받았다. 어느 날 서울 남산공원에서 산책하던 중 의자에 혼자 쓸쓸히 앉아 있는 한 노인을 보게 되었다. 그 노인을 본 순간 이상하게 전도하고 싶은 마음이 생겼다. 그러나 한편 '내가 전도해도 믿지 않을 텐데, 또 믿겠다고 해도 내가 어떻게 책임지고 우리 교회로 인도할 수 있을까?'라는 생각에 갈등했다. 그러나 계속

전도하라는 성령의 감동을 소멸할 수 없어 그 노인에게 가까이 다가갔다.

"할아버지, 죄송하지만 한 5분만 말씀드려도 되겠습니까? 혹시 할아버지께서는 교회를 다니십니까?"

"아뇨. 교회는 교인들이나 다니는 것이지 우리 같은 사람이 교회와 무슨 상관이 있습니까? 한 번도 가 본 일이 없어요."

그때 그 청년은 따뜻하게 노인의 손을 붙잡고 진실하고 간절한 마음으로 예수님을 전하며 힐끔 쳐다보니 할아버지의 눈에는 눈물이 고여 있었다.

"어떻게 하나님을 모르고 지금까지 사셨습니까? 귀한 생명과 건강을 주셨고 지금까지 살아오는데 필요한 모든 것을 하나님이 주셨는데 어떻게 그 하나님을 모르고 사셨습니까?"

시간이 많이 지나 미안한 마음으로 일어서려 하는데 할아버지는 청년의 손을 꼭 붙잡으며 말했다.

"청년 바쁘지 않으면 내 말 좀 들어봐요."

그 할아버지는 경상도 상주에서 올라온 분이었다. 아들은 월남전에서 전사하였고 얼마 전 아내마저 세상을 떠났다. 삶의 의욕을 다 잃고 아무 희망이 없는 세월을 보내던 중, 밭을 매는데 문득 떠난 식구들이 생각났다.

'도대체 내가 누굴 위해서 이 농사를 지어야 하나.'

호미를 집어 던지고 집으로 돌아왔다. 외롭고 쓸쓸하게 배회하다가 이렇게 살 바에야 차라리 아내와 아들의 뒤를 따라가는 것이 좋겠다 싶은 생각이 들었다고 한다. 그래서 남산에 오르게 된 것이다. 마지막 생을 마감하기 위해 인적 드문 곳에 있는 의자에 앉았다. 그때 한 청년이 나타난 것이다. 노인은 그 청년의 전도를 들으면서 성령의 감동으로 마음의 문이 열리게 되었다.

"청년, 우리 고향 상주에도 교회가 있어요. 나 고향으로 내려가 재산을 정리하고 그 교회에 나가 보겠소."

그 청년은 의외의 전도 반응에 감격하여 그 노인을 서울역까지 모시고가 상주행 기차표를 끊어 고향으로 보내드렸다.

만일 우리가 전도하지 않아서 어떤 사람이 멸망당한다면 그 사람의 피값을 믿는 우리에게서 찾겠다고 하셨다. 하나님은 전도 때문에 우리에게 생명과 건강을 주셨고 한 끼도 빠짐없이 일용할 양식을 먹이신다. 그리고 전도의 책임을 철저히 물으신다. 또한 우리는 전도의 책임을 철저히 져야 한다.

사도행전 18장에는 사도 바울이 고린도에 교회를 세우기까지 전도하는 역사를 자세히 기록하고 있다. 고린도는 지리상 헬라의 남북을 통하는 유일한 길이므로 '헬라의 교량'이라고 불렀다. 또한 지중해 동서 무역의 출발지로서 '헬라의 시장'이었다. 고린도에 사는 60만 명 중에 40만 명은 노예로서 20만 명을 위해서 사는 사람들이었다. 아프로디테

(Aphrodite)라고 하는 여신을 섬기며 그 신전에는 1,000명의 여 사제들이 있었다. 그 여 사제들은 밤이면 도시로 내려가 창녀 생활을 하는 향락과 음란의 도시였다. 음란한 사람들에게는 '고린도 사람'이라는 대명사를 붙이기도 했다. 그야말로 전도의 가능성이 1%도 없는 고린도에 바울이 가서 전도하게 되었다. 그들은 전도하는 바울을 대적하고 훼방하여 더 이상 전도할 수 없게 되었다. 어쩔 수 없이 전도를 포기하고 옷에 먼지를 떨면서 말했다.

"너희 죄가 너의 머리로 돌아갈 것이다."

"나는 전도 책임을 다했으며 모든 책임은 다 너희들이 져라."

완전히 전도에 실패하고 이제는 더 이상 전도의 효과를 기대할 수 없고, 고린도에는 예수 믿을 사람이 없다고 단정하고, 그곳을 떠나기로 작정했다. 그날 밤 예수께서 환상 중에 바울을 찾아오셔서 말씀하셨다.

> 두려워하지 말며 침묵하지 말고 말하라 내가 너와 함께 있으매 어떤 사람도 너를 대적하여 해롭게 할 자가 없을 것이니 이는 이 성중에 내 백성이 많음이라 하시더라(행 18:9-10).

바울은 깜짝 놀랐다. 자기의 전도 경험과 판단으로는 고린도에 예수 믿을 사람이 한 사람도 없다고 단정하여 전도를 포기한 것이다.

예수께서는 "이 성 중에 예수 믿고 구원받을 많은 하나님의 백성이 전도를 기다리고 있으니 포기하지 말고, 두려워하지 말고, 잠잠하지 말고 전도하라."는 것이다. 다시 전도를 시작하여 1년 반 후에 고린도 교회를 세웠다. 우리의 판단을 넘어서 지금도 주변에는 전도를 기다리는 이웃이 많이 있다.

북한 능선에
세워진 십자가

　1972년 1월 25일, 20사탄 예하부대 집회를 시작으로 약 20회 장병들을 위한 군중집회를 인도하면서 군 선교를 하게 되었다. 최전방 집회를 인도하러 갔다가 본 교회 청년 두 사람을 만났다. 그들은 집회가 끝난 다음 나에게 다가오더니 주머니에서 돈을 꺼내면서 봉급을 아끼고 담배를 팔아서 모은 돈이니 고향에 계신 어머니께 적지만 교회 헌금으로 전해 달라는 것이었다. 나는 당황했다. 장교도 아니고 사병이 봉급이 얼마나 된다고 또 돈이 아쉬울 텐데, 얼마 동안 모은 돈일까? 나는 거절할 수 없어 얼떨결에 받았다. 밭에 감춰진 보화를 만난 기분이 들었다.

　그들과 헤어진 후 여단장님의 배려로 여단장 지프차를 타고 예하부대를 돌며 군인들을 위로하고, 기도해 주며, 순회 집회를 하게 되었다.

특별한 기회가 왔다. 비무장지대를 사이에 두고 북한군과 대치하고 있는 최전방 부대를 순회하며 규모는 작지만 소대 분대까지 찾아다니며 하나님 말씀을 전하게 되었다. 마침 대북 방송실에 들르게 되었다. 지휘관이 나에게 마이크를 넘겨주면서 생방송으로 나가니 앞으로 1시간 동안 눈앞에 보이는 북한군 진지를 향해서 말씀을 전해 달라는 것이었다. 나는 당황했다. 미리 준비하지 못한 것이 너무 아쉽고 안타까웠다. 어떻게 10분도 아닌 1시간을 채울 것인가? 나는 북한군 장병들을 향하여 드디어 입을 열었다. 그들을 위해 찬송을 부르고 기도로 시작했다. 그리고 말씀을 전하기 시작했다.

"여러분, 전에는 남한보다 북한 땅에 교회가 더 많았고, 교회들이 크게 부흥하고, 교회 부흥의 불길이 산불처럼 퍼져 갔습니다. 그러나 북한이 공산화되면서, 교회 박해가 시작되어 교회는 큰 수난을 겪게 되었습니다. 지금은 북한 땅에 교회를 찾아볼 수 있습니까? 만일 앞으로 전쟁이 일어난다면 틀림없이 남한 군대가 승리할 것입니다. 그 이유는 남한 군대 안에는 부대마다 군인교회가 있고 군목이 있어 하나님을 믿고 예배하며, 하나님 말씀으로 무장하여 나라를 위해 기도하기 때문입니다. 또한 남한에 1,000만 기독교인이 나라와 국군 장병을 위해 기도하고 있습니다. 남한의 군대는 하나님이 지켜 주시고 함께하시는 하나님의 군대입니다. 누가 감히 하나님의 군대를 이길 수 있겠습니까?"

나는 1시간 동안 북한 땅을 건너다 보며 생방송으로 기도하며, 찬송하며, 복음을 전했다. 집회를 마치고 돌아온 며칠 후 함께 동행했던 군목으로부터 놀라운 소식을 들었다. 우리가 돌아온 후 남한에서 제일 잘 보이는 북한 능선 위에 북한 군인들이 십자가를 세워 놓았다는 것이다. 얼마나 갈등을 느끼며 고민했을까? 오죽하면 자기들 손으로 십자가를 만들어 능선 위에 세웠을까? 전쟁을 위해서 동원된 군인들이 손에 쥐고 있는 총을 내려놓고 십자가를 세운 것이다.

> 그가 열방 사이에 판단하시며 많은 백성을 판결하시리니 무리가 그들의 칼을 쳐서 보습을 만들고 그들의 창을 쳐서 낫을 만들 것이며 이 나라와 저 나라가 다시는 칼을 들고 서로 치지 아니하며 다시는 전쟁을 연습하지 아니하리라(사 2:4).

　남북한 통일을 위한 교회 협력은 계산동으로 예배당을 이전한 이후 계산중앙교회에서 주력한 선교 중 하나다. 1988년 4월 19일, 인천지역 교역자와 장로를 대상으로 평화통일세미나가 계산중앙교회 말씀의 집에서 열렸다. 당시에는 평화통일세미나를 열었다는 자체가 남북한 평화 통일을 지향하는 진보적인 교회임을 나타내는 것으로 볼 수 있었다. 이때는 남북한 교회지도자들이 스위스 글리온에 모여 대화를 시작한 때였다. 대부분의 부흥사들이 보수적인 성향을 가지고 있었으나 나는 남북한 문제에서는 평화 통일을 지향하는 진보적인 목회자였다. 그해 7월 14일에는 한반도 평화통일교회지도자세미나를 목사, 장로 지부 회장을 대상으로 열었다. 내가 강사였고 오충일 목사와 박종화 교수가 특강을 맡았다. 이듬해 1989년 5월 21일에는 북한 선교를 위한 일일 부흥회 및 비디오 상영 시간을 가졌다. 강사는 미주기독교부흥협의회 총무 박요한 목사였다.

한편 1990년 3월 5-12일까지 서울올림픽 역도경기장에서 열린 세계 J.P.I.C. 대회(정의, 평화, 창조 질서의 보전)에서 나는 첫날 감리교회를 대표해서 환영사를 하였다. 이날 저녁 만찬은 롯데월드에서 계산중앙교회가 베풀었다. 이 대회는 대회 이름 그대로 "정의, 평화, 창조 질서의 보전"이라는 기독교적 가치를 실현하기 위한 세계적 기구로 이 대회에 참석한 인원은 공식 대표 550명, 자문단 취재원 국내 대표 500여 명이 모인 대규모 대회였다. 이 대회 대표들은 계산중앙교회를 방문하여 함께 예배를 드렸다.

1990년 8월 12일, 평화통일 세계공동기도주일로 인천지역 연합 예배가 인천 만수중앙교회에서 열렸고 내가 설교했다. 이때 이미 남북한 교회지도자들이 의견을 모아 8월 15일 직전 주일을 평화통일 세계공동주일로 정하고 한국 교회가 이를 지키기 시작한 것이다. 평화통일 세계공동주일은 세계교회협의회(N.C.C.)에서 주선하여 남북한 교회지도자들이 만나 합의한 내용이다. 이 합의는 해방된 지 50년이 되는 1995년을 희년으로 선포하고 한반도 평화와 통일 공동기도문으로 예배를 드리기로 한 것이다. 스위스 글리온 회의는 남북한 교회를 하나로 묶어 나가는 첫걸음이었다. 글리온에서 북한 대표를 처음 만난 때는 1986년 9월이었고, 2차는 1988년 11월, 3차는 1990년 12월이었다. 1986년 이후 2년마다 한 번씩 모여 일치를 위한 교회의 노력을 점차 확대해 나가고 있었다. 나는 제3차 글리온 회의에 남한 교회 대표로 참석하여 북한 교회 지도자들과 만날 수 있었다. 이 만남은 나에게 남북한 평화 통일을 위한 교회의 역할을 더욱 깊이 있게 생각하게 하고 결단하게 하는 기회가 되었다. 또한 공산주의에서 개방된 동독, 체코, 헝가리 등지를 방문하여 그 나라 교회지도자들의 안내로 기독교 현황을 돌아보았다. 이때부터 계산중앙교회는 매년 8월 15일 직전 주일을 8·15 기념 주일로 지키면서 남북한 평화 통일을 위한 공동기도문으로 기도하였다. 그때 함께 기도한 1991년 민족의 평화와 통일을 위한 남북공동기도문은 다음과 같았다.

세상을 창조하신 하나님,

하나님께서 태초에 이 세상을 여실 때 정의가 실현되는 세상을 펼치셨습니다.

강한 자가 약한 자를 억누르지 않고 불의가 진실을 이기지 않고 부자와 가난한 자가 골고루 밥을 나누는 세상을 원하셨습니다.

그러나 하나님 저희들은 하나님이 지으신 아름다운 세계를 약육강식의

논리가 정의를 압도하고 불의가 가난한 자를 억누르고 썩고 냄새나는 죽음의 세상으로 만들었습니다.

역사를 이끄시는 하나님,

우리 남북교회는 1995년을 희년으로 선포하여 정의와 평화를 회복하는 원년으로 삼았습니다.

모든 망가진 것이 고쳐지고 흩어졌던 사람들이 다시 만나고 눌린 사람들이 풀려나 해방과 자유를 누리며 모든 피조물이 하나님이 지으신 본래의 창조 질서로 되돌아가는 은혜의 해가 될 것을 바라며 고백했습니다.

정의를 요구하시는 하나님,

정의가 실현되지 않는 곳에 평화 또한 물결치지 않는다는 것을 역사의 교훈을 통해 체험하면서도 우리는 정의를 실천하는 일을 기피했고 평화를 이루기 위한 노력을 게을리했습니다. 지금 우리가 누리는 평화는 반쪽 평화, 거짓 안전입니다. 다른 손에 악수를 청하니 평화의 하나님 뵙기가 민망스럽습니다.

이사야 예언자의 꿈처럼 사자와 소가 함께 풀을 뜯는 세상은 주님 언제쯤 옵니까?

개인과 개인. 민족과 민족, 나라와 나라가 함께 평화를 누릴 새날은 주님 언제쯤 이루어집니까?

우리의 힘이 되신 주님,

이 민족을 불쌍히 여겨 주십시오.

분열을 묵인하고 자초한 우리의 마음 밭을 갈아엎고 베옷을 입고 회개하는 심정으로 주님 앞에 섰습니다. 내 민족, 내 핏줄이니 그리스도의 사랑으로 끌어안고 화해하게 해 주십시오.

1992년 6월에는 북한 성경 보내기 헌금을 하여, 총 191명이 참여하였다. 1995년 8월 13일 저녁 예배는 해방 후 분단된 지 50년이 되는 해로 남북한 교회에서 희년으로 선포한 해이다. 인천지역 교회들이 인천실내체육관에 모여 한반도 평화 통일을 위한 예배를 연합으로 드렸다. 계산중앙교회 교인들은 이 예배에 대거 참여하였다. 교회에서 이 연합 예배에 참가하도록 권면하였기 때문이다. 2주 후 9월 3일 저녁 예배에 따로 헌금하고 그것은 모두 북한에 '사랑의 쌀'로 보냈다.

2008년 8월 13일 오후 3시에는 한반도 평화 통일 축제가 계산중앙교회에서 열렸다. 내가 설교하였고 특강으로 김학중 총장이, 찬양에는 생명나무가 수고하였다. 이후 남북한 문제가 복잡하게 얽히기도 하고, 풀리기도 하면서 남북한 평화 통일에 대한 교회의 관심도 상당히 약해졌다. 이런 복잡한 상황 속에서 교회의 입장을 생각해 보기 위해 2004년 6월 20일 3-6시까지 6·25 기념 특별강연이 계산중앙교회 대예배실에서 있었다. 전 통일부 차관 송영대 장로가 "민족 통일과 북한 선교"라는 제목으로, 태평양시대위원회 이사장 김동길 교수가 "한국의 오늘과 내일"이라는 주제로 강연하였다.

동북아, 동남아,
유럽 선교

　1917년 10월, 혁명에 의해 소비에트사회주의공화국연방^(U.S.S.R.)이 탄생되었다. 1991년까지 74년 동안 세계 최대의 사회주의 국가로 존속했고 러시아 연방 우즈베키스탄 등 15개국 공화국이 모여 세계 최대 다민족 국가를 이루었다. 1990년 3월 소련 대통령으로 추대된 고르바초프는 전체주의 정치를 불식하고 민주주의를 이식하는 중에 1990년 동·서독의 통일을 수락했고 1991년부터 공화국들이 탈퇴하며 독립 국가가 되어 유엔에 가입하게 되었다.

　사회주의 국가 소련에 혁명이 일어난 지 70년 만에 개방되었다. 1990년 11월 22일 N.C.C. 주선으로 권호경 총무, 김윤식 목사, 김정현 목사, 신익호 목사, 김종일 목사, 정운상 목사 일행과 함께 모스크바에 도착했다. 다음날 정교회 본부로 킬힐^(KilHil) 대주교를 방문하고 대주교를 통해 소련의 교회 현황과 앞으로 선교전략과 협력에 대하여 자세한 이야기를 들었다. 현재 정교회 교인 수가 2,500만 명^(인구 2억 8천 명), 교회는 2만 2천 곳, 성직자가 2만 5천 명이다. 개신교인이 200만 명, 로마 가톨릭 교인이 400만 명이다. 소련에는 고려인이 약 45만 명이 있고, 그중 모스크바에 5천 명, 타슈겐트에 5만 명이 살고 있었다. 우즈베키스탄은 중앙아시아 중심부에 자리 잡고 있으며 이슬람 문화의 중심지로 1924년에 세워졌다. 인구는 약 2,000만 명^(1992년 기준)이다. 고르바초프가 집권하고 있던 1991년 12월 소련이 해체된 후 독립국가연합에 가입했다. 1992년 1월 29일 한국과 수교했고, 같은 해 2월 7일 북한과도 수교했다. 소련을 거쳐 체코, 동독, 스위스 글리온 대회까지 참석했다.

1937년 가을, 연해주에 살고 있는 우리 동포들이 추수를 앞두고 스탈린의 강제 이주정책으로 18만 명이 타슈겐트로 이주했다. 4일 안에 1인당 37kg의 짐만 가지고 떠나라는 것이었다. 트럭으로 15km, 다시 배로 10시간을 간 후 화물기차로 밤낮 22일간 달려 무인지경, 타슈겐트에 풀어 놓았다. 화물차 안에서 많은 어린이와 노인이 죽었고 그 시체는 그대로 차 밖에 버리고 기차는 떠났다. 타슈켄트에 떨어진 고려인은 토굴을 파서 그 속에 거처하면서 땅을 개간하고 농사를 지었다. 지금은 소련의 4대 도시 중 하나로 200만 명이 사는 관광 도시가 되었다. 소련을 거쳐 체코, 동독, 스위스 글리온 대회를 참석하면서 과거 공산

권 선교에 관심을 가지고 1990년 12월 6일 귀국한 뒤 6개월 동안 기도하며 준비하였다. 그리고 동북아선교회를 구상하게 되었다.

나는 변선환 학장에게 소련에 선교사를 양성하여 보내자고 건의했다. 염필형 교수와 이춘직 감독과 함께 1991년 6월 25일 두 번째 소련을 방문했다. 우리는 타슈겐트에 있는 "고려인문화협회"를 방문하여 그들과 많은 대화를 나누었다. 그들을 통해서 타슈겐트에 살고 있는 고려인들의 현실과 그 자손들을 위하 희망을 알게 되었다.

> 한국에서 사람이 오고 모든 비용을 담당하면 문화원을 빌려 교회와 문화 활동을 할 수 있다는 것이다. 전에는 못했지만, 이제는 할 수 있다는 것이다. 그동안 미국 쪽에서 침례교가 들어왔는데 한국에서 먼저 들어오지 않아 속상하다. 교회들이 합쳐 함께 들어오지 따로따로 들어와 혼란스럽다. 개혁이 되면서 집값이 세 배나 올랐다. 고려인들과 소련인들의 결혼은 가능하나 부모들이 절대 반대한다. 고려인의 자녀는 소련 학교에 나가 배우는 데 한국 문화는 배우지 못한다. 타슈겐트대학에 한국어반을 신설할 계획이다. 고려인들이 근면하고 소련인보다 머리가 영리하다고 인정받는다. 모스크바에 고려인들을 위한 대학을 한국에서 세워 줬으면 좋겠다.

그들과 헤어져 고려인들이 예배드리는 교회를 찾아 가다가 한국식당

"삼양식당"을 찾아갔다. 고려인 2세, 3세 청년들이 기타를 치며 "도라지 타령", "노들강변"을 부른다. 교회를 찾아갔다. 세 명의 교사가 100여 명 학생들에게 토요일과 주일마다 두 시간씩 가르치고 있었다. 고려인들이 모이는 노인정에 찾아갔다. 50여 명이 모여 막걸리 잔치를 벌이고 있었다. 인천에서 왔다고 인사를 드렸더니,

"인천이 어딥니까, 중국이요? 한국에 자유가 있소? 왜 미군이 한국에 들어와 있소?"

우리는 한국과 한국 교회에 대하여 자세히 설명해 주었다.

선교 여행을 마치고 돌아와 소련과 북한 선교를 위하여 계산중앙교회 교인 141명이 소련선교회원이 되어 역사적인 "동북아선교회"를 조직하였다. 그 당시 미국감리교회 세계 선교부 파송으로 모스크바에서 선교하는 조영철 선교사와 유지열 선교사를 적극 지원했다. 1992년 4월 12일, 원동욱 선교사를 타슈겐트로 1994년 5월 김해근 선교사를 콤소몰스크에, 1997년 3월 27일 박종훈 선교사를 콤소몰스크로 파송했다. 2000년 3월 24-31일까지 타슈겐트에 가서 세례식과 결혼식을 집례하고 부흥회를 인도하고 돌아왔다. 우즈베키스탄은 이슬람교 국가로 선교가 금지되어 있어 선교사들이 오래 머물러 선교하지 못하고 출국당했다. 그러므로 밖에서 선교사가 들어가는 것보다는 현지 고려인을 한국으로 불러내 선교사와 목회자로 세우는 것이 자국으로 보내는 것이 좋겠다 판단되었다. 1998년 타슈겐트교회 고려인 청년 최지마 군

을 불러내어 협성신학대학과 목원신학대학에서 교육받고 2008년 목사 안수를 받게 하였다.

2017년에 최신성 담임목사와 6명의 교인들이 방문하여 교육관 건축 헌금을 전하고 위하여 기도하고 격려했다. 2018년, 최지마 목사는 러시아의 극동지방 남쪽 끝에 자리 잡고 있는 교육 문화 중심지로서 극동과학센터와 극동공립대학교, 의과대학, 예술대학 등이 있고 인구 650,000명이 사는 블라디보스토크에 우골라야교회를 담임하고 있다.

1987년 10월 5-16일까지 "동남아시아 도시, 농어촌선교협의회"로 대만, 홍콩, 마닐라에 다녀왔다. 1991년 8월 21-24일까지 서울광림교회에서 "감리교선교사세계대회"에 참석하고 선교사들을 위로하고 격려했다.

1993년 4월 25-30일까지 또 한 차례 동남아 선교 시찰 및 선교세미나에 참석하고 1994년 5월 30일-6월 3일까지 필리핀 원주민 교회 건축기공예배를 드렸다. 필리핀 감리사 막스 마르기앤 목사, 최태수 선교사, 담임목사, 선교부장, 여선교회 연합회장 외 14명 그리고 원주민 150명이 모여 은혜 중에 마쳤다. 계산중앙교회 교인들은 그곳 원주민들을 위해 즉석에서 가지고 있던 모든 물건을 나누어 주고 돌아왔다. 귀국 후 교회에서는 앞으로 농사짓는 데 도움이 되도록 물소 3마리와 씨앗을 보내기로 하였다.

2003년 8월 5-15일까지 유럽 선교사 가족수련회를 로마에서 인도했다. 선교사들을 격려하고 그 가족을 위로했다.

　지금도 잊을 수 없는 감동은 선교지 보고를 듣는 순서였다. 각자 선교지 현황과 선교 활동 보고를 듣는 시간이었다. 선교사님 대신 사모님께 아내의 입장에서 보고를 듣자고 부탁했다. 그래야 솔직하고 실감 나는 보고를 들을 수 있을 것 같아서였다. 한 분도 빠짐없이 뜨거운 눈물을 흘리며 보고하였고 참석한 모든 이들에게는 큰 감격과 위로가 되었다.

4장

하나님의 일은
하나님이 하신다
_성전 건축

교회 개척과 성전 건축으로 출발
새 성전 터에 얽힌 꿈 같은 이야기
하나님 성전의 기둥

교회 개척과
성전 건축으로 출발

　1961년 감리교신학대학을 졸업하고 강화에서 첫 목회를 시작했다. 마을회관을 빌려 교회를 개척하려 했으나 마을 청년들의 반대로 산 중턱에 있는 옛날 초등학교 분교 자리를 빌렸다. 도시 여러 교회를 다니며 모금한 돈으로 서울 남대문 시장에서 헌 천막을 구입해 천막을 치고 예배 처소를 마련했다. 어떤 때는 찢어진 천막 사이로 눈바람이 날리며 그 바람에 천막이 쓰러질 것 같아 몹시 불안했다. 어느 날 강한 바람이 불어 밤새 잠을 자지 못하고 천막이 쓰러질까 봐 걱정하다가 새벽에 올라가 보니 천막은 찢어지고 쓰러져 다시 일으켜 세울 수 없게 되었다. 이석조 성도와 함께 찢어진 천막을 둘둘 말아 지게에 지고 마을로 내려오는데 마치 갈보리 산에서 예수님의 시신을 지고 내려오는 것 같은 서글픈 마음이 들었다. 전도의 첫 열매 이석조 성도가 자기 집 앞에 있는 텃밭을 내놓으며 여기다 교회를 짓자고 제안해서 첫 예배당 터가 마련되었다.

이석조 성도는 매일 새벽에 일어나 마을 한가운데 개울에서 모래를 지게로 져다가 텃밭에 쌓아 놓고 성전 건축 준비를 했다. 우리는 청년 몇 사람과 함께 시멘트 벽돌을 찍어 사방 벽을 반쯤 쌓아 올렸다. 이삼일 후에는 벽돌을 마저 쌓고 지붕을 덮을 예정이었다. 우리는 부푼 꿈을 가지고 기쁨을 나누며 밤이 깊도록 대화를 나누다 각자 집으로 돌아갔다. 새벽이 밝아 오기를 조급한 마음으로 기다리는 우리에게는 그날 밤이 유난히 깊고 무거운 밤이었다. 그런데 자정이 지나면서 갑자기 바람이 강하게 불기 시작했다. 나는 불안한 예감이 들었다. 혹시나 쌓아 놓은 벽에 문제가 없을까. 밤새 요란한 바람 소리에 거의 뜬눈으로 밤을 새우고 새벽에 나가보니 결국 일이 벌어지고 말았다. 전날 하루 종일 교인들과 함께 찬송하며 쌓아 놓은 네 벽이 굳기 전에 회오리바람을 이겨 내지 못하고 다 자빠지고 말았다. 물론 하나님께서는 여러 가지 방법으로 우리를 연단시키시고 사랑의 공동체를 더욱 강화시키시겠지만 우리 입장에서는 너무나 잔인한 방법으로 느껴졌다.

이렇게 첫 목회는 교회 개척과 성전 건축으로 시작되었다. 1969년 4월 계산중앙교회로 부임 당시 교회는 1층 50평, 2층 60평으로 총 110평의 2층으로 된 석조건축물이었다. 39년 목회는 주로 '전도와 성전 건축'으로 이어졌다. 부임 초기부터 전도의 바람이 일어나면서 교인 수가 갑자기 증가되어 새 성전 건축의 필요성을 느끼게 되었다. 어쩔 수 없이 기존 교회를 철거하고 가장 좋은 위치에 새 성전을 세우기로 결정했다. 그러나 일부 교인들 중에는 "우리가 어떻게 이 교회를 건축했는데" 하면서 불만을 가지고 반대했다. 할 수 없이 교회 본체는 그대로 두고 앞에 종탑만 철거하게 되었다. 그리고 마당 한쪽에 새 성전을 건축하게 되었다. 1976년 4월 18일 서울 감리교신학대학 채플을 본떠 벽돌 예배당 135평을 기공하고, 1978년 2월 20일 봉헌하였다. 교인은 960명이었다.

그로부터 10년이 지나 두 번째 성전을 건축하게 되었다. 교인 출석 1,203명 교회가 협소하여 교회 표어를 "새 성전 건축하여 새 역사를 창조하자"로 정하고 1986년 4월 6일 1,500평 대지에 2,000평 교회 건축을 계획하게 되었다. 1차로 성전 건축한 지 10년 만에 135평 교회에서 2,000평 교회(15배)를 건축하게 된 것이다. 전 교인이 기도하면서 아브라함이 아들 이삭을 바쳤던 그 희생적인 믿음의 결단으로 교회 건축을 계획하고 추진하는 데 일부 교인들의 반대에 부딪쳤다. 그들은 새 성전을 건축하지 말고 '부분적으로 증축하자, 건축기금을 적립하여 몇 년 후에 짓자, 건축 면적을 축소하자.' 등 나름대로 안전하고 쉬운 방법을 들고 나왔다. 나는 그들을 설득하려고 노력했지만, 끝까지 반대해서 결국 2,000평을 1,500평 정도로 축소하는 안을 가지고 조절해 보기로 했다. 나의 믿음과 용기는 흔들리기 시작했다. 많은 고민 끝에 나는 거의 탈진한 상태에서 건축설계사무소 소장을 만났다. 부끄러움을 무릅쓰고 평수를 줄이자고 의논했더니 소장이 웃으면서 말한다.

"지난번에 오셔서는 하나님이 도와주십니다. 하나님이 살아 계십니다. 하나님의 역사를 믿습니다. 믿음으로 하면 불가능이 없다고 하셨는데 그 용기를 다 어떻게 하셨습니까. 웬만하시면 그대로 하시죠!"

나는 어느 믿음의 선배로부터 충고를 받고 있는 것 같은 초라하고 부끄러운 감정을 누를 수가 없었다. 나는 진지한 대화를 나누어 보지도 못하고 얼떨결에 돌아왔다. 그날은 사무실 뒤에 있는 살림집 앞마당을 거쳐 나오는 데 앞마당에 모셔 놓은 불탑이 보였다. 그 순간 하나님에 대한 믿음의 자존심이 무너지면서 얼굴을 들 수 없는 패배감과 부끄러움을 느꼈다. 내 모습이 너무너무 비참하게 보였다. 이제부터는 건축을 반대하는 교인들과의 싸움이 아니라 내 자신과 몇 배나 더 힘든 싸움을 싸우게 되었다.

이제는 교회 건축을 증축으로 끝낼 수도 없고 기약도 없이 몇 년씩 미룰 수도 없게 되었다. 그렇다고 2,000평을 줄여서 1,500평으로 축소할 수도 없다. 본격적인 반대가 시작되었다. 반대하는 건축위원 중 한 사람이 수요예배 성경 강해가 끝나자 목사의 허락도 없이 강단에 올라와 전 교인 앞에 서서 칠판에 건축비를 나열해 놓고 반대하는 이유를 설명하기 시작했다. 그리고 교인들이 반대에 동참해 주기를 호소했다. 나는 회중석에 앉아서 마음의 큰 충격을 받았다. 끌어내릴 수도 없고 마냥 내버려둘 수도 없는 형편이다. 나는 어떤 행동을 취하기보다는 하나님께 맡기고 기도하며, 하나님의 역사가 나타나기를 기다리기로 했다. 아무리 설명해도 한 사람의 교인도 동조하는 사람이 없었다. 더 이상 설명을 이어가지 못하고 강단에서 내려올 수도, 그대로 있을 수도 없는 당황한 모습이 역력했다. 결국 1986년 2월 15일, 건축위원 중 직 11명 중 8명이 사표를 내고 교회를 떠났다. 자동적으로 건축위원회는 해산되고 교회는 위기에 봉착하게 되었다.

그러나 인간의 마지막이 하나님의 시작이 되었고 인간의 위기는 하나님의 기회가 되었다. 사퇴한 다음 주일에 표덕철 장로님이 건축위원장이 되면서 기존의 건축위원 3명, 남녀 각 부회장과 권사 70명으로 건축위원이 재조직되면서 교회 건축은 급물살을 타게 되었다. 1986년 2월 23일 건축헌신예배를 드리며 4월 6일 역사적인 성전건축기공예배를 드리게 되었다.

또 하나 첫 번째 건축위원회에서 교회 건축 이전에 목사관 건축을 결정하게 되었다. 교회 건축을 위해 기존 목사관을 철거하고 계양산 밑에 전셋집으로 이사했는데 교회 건축을 위해서는 담임목사가 건축 현장 가까이 있어야 한다는 것이었다. 그래서 교회 건축을 하기 전에 먼저 교회 가까이 목사관을 짓자는 의견이 나왔다. 나는 적극 반대했다. 교회 건축 때문에 난리가 났는데 교회 건축헌금으로 목사관을 먼저 짓는다는 것은 말이 안 된다고 생각했다. 그러나 권사님들은 교회

헌금에 손을 대지 않고 우리 힘으로 목사관을 짓겠다고 결정했다. 결국 2층 양옥 목사관을 건축하고 머릿돌에 "선한 목자는 양을 위하여 목숨을 버리노라. 목자를 돕기 위한 양들이 이 집을 지어 하나님께 바치다."라고 새기게 되었다.

1986년 2월 15일 건축위원들이 사퇴했지만, 5월 18일 2층 양옥으로 목사관 건축 봉헌, 1987년 11월 15일, 2,000평 새 성전을 건축하여 봉헌하게 되었다. 계속 기적이 일어났다. 물론 교회 건축을 반대하고 방해하는 일은 어제, 오늘의 일이 아니다.

남유다 백성이 바벨론 포로로 끌려간 지[주전 605] 70년이 지난 후 주전 538년 바사 왕 고레스[주전 539~529]의 칙령에 의해 귀환 후 주전 536년 성전 재건축이 시작되었다. 그러나 혼혈인 사마리아인들의 반대에 부딪쳤고 유대인들은 반대했다.

"여호와의 성전을 건축할 시기는 아직 오지 않았다. 유대 땅은 황무지로 변했고 힘든 노역과 흉년이 들었다. 먼저 우리 집을 짓고 그 다음에 성전 건축을 의논하자. 우선 아브라함처럼 그냥 제단에서 제사를 드리자. 짓기는 짓되 아직 때가 아니다. 좋은 때가 오면 그때 짓자."

결국 성전 건축은 16년 동안 중단되었다. 그들의 가난은 더욱 심해졌고 뿌린 씨앗이 축복을 받지 못해 수입이 적었다.

너희가 많이 뿌릴지라도 수확이 적으며 먹을지라도 배부르지 못하며 마실지라도 흡족하지 못하며 입어도 따뜻하지 못하며 일꾼이 삯을 받아도 그것을 구멍 뚫어진 전대에 넣음이 되느니라(학 1:6).

결국, 성전 건축은 주전 520년 다시 시작되었다. "수레바퀴를 움직이라. 그리하면 하나님이 거기에 기름을 치실 것이다"라는 학개와 스가랴의 설교와 강력한 권면을 통해서 결국 성전 건축을 다시 시작하여 시작한 지 4년 만에 완공하게 하셨다.

만일 하나님께서 교회 건축을 사람에게만 맡기셨다면 절대로 교회를 건축하지 못했을 것이다. 이렇게 교회 건축이 사람의 힘으로 할 수 없는 것이라면 교회 건축을 반대하는 것도 사람의 힘으로 할 수 없는 것이 아니겠는가? 성전 건축을 통해서 하나님의 일은 하나님이 하시는 것을 경험을 했다.

인간이 열두 가지 지혜와 능력을 다 동원해도 하나님 앞에는 역시 어린아이 장난에 불과한 것이다. 이와 같은 하나님의 기적으로 역사를 이룬 지 10년이 지났다. 하나님의 역사는 아무 일도 없었던 것 같이 기적적으로 계속 일어났다. 한국 교회 지도자를 배출하기 위한 큰 꿈을 가지고 강화도에 기도원 겸 수양관을 짓기 위해 만 평의 대지를 구입하였다. 세 번째 건축이다. 1997년 8월에 교회 창립 100주년 기념으로 강화에 기도원 건축기공예배를 드렸고 2000년 10월에 완공을 보고 하나님께 봉헌하였다. 말씀으로 한국 교회 지도자를 양성한다는 의미에서 이름을 "말씀의 집"이라 명명하였다.

지금까지 17년 동안 약 3,000교회 이상이 다녀갔다. 또 건축한 지 10년이 지나 2008년에 현재 교회 대지 3,134평 위에 4,540평$^{(3,500석)}$ 교회를 건축하게 되었다. 일부에서는 교회 건축은 이 시대에 맞지 않고, 외국의 대형 교회들이 점점 교인 수가 감소로, 작은 교회라야 이 시대에 가장 적합한 교회라고 부정적으로 비판하는 이들도 있었다.

새 성전 터에 얽힌
꿈 같은 이야기

1987년 11월 두 번째 성전 건축을 했을 때 일이다. 기존 교회보다 15배 더 큰 1,500평 대지에 2,000평 교회를 건축하고 또 10년이 지나 강화에 "말씀의 집"을 건축했다. 이제는 교회도 충분하고 기도원까지 건축했으니 내 평생에 교회 건축은 끝이라 생각했다. 그런데 개인 차량이 점점 늘어나면서 교회 주차장에 문제가 생겼다. 심심치 않게 주차장에서 접촉사고가 일어나고 주일이면 주차를 못해 30여 대가 되돌아간다는 것이다. 어쩔 수 없이 주차장 문제를 해결하기 위해서 여러 가지 방법을 강구하게 되었다.

우선 교회 주변에 있는 집을 구입하여 헐고 주차장을 만들기로 했다. 그러나 멀쩡한 집을 억지로 사려니 부르는 게 값이다. 또 집 한 채를 구입해서 헐고 주차장을 만들어도 차 한 대 밖에 주차를 시킬 수가 없다. 주차 타워를 만들자는 의견도 있었지만 별로 해결에 도움이 되지 못했다. 결국, 넓은 대지를 구입해서 주차장을 만들 수밖에 없었다. 문제는 돈이 아니라 계양구에 몇 천 평의 공터가 없다는 것이다. 할 수 없이 계양산 넘어 서구지역에서 찾게 되었다. 개발지역이라 8,000평의 대지가 나왔다. 문제는 교인들이 계양구에서 산 넘어 서구지역까지 가겠느냐는 것이다. 그것도 현실성이 없는 방법이다. 그리고 1997년 세 번째 건축으로 기도원 건축한 지 불과 10여 년 밖에 되지 않았는데, 다시 이전 건축한다니 교인들의 허리가 끊어질 정도가 되었다. 주변에서는 은퇴를 앞둔 나를 위해 교회 이전 건축을 만류하는 의견이 만만치 않았다. 이제 은퇴할 때도 되었으니 교회가 많은 빚을 진다는 것은 담임목사에게도 부담이며, 후임자에게도 정신적, 경제적인 많은 부담일 수 있다는 것이다. 그러므로 모든 결정을 깊이 재고하자는 의견이 있었다.

주변의 권면도 많은 갈등을 느끼게 했지만, 평생 교회 건축으로 많은 고생을 한 아내도 울면서 적극적으로 반대했다. 나는 60억 헌금이 작정되면 진행하고, 그렇지 못하면 포기하기로 내심 결정했다. 그때에 장로님 한 분이 10억을 작정하여 60억 헌금이 작정됐다. 평안하게 은퇴하기를 원하여 건축을 반대하던 아내도 마음에 갈등을 느끼던 중 어느 날 생각지 않은 이상한 꿈을 꾸었다. 새 성전 터에 은행나무들이 있는데 많은 열매를 맺었고 새 성전 터에서 옥수와 같은 샘물이 터져 솟아오르는 꿈을 꾸었다. 그 후 아내는 다시 교회 이전 건축을 위해 기도하게 되었다.

마침 기적 같은 하나님의 역사가 나타났다. 작전동에 있는 라니산업이 다른 공단으로 이전하면서 그 자리를 새 성전 터로 주신 것이다. 경인고속도로 부평인터체인지, 경인 지역의 중심지이며 전국 고속도로와 연결되는 요지에 터를 마련해 주신 것이다. 결국 3,134평 대지 위에 4,540평 성전을 건축했다. 그리고 한 지붕 아래 세 집이 모이듯 계산중앙교회 안에는 일본인들이 모이는 일본 은혜교회와 농아인들이 모이는 농아인교회가 함께 자리하게 되었다. 그야말로 한 지붕 밑에 세 집이 되었다. 그리고 그렇게 걱정하던 주차장도 해결되어 지하, 지상 주차장에 약 700대가 주차할 수 있게 되었다. 이 성전 터가 없었으면 정말 큰일날 뻔했다.

나는 2008년 은퇴하고, 후임자로 최신성 담임목사가 부임한 지 벌써 10년이 되었다. 힘들고 어려웠던 지난날은 하나의 은혜스러운 간증이 되었고 교회는 안정에 접어들어 날마다 천국잔치 분위기 속에 날로 새로워지면서 부흥 성장하고 있다. 정말 하나님의 역사는 인간이 볼 때에는 하나의 꿈같은 이야기다.

하나님 성전의
기둥

모든 건물에는 반드시 기둥이 있다. 가장 중요한 위치에서 그 건물을 떠 받쳐 주는 역할을 하고 있는 것이다. 모든 가정과 사회단체에도 기둥과 같이 중요한 역할을 하는 사람들이 있고 나라마다 그 나라를 지키며 역사를 만들어 가는 기둥과 같은 인물들이 있다.

교회도 마찬가지다. 솔로몬이 지은 성전에 중요한 두 기둥을 세웠는데 야긴과 보아스였다. 야긴은 '하나님이 세우셨다', 보아스는 '하나님이 능력을 주셨다'는 뜻이다. (왕상 7:21) 유대 랍비들은 아브라함이 세계의 기둥이라고 생각했다. 바울은 초대교회 기둥으로 베드로, 야고보, 요한 세 사람을 소개하고 있다. 모든 교회는 작은 교회나 큰 교회나 교회마다 그 교회를 지키며 받들어 섬기는 기둥과 같은 일꾼들이 있다.

어떤 사람이 기둥이 될 수 있을까?

1) 큰 나무라야 기둥이 될 수 있다.

수령이 오래된 고목나무나 아름다운 꽃을 자랑하는 화초는 기둥이 될 수 없다. 기둥이 될 수 있는 나무는 단단하게 곧게 자란 나무라야 좋은 기둥이 될 수 있다. 가버나움에 근무하는 군대 지휘관 백부장은 로마의 시민권을 가진 자로서 하나님에 대한 큰 믿음과 이웃에 대한 큰 사랑을 가지고 있었다. 그의 집에 있는 하인이 중풍 병으로 집에 누워 몹시 괴로워하고 있었다. 백부장이 예수께 도움을 구했을 때 말했다.

> 내가 가서 고쳐 주리라 백부장이 대답하여 이르되 주여 내 집에 들어오심을 나는 감당하지 못하겠사오니 다만 말씀으로만 하옵소서 그러면 내 하인이 낫겠사옵나이다(마 8:7-8).

예수께서는 그 백부장의 믿음을 인정하시고 말씀하셨다.

> 이스라엘 중 아무에게서도 이만한 믿음을 보지 못하였노라…네 믿은 대로 될지어다 하시니 그 즉시 하인이 나으니라(마 8:10-13).

그 시로 하인이 나았다. 예수님은 백부장의 하나님을 향한 믿음과 노예의 신분을 가진 하인에 대한 사랑을 시험해 보신 것이다. 결국 백부장은 하나님을 향한 큰 믿음과 이웃에 대한 큰 사랑 때문에 하나님께 인정받고 하나님 나라에 큰 기둥이 될 수 있었다. 이와 같이 하나님 성전에 기둥이 될 수 있는 사람은 큰 믿음과 사랑이 있어야 한다.

 2) 희생정신이 있어야 한다.

 살아 있는 나무는 절대로 기둥이 될 수 없다. 기둥이 살아 있어 그 기둥에 꽃이 피고 그 나무가 자란다면 그 집은 무너지고 말 것이다. 그러므로 나무가 기둥이 되려면 반드시 희생이 있어야 한다. 모든 나무가 성장하는 과정을 보면, 뿌리가 땅속에 묻히는 희생으로 가지에 꽃이 피고, 꽃이 떨어진 자리에 열매를 맺게 된다. 이와 같이 하나의 나무가 성장하고 열매를 맺으려면 반드시 희생이 있어야 한다. 가정이나 모든 사회단체, 한 나라와 민족도 희생하는 기둥이 있어야만 역사를 만들어갈 수 있다. 예수께서는 한 알의 밀이 땅속에서 썩어야 30, 60, 100배의 열매를 맺는다. 가르치시고, 스스로 희생의 제물이 되셔서 구원의 역사를 이루셨다.

 "독립선언문"에 얽힌 역사의 교훈을 찾아보자. 우리의 선조들이 나라의 독립을 위해 독립선언문을 작성하여 세상에 선포하게 되었다. 독립선언문은 작성했지만 민족 대표로 서명하는데 서로 주저하며 선뜻 서명하지 못했다. 그때에 남강 이승훈 선생께서 말했다.

"왜, 우물쭈물합니까? 여기에 서명하는 것은 나라를 위해 죽는 순서를 정하는 것입니다."

33인이 순국의 각오로 선언문에 서명하여 독립선언문이 세상에 빛을 보게 되었다. 교회 안에 장로, 권사, 집사를 세우는 것도 결국 교회를 위한 기둥을 세우는 일이요 하나님 나라를 위해 죽는 순서를 정하는 것이다. 또한 목사 안수를 받을 때 어깨에 스톨을 걸어 주는 것도 결국 희생의 멍에를 메어 주는 것이다. 그러므로 희생정신이 없으면 결코 기둥이 될 수 없고 기둥이 없는 그 건물은 결국 무너질 수밖에 없다. 우리가 하나님 나라에 기둥이 되려면 모든 고난과 희생을 각오하고 끝까지 책임을 완수해야 한다.

3) 목수의 손에 의해서 만들어진다.

모든 나무는 스스로를 기둥으로 만들 수 없다. 목수의 손에 의해서 선택되고, 다듬어지고, 가장 좋은 위치에 든든한 기둥으로 세움을 받게 되는 것이다. 베드로는 기둥이 될 수 없는 많은 문제를 가진 사람이었다. 무식한 어부였고, 성격은 바다의 풍랑처럼 거칠고, 의지는 갈대처럼 약하여 항상 바람에 흔들려 중심을 지키지 못했다.

그런 어부 베드로가 목수되시는 예수의 손에 붙잡혀 3년 동안 다듬어져 제자가 되었다. 오순절 성령의 역사로 초대교회 기둥이 되며 위대한 전도자가 되었다. 바울도 인간 목수이신 예수 그리스도를 통하여 기독교 역사에 큰 기둥이 되었다. 그는 유명한 대학도시 다소에서 출생하고, 예루살렘의 대학자 가말리엘 문하에서 교육받았다. 종교는 조상적부터 유대교를 믿고 그 전통과 율법을 철저하게 지키며, 로마의 시민권을 가지고 누구보다도 앞장서서 기독교를 박해하였다. 바울은 가난하고 무식한 어부 베드로와는 비교할 수 없는 자격과 능력 그리고 사회적인 위치와 전통적인 유대교인이었다. 그러므로 그는 어떤 면으로 보든 절대로 기독교인이 될 수 없는 사람이었다. 하지만 결국에는 기독교인이 되었다. 초대교회 지도자와 기독교 역사에 큰 기둥이 되었다. 바울은 스스로 고백하기를 자기가 기독교인이 되고 사도가 된 것은 사람들에게서 난 것도 아니요 사람으로 말미암은 것도 아니요 오직 예수 그리스도와 하나님 아버지로 말미암아 되었다고 했다.^(갈 1:1)

결국 바울이라고 하는 큰 나무는 인간 목수 예수 그리스도의 손에 붙잡혀 그 손에서 다듬어져 사도행전의 역사를 만들었고, 세계 기독교 역사를 만드는 큰 기둥이 되었다. 모세가 이스라엘 역사의 기둥이 된 것도 자기의 노력이나 주변 사람들의 도움으로 된 것이 아니다. 그는 출생 후 3개월 만에 애굽 나일강에 버려질 수밖에 없었을 때 하나님의 은혜로 구출되었다. 그는 하나님의 손에 의해서 애굽 궁중에서 40년간 교육을 받았고, 그 후 광야에서 많은 연단과 시련을 받았다. 그리고 이스라엘의 큰 기둥으로 다듬어 세워져 이스라엘의 역사를 이루었다. 유다 왕 웃시야 때도 마찬가지였다. 웃시야는 50년간 나라를 통치하면서 그 나라가 크게 번성하였다. 그러나 후일 그가 병으로 세상을 떠나면서 태양이 빛을 잃어버리듯 온 나라가 암흑과 절망 가운데 빠지고 말았다. 그때에 하나님은 그 나라를 지킬 수 있는 기둥이 될 수 있는 인물을 찾아 "내가 누구를 보내며 누가 우리를 위하여 갈꼬"(사 6:8) 하실 때 이사야가 "내가 여기 있사오니 나를 보내소서" 하고 자기를 바쳤다.

종교개혁을 위해 루터를, 영국을 구원하기 위해 웨슬리를 기둥으로 세우신 하나님은 그때마다 역사의 주인으로 역사의 기둥을 세우셨다.

나는 3대째 내려오는 불교 가문에서 1937년 출생했다. 불교 문화 속에서 모든 불교의식에 참여하면서 성장했다. 처음 교회에 발을 들여놓게 된 것은 고등학교 2학년 때 친구의 권유로 성탄절 즐거운 밤을 보내기 위해서였다. 그것이 계기가 되어 계속 교회 출석을 하다가 고등학교 3학년이 되었을 때 부흥회에 참석했다. 십자가에 대한 설교를 듣고 크게 감동을 받고 뜨거운 감사와 감격에 빠졌다. 헌금 시간이 되어 모든 성도들이 감사헌금을 드리는데 나는 드릴 것이 없어 옷을 벗어 헌금바구니에 넣었다. 그 자리에 쓰러져 새벽까지 "나는 무엇으로 십자가의 은혜를 보답하고 감사해야 할까?" 몸부림치며 계속 기도하였다. 그때 주님의 음성이 들려왔다.

"네 자신을 바쳐라."

"하나님, 나를 바쳐 목사가 되어 평생 십자가의 은혜를 전하고 보답하겠습니다."

그날 새벽, 목사가 되기로 하나님 앞에 서원했다. 하나님의 부르심을 받고 그때부터 하나의 작은 기둥으로 다듬어지기 시작했다. 나는 평생 하나님과 교회 앞에 빚진 자의 심정으로 살아왔다. 교회 개척 설립을 첫 목회로 시작하여 다섯 교회를 담임한 목회자로 그리고 국내외 부흥운동과 해외 선교사역, 감리교회를 위한 하나의 작은 기둥으로 쓰임을 받게 되었다.

하나님은 어제도 오늘도 그리고 세상 끝날까지 하나님 나라에 기둥이 될 수 있는 일꾼을 찾으시고 세우신다. 그때마다 "주여, 내가 있사오니 나를 보내소서"라고 응답해야 하며, 그 사명감을 가지고 끝까지 기둥 역할을 잘 감당해야 할 것이다. 세우심을 받을 뿐만 아니라 계속 다듬어져서 하나님 성전에 기둥이 되어야 할 것이다.

초대교회에는 세 기둥이 있었다. 야고보, 베드로, 요한이다. 야고보는 예루살렘 교회를 지키는 기둥이요, 베드로는 전도하는 기둥이었다. 특별히 바울은 이방인에게 전도하며 예루살렘에서 시작된 기독교를 앞장서서 기독교를 반대했지만, 예수 그리스도를 통해서 구원받고 부르심을 받아 교회의 기둥으로 세우심을 받았다. 그는 구원받기 위한 자격과 공로를 세우기 위해서가 아니라, 이미 예수 그리스도의 십자가 은혜로 구원받은 사람으로서 감사와 감격 그리고 구원받은 은혜에 보답하기 위해 평생 교회의 주춧돌과 기둥으로서 삶을 살았다.

내가 계산중앙교회에서 39년 목회하는 동안 주님을 위해 함께 멍에를 메고 생사고락을 함께 나눈 장로님들과 임원들이 있다. 그중에는 현직이나 은퇴와는 상관없이 아직 이 땅에 살아 계신 분도 있고, 이미 하나님 나라로 가신 분들도 있다. 그분들은 하나님 나라로 가셨지만 그분들의 믿음과 인격과 봉사와 헌신은 좋은 기둥으로 우리 가운데 남아 있다. 지면 관계로 두 분만 우선 소개하기로 한다.

고 공최명 장로

공최명 장로님은 예수 믿기 전, 지금의 굴현동 공 씨들이 모여 사는 마을에서, 추씨 집안에 추완준 씨에게 시집을 갔다. 공자의 시제를 지내는 공 씨 집안 후손으로 유교 전통이 강한 가문이었다. 딸만 여섯을 낳고 '추 씨 집안에 대를 잇지 못한다는 죄'로 공씨 집안의 법도로 집을 나갔다. 남편은 아내를 찾아 계산동 일대를 뒤지다가 어느 친구 집에 숨어 있는 아내를 다시 데려왔다.

한국전쟁 때, 현성초 목사님이 전도하셨다.

"살아 계신 하나님을 믿으면 기도가 이루어질 것입니다. 죽은 신에게 아무리 빌어도 소용없습니다."

'살아 계신 하나님'이라는 말에 마음이 열리며 회개하고 살아 계신 하나님께 매달렸다.

"백 리 밖으로만 이사 가지 않으면 계산중앙교회를 다니며 섬기겠습니다."

서울로 이사 가신 후 실제로 계산동에서 서울까지는 30km이니 99세로 하나님 나라에 가실 때까지 매주일 본 교회로 출석하시며 봉사, 헌신하셨다. 그렇게 교통이 불편해도 교회 일을 위해 오전에 예배드리고 서울로 가셨다가 오후에 다시 본 교회에 오시는 일도 많았다.

현대 교인들의 문제 중 하나가 '교회는 다녀도 내 교회가 없다'는 것이다. 교회 소속감이 없고 교회나 직책에 대한 책임감도 없다. 목자 없는 양처럼 방황하며 교인들과 교제가 없는 고아와 같은 교인 그리고 교회에 대한 주인 의식이 없고 항상 손님처럼, 나그네처럼 교회를 출입하게 되며 쉽게 이 교회 저 교회로 수평이동을 하게 된다.

장로님은 철저하게 경건한 신앙생활을 하셨다. 습관적으로 주말이면 반드시 목욕탕과 은행에 다녀오셨다. 예배를 위해서 몸과 마음으로 거룩한 산제사를 드리고 깨끗한 새 돈으로 헌금하시기 위해서였다.

건축위원 장로님들이 사표를 내고 장로님께 사표를 내라고 권면했으나 장로님은 함께 기도하자고 제안하셨다. 그리고 말씀대로 무조건 목회자에게 순종하셨다. 양은 무조건 목자의 음성을 듣고 따라야 한다고 주장했다.

서울에서 아침 일찍 교회에 오시면 먼저 담임목사에게 인사를 하시고 은혜스러운 대화를 나눴다. 평생 남의 말 하시는 것을 들어보지 못했고 한 번도 말에 실수가 없으셨다. 장을 보거나 선물이 들어오면 그

중에 제일 좋은 것은 교회와 담임목사에게 드림으로 어린 자녀들에게 불만을 듣기도 하셨다.

> 가르침을 받는 자는 말씀을 가르치는 자와 모든 좋은 것을 함께 하라 (갈 6:6).

작은 일에서부터 큰일에 이르기까지 매사에 교인들에게 모범을 보이며 끝까지 존경을 받으셨다. 나는 서울 집으로 심방갈 때마다 장로님이 오래오래 건강하게 사셔서 중학생인 아들 추태화 군이 성공하는 것을 꼭 보게 해 달라고 기도했다. 그 기도를 하나님이 응답해 주셔서 아들이 독일로 유학가서 뮌헨에서 석사 학위를 받고 아우구스부르크대학에서 박사학위를 받았다. 귀국해서 교회 장로가 되고 안양대학교에 기독교문화학과 교수로 재직하고 있다. 장로님은 2013년 5월 5일 99세에 하나님의 부르심을 받으셨다.

고 강석흥 장로

바울이 선교여행을 할 때 마가와 바나바는 좋은 동역자가 되어 바울의 손발이 되어 주었다. 나도 해외 집회를 수십 번 다닐 때 강 장로님은 자원하여 자비로 동행하면서 여러 면에서 많은 도움을 주었다.

강화기도원 "말씀의 집"을 건립할 때에 처음부터 끝까지 물심양면으로 희생적인 봉사와 헌신을 했다. 1995년 10,000평 부지를 매입하고 1997−2,000년까지 2,000평 건물을 완공하기에 52−57세까지 5년 동안 현장을 지키며 건축을 관리했다. 그리고 2009년까지 14년 동안 모든 책임을 지고 기도원을 운영하였다. 어느 때는 하루에 세 번씩 기도원을 다녀오기도 하였다. 가족들과 의논해서 대예배실 피아노도 하나님께 헌물하시며 그야말로 가정보다 기도원을 더 아끼고 사랑하셨다.

　그동안 2,500교회가 다녀갔고 외국에서도 수련회로 많은 교회와 기관을 방문하였다. 처음부터 끝까지 자원 봉사하셨고 헌금을 절약하기 위해 몸으로 산 제사를 드리는 삶을 사셨다.

　감리교 교리장정에 장로의 직무 7가지 중에 첫째와 둘째가 "담임자를 도우라."는 항목이었다. 장로님은 성경에서 말하는 장로의 사명을 다 할뿐 아니라 감리교 장로로서 항상 끝까지 좋은 본을 보이셨다. 순종함으로 목회자를 도울 뿐만 아니라 물질적으로도 많은 도움을 주었다. 은퇴할 때, 교회 건축 때문에 한참 어려워서 교회에서는 월부로 차를 구입해서 드리는 의견도 있었지만 마지막 은퇴하는 목사님께 그러는 것이 아니라며 개인적으로 헌금해서 안전한 새 차로 교체해 주기도 하였다. 개인적인 관계를 떠나 하나님 말씀대로 목회자로 하여금 목회를 잘할 수 있도록 모든 면에서 많은 도움을 주었다. 자기 위치를 지키며 맡겨진 사명을 다하기 위해 항상 기둥 역할을 하셨다. 오직 하나님을 위해서, 교회를 위해서 담임목사를 도왔다. 그리고 전도사들에게도 알게 모르게 물질적인 도움을 주었다.

가정적으로는 자녀들의 신앙교육을 위해 본인들이 절약하여 직접 헌금하게 하였고, 군대에 있는 동안 적은 사병 봉급이지만 아껴서 본 교회에 헌금하도록 가르쳤다. 특별한 날에는 자녀들을 교육하는 의미에서 직접 선물을 들고 담임목사를 찾아 인사를 드리게 하였다. 이와 같이 자녀들의 신앙교육과 훈련을 철저하게 시키셨고 가정을 하나의 교회처럼 만들기 위해 많은 노력을 하셨다.

아들을 결혼시키면서 사돈에게 전도하여 신앙생활을 하도록 인도하셨다. 교회의 장로로서 강화읍에서 한의원을 하시며 교회와 사회에 좋은 모범을 보이며 봉사하셨다. 마지막 하나님의 부르심을 받으셨을 때 그의 죽음은 가정과 교회 앞에 많은 교훈과 모범을 보였다. 나는 장로님을 하나님 나라로 보내면서 많은 아쉬움을 느꼈다. 좀 더 많은 칭찬과 위로를 드렸어야 했는데 오직 일하는 데만 정신이 없어 그렇게 못한 것이 너무 안타까웠다.

무엇인가 크게 잘못한 것 같은 자책감도 들었다. 이제 가시는 장로님을 위해 내가 할 수 있는 일이 무엇일까 생각하다가 개인적으로 좋은 수의 한 벌을 해 드리기로 했다.

마지막 그 수의를 입고 누워 계신 장로님을 앞에 모셔 놓고 전 교인들과 함께 천국환송예배를 드리게 되었다. 나는 설교하다 감정이 복

받쳐 설교를 못하고 장로님을 향하여 말했다.

"장로님, 정말 미안해요. 일만 시키고 따뜻한 칭찬이나 위로 한마디 제대로 못해 드렸어요."

설교 중에 대성통곡하여 예배가 진행되지 못할 정도로 흐느껴 울었다. 장례 예배 후 표 장로님께서 말했다.

"나는 목사님 평생에 그렇게 우시는 것을 처음 봤어요."

강 장로님이 하나님 나라에 가신지 9년이 되었다. 정말 보고 싶다. 그동안 꿈속에 세 번 나타나셨고 한 번은 두 손을 꼭 잡고 악수를 나눴다. 장로님은 가셨지만 그를 데리고 일하셨던 하나님의 역사는 지금도 살아 있고, 장로님은 지금도 교회 안에 하나의 기둥으로 남아 있다. 장로님의 뒤를 이어 앞으로 좋은 기둥이 많이 나올 것을 믿는다.

> 너희 중에 있는 하나님의 양 무리를 치되 억지로 하지 말고 하나님의 뜻을 따라 자원함으로 하며 더러운 이득을 위하여 하지 말고 기꺼이 하며 맡은 자들에게 주장하는 자세를 하지 말고 양 무리의 본이 되라 (벧전 5:2-3).

5장
꿈속에 본 어머니

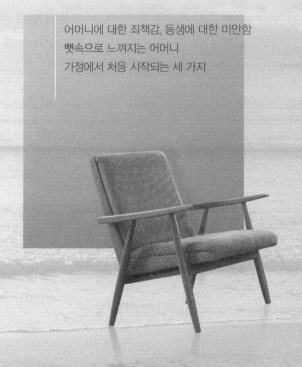

어머니에 대한 죄책감, 동생에 대한 미안함
뼛속으로 느껴지는 어머니
가정에서 처음 시작되는 세 가지

어머니에 대한 죄책감,
동생에 대한 미안함

　1953년 7월 27일, 휴전이 되면서 피난갔던 이들이 다시 고향으로 돌아왔다. 3년 1개월 전쟁으로 폐허가 된 잿더미 위에서 정말 힘들고 어려운 삶을 다시 시작했다.

　우리도 부산과 마산에서 피난 생활하다가 고향 인천으로 돌아왔다. 그때부터 가난과의 싸움이 시작되었다. 그러나 실상은 가난과의 싸움이 아니라 완전히 가난에 정복되어 가난의 노예가 되었다. 초가지붕 위에는 골이 패이고 그 위에서 풀이 자랐다. 비가 오는 날이면 여기저기 천정에서 썩은 빗물이 쏟아지고, 방과 마루에는 쏟아지는 빗물을 받느라 크고 작은 그릇을 가져다 놓았다. 부모님과 함께 7남매가 사는데 밤이면 이불 대신 벽에 걸어 놓은 옷을 가져다 이불 대신 덮고 잤다. 하루에 밥 세끼 먹는 것이 그렇게 힘들었다. 외국에서 보내 주는 구호물자로 연명하는 사람들도 많았다. 밥상에 올라온 음식은 그야말로 하늘에서 내려온 만나처럼 보였다. 이와 같이 온 가족이 다 가난의 무거운 짐을 지고 사는데 바로 아래 남동생 순남이는 자기 혼자 또 하나의 짐을 더 지고 있었다. 그것은 장애에 가까운 거의 불치병이었다. 어렸을 때 앓던 뇌막염이 중학생이 되면서 다시 발병이 되어 학교는 자연히 중단하게 되었다. 밥도 제대로 먹지 못하는 형편에 집에서 전혀 건강관리를 못해 주고 병원 한번 마음먹고 갈 수 없었다. 결국에는 불치병이 되고 말았다.

가난과 병은 둘 중에 어느 한쪽만 짊어져야지 둘을 다 짊어진다는 것은 정말 상상하기 어려운 고통이다. 가난해도 건강하든가 아니면 병이 들어도 경제적으로 여유가 있다면 재력으로 병을 치료할 수 있다. 그러나 그 당시 동생은 가난과 병 두 짐을 다 짊어진 형편이었다. 아무 대책이 없었다. 참고 견뎌 봐야 아무 소용없고 또 끝까지 가 봐야 전혀 희망이 없었다. 쓰러질 때까지 가는 것뿐이다. 나는 인천에서 서울 배재고등학교로 통학을 하면서 이 모든 상황을 눈으로 보고, 귀로 듣고, 피부로 느끼면서 살았다.

결국 동생은 대전 근방에 있는 어느 요양원으로 보내졌고 그곳에서 1971년 9월 18일, 30세에 하나님 나라로 갔다. 요양원에 가서 동생과 함께 영구차를 타고 청주 화장장으로 갔다. 얼마나 부모형제들이 보고 싶고, 하고 싶은 말이 많았을까? 그러나 끝까지 말 한마디 못하고 눈을 감은 채 영구차에 실려 갔다. 그동안 가족이 지고 있던 모든 걱정, 근심, 무거운 짐을 다 한 몸에 짊어지고 하나님 나라로 갔다. 나는 끝까지 참지 못하고 차 안에서 대성통곡했다. 하고 싶은 것을 하지 못하고, 가지고 싶은 것을 갖지 못하고, 먹고 싶은 것을 먹지 못하고 간 동생이었다. 하고 싶은 일을 못해도 참을 수 있고, 가지고 싶은 것을 갖지 못해도 견뎌낼 수 있다. 그러나 먹고 싶은 것을 먹지 못한다는 것은 정말 참고 견디기 어려운 일이다. 나는 동생을 생각하면 지금도 가슴이 미여지는 듯하며 제대로 돌보아 주지 못한 미안한 마음이 밀려온다. 그렇게 살다 가려면 뭐 하러 세상에 왔을까? 차라리 오지나 말지. 또 하나님은 왜 그를 이 세상에 보내 그런 힘들고 어려운 삶을 살게 하셨을까? 동생은 우리에게 많은 것을 생각하고 느끼게 만들었다. 온몸에 인생의 모든 고난을 담아서 값비싼 인생 공부를 시켜 주고 갔다.

일흔이 넘으면서 이제는 동생보다도 어머니 생각이 더 많이 난다. 가난 속에서 병과 싸우며 고통을 당하는 아들을 아무 대책 없이 24시간 바라보시는 어머니의 마음을 나는 깊이 읽지 못했다. 이제는 동생보다도 어머니가 더욱 마음을 무겁게 한다. 돌이킬 수 없는 시간 속에 과거를 회상해 볼 수는 있으나 다시 과거로 돌아갈 수는 없는 오늘, 동생에게 미안한 마음과 어머니에 대한 죄책감만을 안타깝게 느낄 뿐이다.

뼛속으로 느껴지는
어머니

나는 건강의 축복을 받았다고 느끼면서 늘 하나님께 감사하며 살았다. 계산중앙교회에서 39년을 목회하면서 병원을 모르고 소처럼 일하면서 살아왔다. 그러나 119구급차에 실려 네 번 응급실에 간 일이 있었다. 물론 병 때문이 아니었다. 과로로 쓰러져 실려 간 것이다. 세 번은 응급실에서 하룻밤 자고 다음 날 아침 멀쩡한 몸으로 퇴원해서 교회에 돌아와 계속 일했다. 그런데 네 번째는 달랐다. 응급실에서 하루를 보내고 퇴원하는 것이 아니라 전혀 차도가 없어 다음 날 일반 병실로 옮겼다. 어지러워 꼼짝 못하고 나흘을 보냈다. 세상에 태어나 이렇게 오래 병원에 입원해 있기는 처음이었다. 언제 퇴원하라는 의사의 진단도 없었다. 자신도 없었다. 마음이 이상했다.

평소에 느껴보지 못했던 감정이 교차했다. 별다른 세계에서 길을 잃고 방황하는 나약한 자신의 모습도 느껴졌다. 약한 감정만 남아 있을 뿐 이성과 의지는 없어진 것 같았다. 5일째 되는 날 밤이었다. 깜박 잠이 들었는데 뜻밖에 어머니께서 찾아오셨다. 하늘나라 가신지 28년 만이다. 한 번도 꿈에 나타나신 적이 없으셨는데 웬일이신가? 하필이면 좋은 자리도 아니고 병중이었다. 멀리멀리 떨어져 피차에 소식을 모르고 살아온 줄 알았는데 어머니를 뵈니 아주 멀리 계신 것이 아니라 항상 내 옆에서 어린아이같이 돌보아 주셨던 것만 같았다. 내 나이가 몇 살인데. 다만 불효자식의 눈에만 보이지 않았을 뿐이다.

어머니는 아무 말씀도 없이 병석에 누워 있는 나를 한참 바라보고 계셨다. 그리고 어디론가 사라지셨다. 어머니의 얼굴이나 예수님의 얼굴이나 별다름이 없이 느껴졌다. 그날 새벽 내 마음은 이상하게도 어린아이처럼 평안해지고 머리는 그렇게 맑고 가벼울 수가 없었다. 어두움은 물러가고 새벽이 밝았다. 나를 위해 새벽이 밝아 오는 것 같았다. 몸과 마음은 날아갈 것 같이 가벼웠다. 그날 아침 아무 일도 없는 듯 기적적으로 퇴원했다.

일본 집회를 갔다가 벳부에 있는 원숭이 공원을 갔던 일이 있었다. 1,500마리의 원숭이들이 살고 있었다. 그 많은 원숭이들이 어떻게 자기 가족을 분별할 수 있을까 궁금해서 물어보았다. 놀라운 설명을 들었다. 어미는 다 자기 새끼를 알고 돌본다는 것이다. 그러나 새끼들은 자기 어미를 모른다는 것이다. '글쎄, 알면서도 모른 척하는 것은 아닐

까?' 어디까지 믿어야 할지 모르겠다. 우리는 가끔 인간 사회에서 동물의 세계를 볼 때도 있다. 인간과 동물의 세계는 종이 한 장 차이라 느껴질 때도 있고 때로는 혼돈스럽게 느껴질 때도 있다.

자식에 대한 부모의 사랑은 변함이 없다. 한 살이나 일흔 살이나 부모의 사랑은 똑같다. 80세가 된 자식도 부모의 사랑 앞에는 어린아이와 똑같다. 그러나 자식이 부모의 사랑을 느끼는 것은 다르다. 어렸을 때는 부모의 사랑을 피부로 느끼고, 청년 때에는 마음으로 느끼다가, 70세가 넘어가면서는 뼛속으로 느끼게 되는 것이다. 어느 날 좋은 음식을 차려 놓고 먹는데 문득 어머니 생각이 났다. 오시라고 해서 이 좋은 음식을 잡수시게 하면 얼마나 좋을까. 어머니께서 세상을 떠나신 지 28년, 이제 내 나이 팔십 세다. 자식, 손자 생각을 해야 할 이 나이에 왜 어린아이처럼 어머니 생각이 이렇게 날까?

가정에서 처음 시작되는
세 가지

가정은 누가 왜 만들었을까? 인간이 살면서 필요하다고 느껴 인간 자신이 만든 것이 아니다. 인간을 창조하신 하나님께서 만드셨다. 인간에게 복 주시기 위한 목적과 계획으로 가정을 만들어 주셨다.

> 하나님이 자기 형상 곧 하나님의 형상대로 사람을 창조하시되 남자와
> 여자를 창조하시고 하나님이 그들에게 복을 주시며 하나님이 그들에
> 게 이르시되 생육하고 번성하여 땅에 충만하라, 땅을 정복하라, 바다
> 의 물고기와 하늘의 새와 땅에 움직이는 모든 생물을 다스리라 하시니라
> (창 1:27-28).

그러므로 인간이 자기 가정을 잘 지키면 그 축복을 받지만 가정을 지키지 못하면 가정이 축복이 아니라 오히려 평생에 짐이 되는 것이다. 하나님이 만들어 주신 가정에서 인간에게 필요한 세 가지가 처음 시작되는 것이다.

사랑을 처음 경험하고 배운다

일반적으로 인간이 처음 사랑을 경험하고 배우는 것은 남녀관계를 통해서라고 생각한다. 하지만 그 이전에 이웃과의 관계를 통해서 사랑을 경험하고 배운다. 그리고 그보다 먼저 가정에서 처음으로 사랑을 경험하게 된다. 세상에 태어나면서 따뜻한 부모의 가슴에 안겨 사랑의 숨소리를 듣는다. 엄마의 손에서 사랑을 느끼며 그 얼굴에서 사랑을 보게 된다. 기쁨과 만족을 느끼며 사랑을 키워 가게 되는 것이다.

인간 사회는 어느 단체나 반드시 그 단체를 관리하고 운영하기 위한 법이나 규정이 있다. 하지만 가정에는 그런 법이나 어떤 규정도 필요 없다. 왜냐하면 가정에는 사랑이 있기 때문이다. 사랑은 그 어떤 법보다도 강하고 또 모든 율법을 완성시킬 수 있는 능력이 있기 때문이다. 이와 같이 인간은 이 세상에 태어나 처음으로 가정에서 사랑을 경험하고 배우면서 또 이웃을 사랑하게 되는 것이다.

그러나 가정에 사랑이 없으면 일반 어느 사회단체보다도 훨씬 더 힘

들고 혼란스럽고 불행할 수밖에 없다. 왜냐하면 사랑이 없는 사회단체
는 사랑 대신 법으로 관리가 되고 질서가 유지되지만 가정에 사랑이 없
으면 사랑도 없고 법도 없는 집단으로 전락하기 때문이다.

교육이 최초로 시작된다

학교 교육 이전에 처음으로 교육이 시작되는 곳이 가정이다. 부모를
통해서 인간 교육이 처음 시작된다. 인간 형성과 함께 잠재 능력이 개
발되고 성장하면서 동시에 인간관계를 경험하고, 공동생활을 배우게
되는 곳이다.

> 오늘 내가 네게 명하는 이 말씀을 너는 마음에 새기고 네 자녀에게 부지
> 런히 가르치며 집에 앉았을 때에든지 길을 갈 때에든지 누워 있을 때에든
> 지 일어날 때에든지 이 말씀을 강론할 것이며 너는 또 그것을 네 손목에
> 매어 기호를 삼으며 네 미간에 붙여 표로 삼고 또 네 집 문설주와 바깥 문
> 에 기록할지니라(신 6:6-9).

> 또 아비들아 너희 자녀를 노엽게 하지 말고 오직 주의 교훈과 훈계로 양
> 육하라(엡 6:4).

이와 같이 하나님께서는 가정에서부터 처음으로 인간교육을 받게 하셨다.

종교를 갖게 된다

인간은 이 세상에 태어나서 누구든지 자기 가정에 있는 종교문화와 전통 속에서 처음으로 하나의 종교를 만나게 된다. 디모데는 헬라인 아버지와 기독교인 어머니 사이에서 태어나 거짓이 없는 기독교 신앙을 갖게 되었다.

링컨 대통령은 어머니를 통해서 성경을 배우고 진실한 기독교인이 되었고, 록펠러도 어머니의 신앙과 교훈을 통해서 축복받고 평생 나누어 주는 삶을 살고 갔다. 우리는 가정 구원에 대한 엄중한 책임을 느끼며 평생 가정에서 선교와 목회자의 사명을 다해야 한다.

> 누구든지 자기 친족 특히 자기 가족을 돌보지 아니하면 믿음을 배반한 자요 불신자보다 더 악한 자니라(딤전 5:8).

1966년 29세에 귀양살이 가듯 강화도에서 또 배를 타고 석모도 감리교회로 부임했다. 가난한 생활 속에 장남으로서 마음에 큰 부담을 가지고 살고 있었는데, 어느 날 인천 집에서 급전이 날아왔다. 추운 겨울 아버지께서 길에서 쓰러져 의식 장해가 되셨다는 것이다. 나는 아무 생각 없이 멍하니 서 있다가 무거운 마음으로 뱃터로 나갔다. 배를 타고 외포리로 건너와 버스를 타고 김포를 거쳐 인천에 도착했다. 예측할 수 없는 여러 가지 극단적인 상황을 상상하면서 불안한 마음으로 집에 도착했다. 아버지께서는 아무 의식 없이 이불을 덮고 누워 계셨다. 초상집 분위기였다. 나는 아무 말 없이 그대로 서서 내려다보고 있다가, 이불 속으로 손을 넣어 아버지 손을 꼭 잡았다. 선득함을 느끼며 정신이 들었다. 그동안 아버지에게 전도하지 못한 책임을 느끼며 죄책감으로 마음에 큰 충격을 받았다. 나도 모르게 회개하는 마음으로 머리를 숙이고 기도했다. 아버지를 위한 마지막 기도로 느껴졌다.

"마지막 한 번만이라도 일으켜 주셔서 교회에 나가 구원받게 해 주십시오."

인천 성모병원에 입원하셨다. 중환자실에서 한 달을 입원해서 완치되지 못한 상태로 퇴원해서 집으로 모셨다. 하나님의 기적이 나타났다. 몸의 어느 한 지체도 아무 이상 없이 완전 회복이 되셨다. 그때부터 교회에 출석하시면서 74세가 되도록, 18년 동안 신앙생활을 하시고 하나님의 부르심을 받으셨다.

노아와 롯의 가정에서 가정 구원에 대한 좋은 교훈을 배울 수 있다. 노아는 사랑하는 아내와 아들 셋 그리고 며느리들을 다 방주로 인도해서 구원하였고, 그 후손이 인류 역사의 새로운 장을 열게 하였다. 그러나 롯은 아브라함의 조카로서 신앙생활은 하였지만 온전한 신앙생활을 하지 못했다. 소돔과 고모라 성이 멸망할 때 머뭇거리다가 간신히 천사들의 손에 끌려 소돔과 고모라 성에서 구출되었다. 하지만 아내는 끝까지 구원하지 못해 소금기둥이 되었고 사위들은 장인의 전도와 권면을 농담으로 듣고 무시했으며, 딸들은 불미스럽게 가정을 더럽히고 말았다.

가정을 구원하지 못하고 지키지 못하면 결과적으로 두 가지 큰 문제에 봉착하게 된다. 하나님이 주신 가정을 사탄에게 빼앗기게 된다.

결과적으로 사랑하는 식구가 원수가 되는 것이다. 그러므로 적어도 3대까지는 돌보며 구원해야 할 것이다. 욥은 많은 환난과 시험을 당했지만 240세까지 살면서 아들과 손자 사대를 보았다. 디모데의 거짓이 없는 믿음도 거의 외조모 로이스와 어머니 유니게를 통해서 갖게 되었다고 하였다. ^(딤후 1:5) 그러므로 종교에 대해 책임은 당대뿐 아니라 최소한 3대까지는 책임을 져야 한다.

지금은 우리 6남매가 3대를 내려가며 61명의 대가족이 되었다. 그중에 7명의 목회자가 배출되었다. 나는 새벽마다 한국 각 지역, 캐나다, 영국까지 61명을 찾아다니며 기도한다. 이름을 부르고, 얼굴을 떠올리며 기도하고 있다.

예수께서 길에서 만난 삭개오에게 "내가 오늘 네 집에 유하여야 하리라" 하시고 그를 앞세워 그의 집에 들어가서서 "오늘 구원이 이 집에

임하였다"고 가정의 구원을 선포하셨다.

물론 가정을 구원하는 일이 결코 쉬운 일은 아니다. 하지만 가정을 구원하지 못하면 평생 가정에 대한 무거운 짐을 지고 살아야 하고, 대를 이어 그 짐을 후손들에게 물려주게 된다.

아무쪼록 가정을 구원해서 사랑과 교육 그리고 좋은 신앙의 씨앗을 심고 가꾸어서 30, 60, 100배의 열매를 거두기를 바란다.

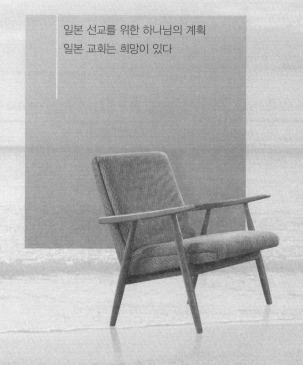

6장

일본
선교

일본 선교를 위한 하나님의 계획
일본 교회는 희망이 있다

일본 선교를 위한
하나님의 계획

    일본 선교의 역사를 보면 1549년 "예수회" 소속 "프란시스코 쟈비엘"(1506-1552)을 통해 가톨릭이 전래되었고, 그 후 250년 동안의 쇄국정책을 풀고 1850년대부터 개화정책을 시작했다. 1854년 미·일 화친조약으로 개국을 맞아 외국인만을 허용하는 교회당을 세우게 하고, 신앙생활을 허용했다. 일본인들은 계속 박해하며 금지했다. 일본이 기독교를 박해한 이유는 기독교 국가인 서양제국의 침략에 대한 두려움으로 일본 지도체제의 붕괴, 일본 문화와 전통의 파괴를 염려해서였다. 1858년 중국에는 벌써 100여 명의 선교사가 활동하면서 다음 선교지로 일본을 지목하고 있었다.

    1859년 조약에 따라 자국인의 신앙생활을 돕는다는 명목으로 6명의 선교사가 개항된 가나가와현(神奈川) 나가사키에 들어왔다. 미국감리교회의 윌리엄스(C.M.Williams)와 리긴스, 미국개혁교회의 페르백, 브라운, 시몬즈, 미국장로교회의 헵번 등이다. 일본 최초의 신자는 1864년 11월에 세례받은 야노 모토타카이다. 1872년까지 나가사키에 5명, 요코하마에 126명, 모두 131명의 수세자가 나왔다. 2010년 통계에 의하면 총 인구 1억 2천 7백만 명 중 개신교인이 54만(0.4%) 명, 교회 8,000개, 로마 가톨릭 약 50만 명이다. 신도 약 9천만 명, 불교 약 8천만 명, 잡신 8백만 명이다. 인구 수보다 종교인 수가 더 많다. 좋게 보면 종교성이 많은 민족이다. 그러나 유대인의 격언 중에 "수백 개의 물통보다 하나의 우물이 더 중요하다"는 말씀이 생각난다.

미국이나 유럽은 멀고도 가까운 나라지만 일본은 가깝고도 먼 나라다. 일본에서는 부흥회나 선교 활동은 별로 해 본 경험이 없다. 나에게는 일본 선교의 꿈이나 계획이 전혀 없었다. 그러나 하나님은 일본 선교에 대한 놀라운 계획을 가지고 계셨다. 국내에서 열심히 전도 활동을 하고 있을 때, 2005년 6월 15일 일본에서 "일본민족복음화운동협의회" 소속 목회자 17명, 평신도 지도자 8명, 총 25명이 계산중앙교회를 방문하였다.

그들은 일본 교회 부흥과 민족 복음화를 위하여 한국 교회와 미국 교회를 계속 방문하면서 교회 부흥성장과 전도를 연구하고 있었다. 테츠카 마사하키 목사는 일본민족복음화운동협의회의 부총재이며 일본 그리스도 교단 "성령쇄신운동협의회" 총재로서 그리스도 교단에 속한 타가사코교회 담임목사였다. 그동안 30회 이상 한국 교회를 방문하여 한일 선교의 가교 역할을 해 왔다. 나는 4박 5일 동안 강화 "말씀의집"에 함께 머물면서 "전도의씨앗만들기운동" 특강을 했고, 동역자로서 깊은 교제를 나누게 되었다. 그들은 일본으로 돌아가면서 전도의씨앗만들기운동을 일본에서도 하자고 요청해 왔다. 나는 그 요청을 받고 언제든지 일본 교회 목회자들이나 평신도 지도자들이 한국에 오면 무조건 숙식을 제공하고 "전도의씨앗만들기운동" 특강과 함께 전도 훈련을 전적으로 지원하시로 약속했다.

귀국 후 다시 연락이 왔다. 수십 명의 목회자들이 한국에 다녀가는 것보다는 최세웅 목사 한 분이 일본에 건너와서 전국을 순회하여 집회를 인도해 주는 것이 좋겠다는 것이다. 나는 마게도냐 사람의 환상을 보는 듯했다. 마게도냐 사람이 바울에게 "건너와서 우리를 도우라"는 환상을 보고 마게도냐 첫 성, 로마의 식민지 빌립보에 가서 전도하게 되었고 그것이 결과적으로 유럽 선교의 문을 열게 되었다. 나에게 최초로 일본 선교의 문이 열린 것은 2005년 6월 15-19일 강화 "말씀의 집"에서, 2006년 4월 21-27일까지 일본 타가사코교회, 그레이스 바이블처치, 히노데 그리스도교회, 오사카 유니온신학교와 노숙자들을 위한 집회였다. 2016년까지 36회 일본을 방문하여 100여 교회에서 150회 전도집회를 인도하게 되었다. 2006년 11월 28일, 오사카에서 "한·일 전도의씨앗만들기운동" 총재로 취임하고, 2011년 2월 27일 한국에서 "한국·일본복음선교회(JEM)" 총재로 취임했다. 본 선교회는 1991년 시작되어 2011년까지 80여 명 선교사를 일본에 파송하였다. 이와 같이 하나님께서는 일본 선교의 계획을 가지시고 성령으로 계속 역사해 오셨다.

일본 교회는
희망이 있다

　일본 교회와 선교에 대하여 부정적인 생각을 가진 사람들이 많다. 나도 처음 일본 선교를 시작할 때에는 과연 일본 교회에 희망이 있을까? 하는 생각을 많이 했다. 매사에 한국 교회와 비교하다 보니 더욱 부정적인 생각이 많이 들었다. 나는 일본 교회 집회를 인도하면서 나도 모르게 일본 교회가 성장하지 못하고 일본 선교가 안 되는 이유만을 연구하면서 설교할 때마다 열을 올리며 일본 교회를 비판했다. 하지만 계속 집회를 인도하는 동안 점차 생각이 바뀌게 되었다. 일본 교회에 필요한 메시지는 일본 교회에 희망을 주는 것이다. 일단 부정적인 생각을 버리고 일본 교회와 선교에 희망을 불어 넣어 주는 말씀을 전하기로 했다.

　2009년 7월 21일, 오사카에서 일본 "크리스천신문사" 창립 60주년 기념식을 갖게 되었다. 기념행사로 한일선교대회에 특별 초청을 받아 "전도 특강"을 하고 많은 관계자와 교분을 나누게 되었다. 동경에 있는 생명의말씀사는 정기적으로 「크리스천신문」과 매월 「백만인의복음」 월간 잡지를 발행하고 많은 기독교 서적을 출판하는 출판사였다. 생명의 말씀사 다고(多胡元喜) 회장을 만나 한일 선교에 대한 많은 대화를 나누며 앞으로 일본 선교를 위해서 적극 협력하기로 하고 「크리스천신문」 한국 지국을 설립하기로 하였다.

2011년 3월 11일, 후쿠시마에 지진과 해일이 일어나 15,860명이 사망했고 3,282명이 행방불명되고 재산피해는 25조 엔에 달했다. 그 당시 나는 일본복음선교회(J.E.M)에 대표회장으로 있으면서 초교파적으로 모금하고 계산중앙교회의 헌금을 모았다. 일본 재난 현지를 방문하여 위로금을 전달하고 피해당한 교회를 방문하고 목회자를 격려했다. 2013년도에는 다고 회장의 요청으로 일본 교회와 선교를 위한 내용으로 『남은 자』(Remnant, 殘りの民)를 출판하게 되었다. 전국 119개 신학교에 기증하고 17개 기독교 서점을 통하여 일본 교계에 보급하게 되었다. 나는 『남은 자』를 통해서 "왜, 일본 교회가 희망이 있는지 일곱 가지 이유"를 밝혔다. 그중에 하나가 일본에는 '남은 자'가 있다는 것이다.

이사야는 남은 자를 가리켜 '하나님께 바쳐진 10분의 1조요, 나무의 뿌리 그루터기요, 거룩한 씨'(사 6:13 참조)라고 하였다. '거룩한 씨앗' '전도의 씨앗'이 있는 것이다. 엘리야는 마지막 자기 혼자만 남아 있는 줄 알았는데 하나님은 우상에게 무릎 꿇지 않은 남은 자 7천 명을 남겨 두었다는 사실을 알려 주셨다. 로마가 300여 년 동안 잔인하게 기독교를 박해하고 무덤 속에 묻었지만, 기독교는 계속 부활하여 결국 로마로부터 공인을 받았고 결국 세계로 전파되었다.

일본 기독교도 토요토미 히데요시와 도쿠가와를 걸쳐 300여 년 기독교 말살 정책에 의해 박해를 받았지만,^(순교자 30만 명) 일본 기독교는 없어지지 않았다. 일본에는 현재 '남은 자'가 100만여 명이 있다.^(개신교 51만 명, 가톨릭 50만 명) 결코 적은 수가 아니다. 초대교회는 팔레스타인 400만 명 인구 중에 기독교인이 120여 명 뿐이었다. 전체 인구에 교인은 0.003%였다. 그러나 일본에는 0.8%^(개신교 0.4%)의 기독교인이 있다. '전도의 씨앗'이 있다. 씨앗은 60배, 100배의 열매를 맺을 수 있다. 일본은 결코 전도가 안 되는 나라가 아니다. 전도가 잘되는 나라다. 전도를 안 하는 것이 문제다. 중요한 것은 일본 기독교인들이 전도자로 변하는 것이다. 전도의 씨앗이 되어 남은 자의 사명을 감당하는 것이다.

둘째, 순교자의 피가 흐르고 있다. 그 피가 밑거름이 되어 일본 교회에 꽃을 피우고 열매를 맺게 할 것이다.

셋째, 일본 청년들에게 전도의 문이 열려 있다. 대학생 33%가 교회에 호감을 가지고 있다. 결혼식은 70%가 교회 분위기를 연출한 호텔에서 교회 식으로 하기를 원한다. 고베와 오사카에서는 교도소 출감자 중 60%가 기독교를 선택하겠다는 통계가 나왔다.^(NHK)

넷째, 종교 자유가 있다.

다섯째, 종교성이 많은 나라다.

여섯째, 아덴과 같은 교토, 고린도와 같은 오사카가 있다.

일곱째, 불가능을 가능케 하시는 하나님이 일본에 살아 역사하고 계신다.

나라와 민족에 따라 그 역사와 문화와 전통이 다르다. 그 '다름'을 '차이'라 하기도 하고 '특징'이라 하기도 한다. '차이'라는 말에서는 나쁜 의미를 느끼고 '특징'이라는 말에서는 좋은 의미를 느낄 수 있다. 물론 두 단어는 넓은 의미에서는 그 의미가 같다고 할 수 있다. '차이'라는 말 속에는 서로 다른 '특징'이 있고, '특징'이라는 말 속에는 서로 다른 '차이'가 있다. 그러므로 모든 나라와 민족이 가지고 있는 역사와 문화와 전통을 꼭 부정적으로 나쁘게만 평가할 필요는 없다. 모든 피조물은 나름대로 '차이'와 '특징'을 다 가지고 있다. 이렇게 만들어진 문화와 전통은 오랜 세월을 지나오면서 하나의 민족 종교로 변하는 경우가 많다. 문화는 문화대로의 가치가 있고 전통에는 나름대로 아름다움이 있다. 그 가치와 전통을 그대로 유지한다는 것은 참으로 유익하고 좋은 일이다. 그러나 그 문화와 전통이 하나의 종교로 비약하게 될 때에는 많은 문제를 야기시킨다.

일본의 신도(神道)는 그 기원이 확실치는 않지만 일본의 역사와 조상숭배에서 발생하여 일본 종교로 만들어졌다고 보고 있다. 일본은

8,000년 동안 문자가 없었다. 석기시대로부터 승문시대까지$^{(주전\ 8000-}$ $^{300년)}$ 원시시대였다. 신도는 이 시대에 기원을 두고 있는데 그때 조상 숭배가 형성되었다. 이 원리가 일본 문화의 기초가 되었다.

신도는 일본인만의 민족 종교이며 일본인이 아닌 사람은 신도 신자 가 될 수 없다. 일본인은 태어나면서 본인의 의사와는 상관없이 신사 에 가서 신도로 등록하고 신도가 되면서 동시에 일본인으로서의 정체 성을 갖게 된다. 다른 종교를 갖는다는 것은 일본인으로서의 정체성을 잃어버리는 것과 같이 되었다. 그러나 일본의 민족 종교가 된 신도$^{(神道)}$ 는 몇 가지 문제점이 있다.

첫째, 기원이 불확실하며 자연 발생적으로 성립되었다.

둘째, 교주가 없다. 신이 없다.

셋째, 교리보다는 제사나 의례를 중요시한다.

넷째, 그 시대, 그 지역을 지배하고 있는 권력자가 종교적 지배자가 되었다. 천황제는 이 점을 이용한 것이다.

다섯째, 개인보다는 그 지역의 집단이나 조직이 우선한다.

여섯째, 일본 민족 종교이지 민족과 문화와 전통을 초월한 고등종교 가 아니다.

이런 의미에서 일본의 신도는 종교라기보다는 일본 민족의 문화와 전통이라고 보아야 좋을 것이다. 선교는 서로 다른 문화와 전통을 인 정하면서도 그것을 뛰어넘는 것이다. 심지어 모든 종교까지도 뛰어넘을 수 있어야 한다. 인간은 아무리 노력해도 동물이나 식물과 조화를 이룰 수 없고 또 하나가 될 수 없다. 본질적으로 다르기 때문이다. 그러나 인간끼리는 아무리 역사와 문화가 다르고 전통이 달라도 조화를 이룰 수 있고 또 피차에 도움을 줄 수도 있다. 큰 틀에서는 하나가 될 수도 있다. 다섯 개의 손가락이 서로 모양도 다르고 모든 기능이 달라도 서로 도움을 주고 조화를 이루며 하나가 될 수 있는 것과 같다. 이 것이 창조의 질서이며 조화다. 그러므로 선교는 아무리 역사, 문화, 전통이 달라도 가능한 것이다.

요나는 갈릴리 지방 가드헤벨(Gath-Hepher) 출신이다. 그러나 앗수르 제국의 수도이며 12만 명이 살고 있는 대도시 니느웨에 들어가 선교했 다. 세상 권력과 부를 가진 큰 성읍이었지만 하나님을 모르는 이방 도시였다. 역사와 문화 전통 그리고 종교가 다른 니느웨에 들어가 선교하여 12만 명을 구원했다. 기독교는 예루살렘에서 120명으로 출발했으나 유대인의 기독교로 끝나지 않고, 사마리아와 로마까지 선교되었다.

기독교는 한 민족의 역사와 문화 전통에서 만들어진 민족 종교가 아니라 그 모든 것을 초월하는 고등종교다. 그러므로 일본의 역사와 문화 전통 그리고 종교가 아무리 달라도 일본은 요나의 전도를 듣고 구원 받은 니느웨 성이 될 수 있다.

7장

선한
이웃

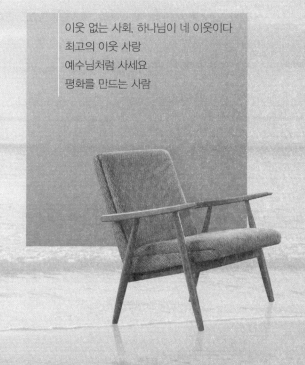

이웃 없는 사회, 하나님이 네 이웃이다
최고의 이웃 사랑
예수님처럼 사세요
평화를 만드는 사람

이웃 없는 사회,
하나님이 네 이웃이다

　첫 목회지인 강화군 당산교회를 개척했을 때 있었던 일이다. 마을 회관을 빌려 예배를 드리다가 주민들 반대로 쫓겨났다. 마을 사람들이 셋방을 주지 않아 어쩔 수 없이 강화읍에 거처를 정하고 매일 아침저녁 6km를 자전거를 타고 전도하면서 교회를 개척하게 되었다.

　어느 추운 겨울날 하루 종일 전도하고 저녁에 자전거를 타고 강화읍으로 나오는데 그날 저녁 바람이 몹시 불고 많은 눈이 쏟아졌다. 눈보라 속에 찬바람을 안고 들판 한가운데를 가로질러 읍으로 나오는데 손발은 얼고 앞이 잘 보이지 않는 상태에서 40m쯤 앞에 한 노인이 머리에 짐을 이고, 손에 들고, 힘들게 걸어가고 있는 것이 보였다. 고민스러웠다. 못 본 체하고 그대로 지나칠 수도 없고 자전거로 태워다 드리자니 저 짐 보따리가 문제였다. 이러지도 저러지도 못하고 마음에 갈등을 느꼈지만 '에라 모르겠다.' 하면서 빠르게 지나쳤다. 그날 밤 따뜻한 방에 누워 있는데 눈보라 치는 벌판에 짐 보따리를 이고 걸어가던 그 할머니의 모습이 계속 생생하게 떠올랐다. 이렇게 마음이 부담이 될 수가 없었다. '혹시 그 노인이 예수님이셨더라면 어떻게 하지.' 오랫동안 마음에 큰 부담으로 남아 있으면서 두고두고 좋은 교훈이 되었다. 간디는 "하나님은 하늘이나 땅 아래 계시지 않고 네 이웃의 마음속에 계시다"는 말을 했다.

현재 우리 교회 안에는 일본인들이 모이는 일본 은혜교회와 농아인들이 모이는 농아인교회가 있다. 그들은 다 하나님이 우리에게 보내주신 우리의 이웃들이다.

하나님은 지금도 저 멀리 하늘 끝에 계신 것이 아니라 수고하고 무거운 짐을 지고 힘들게 살아가는 이웃 가운데 계시면서 "네 이웃을 네 몸과 같이 사랑하라"고 하신다.

> 내가 주릴 때에 너희가 먹을 것을 주지 아니하였고 목마를 때에 마시게 하지 아니하였고 나그네 되었을 때에 영접하지 아니하였고 헐벗었을 때에 옷 입히지 아니하였고 병들었을 때와 옥에 갇혔을 때에 돌보지 아니하였느니라(마 25:42-43).

그때에 우편에 있는 의인들이 물었다.

"언제 우리가 예수님께 그렇게 하였습니까?"

예수께서 대답하셨다.

"지극히 작은 자 하나에게 한 것이 곧 내게 한 것이요, 하지 아니한 것이 곧 내게 하지 아니한 것이라."

내가 이웃에게 필요한 것처럼 이웃도 나에게 절대적으로 필요한 존재다. 우리는 친구는 없어도 살아갈 수 있지만, 이웃 없이는 살아갈 수 없다. 이웃을 내 몸처럼 사랑하는 것은 하나님을 사랑하고 나를 사랑하는 것과 같은 것이다. 그럼에도 예수님은 말씀하셨다.

불법이 성하므로 많은 사람의 사랑이 식어지리라(마 24:12).

너는 이것을 알라 말세에 고통하는 때가 이르러 사람들이 자기를 사랑하며 돈을 사랑하며 자랑하며 교만하며 비방하며 부모를 거역하며 감사하지 아니하며 거룩하지 아니하며 무정하며 원통함을 풀지 아니하며 모함하며 절제하지 못하며 사나우며 선한 것을 좋아하지 아니하며 배신하며 조급하며 자만하며 쾌락을 사랑하기를 하나님 사랑하는 것보다 더하며 (딤후 3:1-4).

일본 사회에서도 이웃에 대한 무관심 내지 무책임에 대하여 시사 주간지 *Diamond*에서 이렇게 지적하고 있다.

일본에는 이웃이 없고 친구가 없는 사람들이 2,000만 명, 가정에만 머물러 있는 사람이 70만 명이다. 이웃을 대신해서 전화로 대화하는 데 10분에 1,000엔을 받는다. 나에게 이웃이 없다는 것은 나 자신이 나의 이웃들에게 참된 이웃이 되어 주지 못하고 있다는 증거다.

참된 이웃이 누구인가 하는 질문에 대하여 예수님은 세 가지 종류의 사람을 말하고 있다.

첫째, 이웃에게 피해를 주는 사람, 둘째, 이웃에게 피해를 주는 것은 없지만 이웃에 대하여 무관심 내지 무책임한 사람, 셋째, 이웃에 대하여 관심을 가지고 책임을 느끼며 그 이웃을 내 몸 같이, 예수 그리스도와 같이 사랑하는 사람이다.

최고의
이웃 사랑

이웃은 나의 형제요 친구

하나님은 우리에게 이웃을 만들어 주셨다. 그러나 그 이웃이 우리에게 도움이 되기보다는 오히려 피해를 주며 경쟁과 싸움의 대상이 되어 무거운 짐이 되는 경우가 많다. 그러므로 이웃과 함께 살기보다는 혼자 사는 것이 더 평안하다고 느껴질 때도 있다. 그러나 실상은 그 이웃이 나에게 절대 필요하고 나 자신만큼 귀한 존재다.

네 친구와 네 아비의 친구를 버리지 말며 네 환난 날에 형제의 집에 들어가지 말지어다 가까운 이웃이 먼 형제보다 나으니라(잠 27:10).

"친구는 없어도 살아갈 수 있지만, 이웃 없이는 못 산다."는 말도 있다. 결국 인간에게는 형제도, 친구도 다 필요하고 중요하지만, 이웃도 그만큼 중요하고 필요하다는 것이다. 이웃을 사랑하는 것은 결과적으로 나 자신을 사랑하는 것이요 나를 돕는 일이다.

뉴욕에서 L.A.로 가는 열차 안에 '미찌꼬'라는 일본 여성이 타고 있었다. 그는 결핵 환자로서 더이상 자기 집에 있을 수 없어 먼러비아 요양소로 가는 길이었다. 점심도 먹지 못하고 땀을 흘리며 축 늘어져 있었다. 마침 승무원이 보고 물었다.

"어디까지 갑니까?"

"먼러비아까지 갑니다."

거기는 작은 역이기 때문에 기차가 정차하지 않는 역이었다. 잠시 후에 기내 방송이 들려왔다. 급하고 어려운 환자가 있어 먼러비아역에서 잠시 정차하겠으니 양해해 달라는 방송이었다. 미찌꼬는 너무 고마워서 눈물을 흘리며 기차에서 내렸다. 역에는 연락을 받고 구급차가 와서 대기하고 있었다. 많은 승객은 창밖으로 손을 흔들며 위로와 격려를 보냈다.

"용기를 내세요. 쾌유를 빕니다."

미찌꼬는 이웃으로부터 형제나 친구 이상의 사랑을 느끼면서 고마워했다.

현대 사회의 문제와 불행은 이웃이 없다는 것이다. 이웃은 서로 사랑하고 도와주는 대상이 아니라 경쟁하고 미워하고 싸워서 이겨야 하는 힘들고 어려운 적이 되고 있다. 우리에게 이웃이 없다는 것은 이웃에게 그 책임이 있을 수도 있겠지만 실은 그 책임이 나에게 있는 것이다. 내가 좋은 이웃이 되어 주지 못했다는 사실을 인정하고 죄책감을 느껴야 할 것이다.

누가 나의 이웃인가?

우리는 나와 똑같은 사람이라야 이웃이 될 수 있다고 생각한다. 고향, 성격, 취미, 직업, 종교가 같은 사람끼리만 이웃이 되고자 한다. 나와 다른 사람하고는 아예 이웃이 될 수 없다고 생각한다. 예수의 이웃사랑 정신은 나와 전혀 다른 사람들과도 이웃이 되고 사랑하고 하나가될 수 있어야 한다는 것이다. 유대인은 사마리아 여인과는 절대로 이웃이 될 수 없는 관계였다. 유대인과 사마리아인들은 7백여 년 원수로지내오면서 서로 상종하지 않았고 유대인 자녀들이 사마리아 사람과결혼하면 그 자녀를 버리고 인연을 끊기 위해 그 자식에 대한 장례식을해 버렸다. 또 유대인에게는 남녀의 구별이 아주 엄격했다. 공적인 장소에서는 남녀가 인사를 나눌 수 없고 아내나 여자 형제라도 대화를 할수 없게 되어 있다.

이러한 이유로 예수와 사마리아 여인과는 이웃이 될 수 없을 뿐 아니라 아예 대화도 할 수 없는 사이였다. 그럼에도 예수님은 사마리아 여인을 이웃으로 생각하고 많은 대화를 나누며 전도하였다. 또 그 사마리아 여인은 동네 사람에게 전도하고 예수 그리스도를 자기 마을에 이틀을 더 머물게 하여 많은 사마리아 사람들이 예수를 믿고 구원을 받게 되었다. 우리는 나와 다른 사람들하고도 이웃이 되어야 하고 정말 어려운 일이지만 내 몸처럼 사랑하는 데까지 갈 수 있어야 한다. 이웃을 사랑하는 것은 결과적으로 하나님을 사랑하고 나 자신을 사랑하는 것과 같다.

다섯 손가락은 서로서로 다 다르다. 모양도, 크기도, 기능도 다 다르다. 그러면서도 항상 좋은 이웃이 되고 하나가 되어 서로 돕고 협력하고 있다. 무지개는 서로 색깔이 완전히 다르지만 이웃이 되고 도우면서 조화를 이룬다. 이와 같이 그리스도인들은 모든 사람과 이웃이 되고 나와 다른 사람들과도 서로 사랑하며 하나가 되어야 한다.

최고의 이웃 사랑, 예수 그리스도를 주자

이웃을 사랑하는 데는 여러 가지 방법이 있다. 냉수 한 그릇을 떠 주는 것으로부터 시작해서 가난하고 병든 이웃에게 은과 금을 나누어 주는 것이다. 그중에 최고 최대의 이웃 사랑은 바로 예수 그리스도를 주는 것이다. 예수 그리스도를 주는 방법은 그때마다 상황에 따라 다를 수 있고 나라와 민족 역사와 문화에 따라 거기에 맞는 다양한 방법이 있을 수 있다. 그러나 모든 상황을 초월해서 기본적이고 원칙적인 방법이 있다.

1) 입을 열어 말로 전하는 것이다.

혹자는 말하기를 "지금은 말로 전도할 때가 아니다. 교회를 모르는 사람이 어디 있나?" 하여 말로 전도하는 것은 이 시대에 맞지 않는 방법이라고 열을 올리는 사람들도 있다. 그러나 전도자 바울은 로마서 10장 12-17절에서 말했다.

> …누구든지 주의 이름을 부르는 자는 구원을 받으리라 그런즉 그들이 믿지 아니하는 이를 어찌 부르리요 듣지도 못한 이를 어찌 믿으리요 전파하는 자가 없이 어찌 들으리요 보내심을 받지 아니하였으면 어찌 전파하리요 기록된 바 아름답도다 좋은 소식을 전하는 자들의 발이여 함과 같으니라 그러나 그들이 다 복음을 순종하지 아니하였도다 이사야가 이르되 주여 우리가 전한 것을 누가 믿었나이까 하였으니 그러므로 믿음은 들음에서 나며 들음은 그리스도의 말씀으로 말미암았느니라.

또한 그는 옥중에서 교인들에게 기도를 부탁했다.

또한 우리를 위하여 기도하되 하나님이 전도할 문을 우리에게 열어 주사 그리스도의 비밀을 말하게 하시기를 구하라 내가 이 일 때문에 매임을 당하였노라(골 4:3).

2) 모든 삶을 통해서 예수 그리스도를 보여 주어야 한다.

이같이 너희 빛이 사람 앞에 비치게 하여 그들로 너희 착한 행실을 보고 하늘에 계신 너희 아버지께 영광을 돌리게 하라(마 5:16).

항상 우리를 그리스도 안에서 이기게 하시고 우리로 말미암아 각처에서 그리스도를 아는 냄새를 나타내시는 하나님께 감사하노라 우리는 구원받는 자들에게나 망하는 자들에게나 하나님 앞에서 그리스도의 향기니(고후 2:14-15).

너희는 우리로 말미암아 나타난 그리스도의 편지니 이는 먹으로 쓴 것이 아니요 오직 살아 계신 하나님의 영으로 쓴 것이며 또 돌판에 쓴 것이 아니요 오직 육의 마음판에 쓴 것이라(고후 3:3).

우리의 삶을 통해서 예수 그리스도의 향기를 나타내고 예수 그리스도의 편지를 읽을 수 있도록 해야 한다.

3) 전도의 기회를 놓치지 말아야 한다.

많은 사람은 가만히 앉아서 전도할 기회가 오기를 기다리고 있다. 예수의 제자들은 사마리아를 지나면서 넉 달이 지나야 전도할 때가 올 것이라면서 전도할 기회를 기다리고 있었다. 그때 예수께서는 "눈을 들어 밭을 보라 희어져 추수하게 되었도다" 하시면서 전도하여 많은 사마리아 사람들을 믿게 하였다. 우리는 전도의 기회가 오기를 기다리지 말고 오늘 지금, 여기서 모든 일을 전도의 기회로 삼아야 할 것이다. 바울은 디모데에게 명령하기를 "너는 때를 얻든지 못 얻든지 항상 전도에 힘쓰라."(딤후 4:2)고 하셨다. 특별한 전도의 기회가 오기를 기다리지 말고 모든 때를 전도의 기회로 삼고 전도에 힘쓰라는 것이다.

예수께서는 무더운 여름 사마리아 수가성 우물가에서 냉수 한 그릇을 마시면서 그것도 전도의 기회로 삼으셨다. 바울은 옥중에서 많은 불편과 고난을 당하면서도 옥중생활을 전도의 좋은 기회로 삼고 열심히 전도하였다. 그래서 전도의 진보가 빨리 이루어지는 것을 보고 기뻐했다. 우리는 날마다 삶의 현장에서 우리가 하는 모든 일을 전도의 기회로 만들어야 한다.

칼빈은 "생업에의 소명"이라는 말을 했다. 전도할 수 있는 기회가 따로 있는 것이 아니라 먹고 살기 위해서 하는 모든 일에 전도의 부르심을 받았다는 것이다.

4) 전도의 역사는 성령에 의해서 일어나고, 진행되고, 열매맺는다.

사도행전 30년 역사는 성령과 전도의 역사를 기록한 "성령의 복음"이다. 사도행전에는 '성령'이란 말이 55회 사용되고 있다.(1-12장에 37회)

사도행전의 내용을 요약한 말씀을 보자.

> 오직 성령이 너희에게 임하시면 너희가 권능을 받고 예루살렘과 온 유대
>
> 와 사마리아와 땅 끝까지 이르러 내 증인이 되리라 하시니라(행 1:8).

예수 그리스도의 '예언적인 명령'이다. 사도행전 3-7장은 예루살렘 전도, 8장은 유대와 사마리아, 9-12장까지는 이방 땅끝에서 전도를 위한 준비이며 13장부터는 땅끝 로마를 향한 바울의 제1차 전도(13-14장), 제2차 전도(15-18장), 제3차 전도(18-21장)의 역사 그리고 21-28장까지는 바울의 옥중생활과 로마에서의 마지막 전도 역사를 기록하고 있다.

성령께서는 땅 끝까지 전도하여 세계 복음화, 인류의 구원을 위해서 크게 두 가지 역사를 일으키셨다. 첫째, 제자들을 전도자로 만드셨다. 예수의 제자들은 3년 동안 예수를 믿고 따랐지만 전도하지 못했다. 오히려 예수를 의심하고 부인하며 마지막에는 예수를 버리고 세상으로 가 버렸다. 그러나 예수께서는 부활 승천하신 후 제자들에게 성령을 보내셔서 그 제자들을 전도자로, 예수의 증인으로 만드셨다.

둘째, 전도의 문을 열어 주셨다. 예루살렘에서 유대와 사마리아로 그

리고 마지막 땅끝 로마까지 전도의 문을 열어 주셨다. 만일 성령의 역사로 끝까지 전도의 역사가 일어나지 않았다면 기독교는 열두 제자와 함께 예루살렘에서 끝나고 예수와 함께 무덤에 묻히고 말았을 것이다. 그러나 성령의 역사로 열두 제자는 전도자로 변했고, 주께서 구원받는 삶을 날마다 더하게 하시고, 교인들은 성전에 있든지 집에 있든지 예수는 그리스도라 가르치기와 전도하기를 쉬지 아니하였다. 그리고 성령은 계속 전도의 문을 열어 주셔서 결국 땅끝 로마까지 불길처럼 번져 세계를 복음화하고 인류를 구원하게 되었다.

전도 때문에 우리가 살아 있다.

예수님처럼
사세요

1944년 8월 23일부터 100만 명의 소련군이 루마니아에 주둔했다. 공산주의자들이 실권을 잡게 되자 그들은 교묘한 방법으로 교회를 유혹했다. 기독교 기관 대표자 회의를 국회의사당으로 소집했다. 4,000여 명 목사, 신부들이 모였다. 조셉 스탈린이 명예 회장으로 추대되었다. 목사와 신부들은 한 사람씩 일어나, 공산주의와 기독교의 사상은 근본적으로 동일하며 상호 공존할 수 있다고 선언하고 공산주의를 찬양하면서 새로운 정부에 교회가 충성을 다할 것을 약속했다. 그때 범브랜트 목사의 아내 사빈은 옆에 있는 남편에게 말했다.

"여보, 일어나서 예수님의 얼굴에 뿌린 이 모욕적인 수치를 씻어 버리세요. 그들은 예수님 얼굴에 침을 뱉고 있어요."

"내가 그렇게 하면 당신은 남편을 잃게 될 것이오."

범브랜트 목사는 순교를 각오하고 회의석상에서 일어나 하나님께 찬양을 돌리고 예수님께 충성할 것을 선언했다. 결국 1948년 범브랜트 목사는 아내와 함께 체포되어 14년간 옥고를 치르며 어려운 고문을 당했다. 3년간 독방에 갇혀 있는 내내 찾아오는 사람은 오직 고문하는 사람뿐이었다. 1964년, 노르웨이 기독교 지도자들의 협상으로 특사로 석방되었다. 1966년 5월, 미국 상원위원회에서 증언하게 되었다. 그때 고문으로 받은 18군데 상처를 보여 주며 말했다.

"나는 예수님을 위하여 고난 당하면서 기뻐했고 공산당원들은 나를 고문하면서 기뻐했습니다. 이렇게 우리는 함께 기뻐했죠."

목사님이 10여 년 옥중에 있는 동안 아내가 보고 싶어 아내를 만나게 해 달라고 간청했더니 간수가 말했다.

"당신 아내는 이미 당신을 버리고 다른 데로 시집갔으니 포기하세요."

"나의 아내는 절대로 그럴 사람이 아니니 한 번만 만나게 해 줘요."

간청으로 면회를 하게 되었는데 허락된 시간은 단 1분, 아들 면회도 1분이었다. 10년 만에 단 1분 면회였다. 감옥에 있는 동안 양손에 채워진 수갑과 쇠사슬을 악기 삼아 두드리며 찬양했다. 어느 날 감옥에 한 젊은이가 들어와 쓰러졌다. 몸이 불덩어리며 비오듯 땀을 흘렸다. 그를 위해 기도하며 열을 식혀 주기 위해 자신의 옷을 찢어 감방에 들어오는 음료수를 적셔 머리에 얹어 주고 돌같이 굳은 빵을 입으로 씹어

죽처럼 만들어 먹여 주었다. 알고 보니 그는 범브랜트 목사님이 재판을 받을 때 담당 검사로 15년형을 언도했고 모든 고문을 지시한 공산당원이었다. 그는 옥중에 있는 동안 범브랜트 목사님이 보여 주신 예수를 만나 믿고 세례를 받았다.

1997년 7월 10일, L.A.에 갔다가 김영철 목사님을 통해서 범브랜트 목사님이 L.A.에 계시다는 말씀을 들었다. 그래서 모든 여행일정을 취소하고 김영철 목사님과 함께 범브랜트 목사님 가정을 방문하게 되었다. 태평양 바다가 한눈에 내려다보이는 조용한 언덕에 목사님 내외와 아들 미하이가 살고 있었다. 나는 최신성 목사, 정철 목사와 함께 응접실로 안내를 받았다. 잠시 후 범브랜트 목사님이 들어오셨다. 88세가 되셨는데 2m 큰 키에 머리가 백발이시지만 아주 건강해 보였다. 한 시간 반 동안 대화를 나누면서 많은 감명을 받았고 나도 정말 훌륭한 목사가 되어야 하겠다는 결심을 갖게 되었다. 목사님께 물었다.

"목사님, 훌륭한 목사가 되려면 어떻게 하는 것이 좋습니까?"

그때 목사님은 잠시 머리를 숙이고 계시더니 대답하셨다.

"예수님처럼 사세요."

'정말 훌륭한 목사가 되는 것이 이렇게 어렵구나' 하는 생각이 들었다. 목사가 된다는 것은 너무너무 어려운 일이다. 예수님처럼 사는 것만큼이나 어려운 일이다. 목사는 아무나 할 수도 없고 해서도 안 된다는 생각을 하면서 무거운 마음으로 돌아왔다. 바울은 감히 "나를 본받는 자가 되라"고 했다. 과연 바울에게 본받을 것이 무엇인가? 바울이 모시고 있는 예수 그리스도를 바울을 통해서 보고 예수를 본받으라는 것이다.

부모는 자녀에게 본을 보여야 한다. 지도자의 입장이 아니라 아버지와 같은 인격으로 본을 보여야 한다. 선생님은 가르치는 것으로 본을 보이는 것이 아니라 당신의 인격과 생활로 본을 보여야 한다. 지도자는 특권을 누리기보다 본을 보여야 하는 의무와 책임을 더 무겁게 느껴야 한다. 교회 지도자는 말이 아니라 인격과 생활에서 예수 그리스도를 보여 주어야 한다. 우리는 예수 그리스도의 편지요 향기다. 모든 사람들이 우리를 보고 예수 그리스도를 볼 수 있어야 한다.

평화를
만드는 사람

  우리 민족은 지금 벼랑 끝에 서서 전쟁에 대한 불안과 공포 속에 평화를 위한 다양한 노력을 하고 있다. 요한계시록 6장에서는 인류의 종말에 일어날 환난과 재앙을 환상으로 보여 주고 있다.

> 둘째 인을 떼실 때에 내가 들으니 둘째 생물이 말하되 오라 하니 이에 다른 붉은 말이 나오더라 그 탄 자가 허락을 받아 땅에서 화평을 제하여 버리며 서로 죽이게 하고 또 큰 칼을 받았더라(계 6:3-4).

  요한계시록을 기록한 그 시대에는 세계가 전쟁으로 산산조각나고 있었다. 주전 67-37년에 팔레스타인에서는 실패한 반란과 혁명으로 10만 명 이상이 죽어갔다.

주후 61년에 영국에서는 보아디게아(Boadicea) 여왕과 관련된 반란이 있었다. 그 반란으로 15만 명이 이슬같이 사라졌다. 내란과 피비린내 나는 전쟁을 일으키는 붉은 말이 온 세계에 놓였다. 마지막 날에는 형제와 형제가 서로 싸울 것이고, 이웃이 이웃을 대항할 것이며, 도시가 도시를 대항하여, 나라가 나라를 대하여 싸울 것이라 예언했다.(사 19:2) 예수께서는 세상 끝에 일어날 징조에 대하여, 민족이 민족을, 나라가 나라를 대적하여 일어나 전쟁을 할 것이며 불법이 성하므로 많은 사람의 사랑이 식어지리라 하셨다. 전쟁의 역사는 가인이 아벨을 쳐 죽이므로 시작되었고 그 핏소리가 땅에서부터 하나님께 호소하고 땅이 그 입을 벌려 그 피를 받고 그는 땅에서 저주를 받아 유리하는 자가 되었다. 그러므로 인류는 자기 마음의 평화만이 아니라, 이웃과 더불어 화평을 누리며 나라와 나라 사이에 평화를 만드는 하나님의 아들들이 나타나기를 기다린다.

평화를 위한 각종 회담

알프레드 노벨(Alfred Nobel, 1833-1896)은 실업가요 과학자로서 다이나마이트와 그보다 더 강력한 폭발물을 발명하고 63세에 생을 마감하면서, 자기가 발명한 무기로 크고 작은 전쟁을 끝낼 수 있으리라 기대하였다. 그리고 노벨은 인류의 평화를 위하여 인도주의적이고 과학적인 자선사업에 돈을 아끼지 않았으며 많은 기금을 만들어 노벨상을 제정하였다. 그러나 인류와 많은 나라의 견해는 비관적이었다. 1901년 노벨평화상을 제정한 13년 후 제1차 세계대전이 일어났다. 동맹국 네 나라, 연합국 여섯 나라가 4년 동안(1914~1918) 전쟁을 하면서 사상자 2,200만 명(사망자 500만 명, 민간인 사망자 약 1,300만 명)이 나왔고, 21년이 지나 세계 제2차 세계대전(1939~1945)이 일어나 여덟 나라가 6년 동안 인류 역사상 제일 큰 전쟁을 하면서 약 5,000만 명이 사망했고 전쟁에 쏟아 부은 돈이 1,000조 이상이다.

제1차 세계대전을 끝내고 청산하는 1919년 파리평화조약, 1920년 국제연맹, 제2차 세계대전 후 국제연합, 군축회담을 가졌다. 하지만 전체적으로 보아 그 효과는 아주 미미하고 제한되어 있었다. 그리고 국가 간의 갈등과 분쟁으로 평화주의 원칙과 실천이 잘 이루어지지 않았다. 가장 이상적인 방법으로 평화를 만들기 위해 온갖 회담을 열고 노력했지만 결국은 평화를 이루지 못하고 전쟁은 계속되었다.

힘의 균형으로 평화를 위한 노력

힘의 균형이 깨져 강자와 약자로 나누이면 결국 전쟁이 일어날 수밖에 없다. 그러므로 피차에 힘의 균형을 이루기 위해서 경쟁적으로 무력을 강화하게 된다.

영국에는 "평화를 원하면 전쟁을 준비하라"는 말도 있다. 미국의 고답적이고 융통성 없는 이상주의자로 알려진 28대 대통령 T.W윌슨은 미국이 제1차 세계대전에 참가하는데 주도적인 역할을 했고 파리평화회의에서 국제연맹의 설립을 주창하면서 "평화는 균등한 힘을 가지는 사이에서만 오래 계속 된다"고 역설했다. 또 G.워싱턴은 "전쟁의 준비는 평화를 지키는 가장 유효한 수단의 하나며 무장해제는 오히려 전쟁을 유발할 수 있는 더 많은 가능성이 있다"고 경고했다. 결국 전쟁은 평화를 위한 '필요악'이라고까지 생각하면서 경쟁적으로 무장을 강화하고 있다.

하지만 진정한 평화를 위해서는 무장을 강화하는 방법보다는 오히려 피차에 무장을 해제하는 방법이 더 좋을 수 있다. 물론 무장해제는 하나의 이상이요. 현실성이 없다고 비판할 수도 있다. 하지만 진정한 평화는 피차에 신뢰하는 관계 속에서 무장을 해제하는 것이다. 그리고 그 빈자리를 사랑을 가지고 영적 무장으로 채우는 것이다.

평화를 위한 선지자들의 가르침에 귀를 기울이자

영국에는 "전쟁은 지옥의 귀신이다. 전쟁이 시작되면 지옥의 문이 열리고 전쟁은 죽음의 잔치"라는 말이 있다. F.베이컨은 말했다. "평화는 전쟁보다 좋다. 평상시에는 자식들이 아버지를 매장하지만, 전쟁을 하면 아버지들이 자식들을 매장하기 때문이다."

우리는 북한 공산군의 남침으로 3년 1개월(1950−1953) 동안 전쟁을 겪었다. 인명 피해가 450만 명,(남한 200만 명, 공산진영 250만 명) 한국 산업시설 43%, 주택 33%가 파괴되었다. 휴전된 지 장장 65년이 되었지만, 지금도 분단의 아픔과 상처를 가지고 있으며, 언제 일어날지 모르는 전쟁에 대한 불안과 공포 속에 살아가고 있는 것이 우리의 현실이다. 과연 평화를 만드는 사람은 누구이며 무엇으로 그 평화를 만드는 것일까? 예수께서 말씀하신 팔복 중에 제일 귀한 축복은 하나님의 아들이 되는 것이며 그들은 화평을 만드는 사람이라고 하였다. 그들이 평화를 만드는 무기는 과연 무엇일까? 사랑이다. 이웃을 내 몸같이 사랑하는 것이다. 물론 사랑은 불완전한 인간에게는 전혀 기대할 수 없는 것이므로 평화를 위한 하나의 꿈은 될 수 있으나 평화를 위한 수단과 방법이 될 수는 없는 것이며 더구나 개인 윤리가 아니라 집단 윤리에 적용하는 데 많은 문제점이 있다고 비판하는 사람들도 있다.

인간 사회에서는 나와 공통점이 있고 이해관계가 맞는 사람끼리만 하나가 될 수 있고 또 평화를 유지할 수 있다고 생각한다. 하지만 오히려 사랑이 있으면 나와 다른 이웃과도 하나 될 수 있고 차이가 있어도 서로 돕고 협력하여 살아갈 수 있는 것이다. 인간의 몸도 서로 다른 지체들이 모였지만 서로 돕고 조화를 이루어 하나가 되는 것이다. 사랑이 없으면 오히려 뿌리가 같고 공통점이 있어도 하나가 되지 못하고 전쟁을 하게 되는 것이다. 사랑으로 이루어지는 평화스러운 세상에 대하여 이사야 선지자는 말씀한다. 미가 선지자도 말씀한다.

예수께서도 "네 이웃을 네 몸같이 사랑하라"고 가르치시며 누구든지 네 오른편 뺨을 치거든 왼편도 돌려대라 하셨다. 물론 사랑으로 평화를 이룬다는 것은 참으로 어려운 일이다. 전쟁하기보다 훨씬 더 어렵다. 하지만 사랑은 가장 약한 것 같으나 제일 강하고 모든 불가능한 것을 가능하게 만든다. 사랑에는 불가능이 없다.

사랑은 인간 삶의 뿌리가 되고 모든 윤리 도덕의 기본이 된다. 그러므로 인간이 살아가는 데 꼭 필요한 것이 '믿음, 소망, 사랑'인데 그중에 제일은 역시 사랑이다. 이웃을 내 몸 같이 사랑하는 그 사랑의 힘으로 모든 윤리와 도덕을 지키게 되고 그 사랑의 뿌리에서만 평화의 꽃이 피고 열매를 맺게 된다. 그러므로 어쩔 수 없이 평화를 만들기 위한 어떤 수단 방법에도 반드시 사랑이 그 밑받침이 되어야 한다.

물론 사랑으로 평화를 이루고 유지하는 것은 전혀 현실성 없는 하나의 이상이며 절대로 인간 사회에 적용할 수 없다고 무시하고 비판하는 지도자와 지식인도 많이 있다. 하지만 인류의 역사를 돌이켜 보면 그동안 평화를 위하여 많은 방법으로 노력해 왔지만, 인류는 지금까지 전쟁을 계속하며 전쟁의 역사를 만들어 왔다. 그리고 언제 일어날지 모르는 전쟁에 대한 불안과 공포 속에 살아가고 있는 것이 사실이다. 사랑이 없으면 가인과 아벨처럼 형제가 형제를 죽이고, 부부가 불화하여 가정이 파괴되고, 이웃과의 싸움으로 사회가 혼란에 빠진다. 사랑이 식으면 민족이 민족을, 나라가 나라를 대적하는 전쟁이 일어나게 된다. 그리고 종말을 맞게 된다. 전쟁은 어떤 이해관계나 협상이나 힘으로 막을 수 있는 것이 결코 아니며 또 그런 방법으로 평화를 만들고 유지할 수도 없다. 오직 사랑의 뿌리에서만 평화의 꽃이 피고 열매를 맺을 수 있다. 그러므로 사랑이 모든 수단과 방법의 밑거름이 되고 모든 사상과 이념의 뿌리가 되어야 한다.

인류는 전쟁의 영웅이 나타나기를 기다리는 것이 아니라 평화를 만드는 하나님의 아들들이 나타나기를 기다리고 있다.

8장

감사의
기적

매주일 드리는
다니엘의 감사

 인생은 시계 추와 같이 감사와 불평 사이를 오가면서 한 평생을 보낸다. 감사하다 보면 나도 모르게 불평불만이 나오고 또 불평불만을 하고 나면, 감사하지 못한 후회와 죄책감이 든다.

> 항상 기뻐하라 쉬지 말고 기도하라 범사에 감사하라 이것이 그리스도 예수 안에서 너희를 향하신 하나님의 뜻이니라(살전 5:16-18).

 목회를 시작한지 17년, 1980년 어느 주일 낮 예배시간, 예배 인도하기 위해 강단에 올라가 기도하는데, 도저히 이해할 수 없고 거부할 수 없는 성령의 감동이 몰려왔다. 무조건 받아들일 수밖에 없는 강한 성령의 역사였다. 설교를 끝내고 전교인 눈을 감게 하고, 매주일마다 감사헌금 할 사람은 손을 들라고 했다. 내가 생각해도 정말 어려운 일이었다. 한 달에 한 번 감사헌금하는 것도 어려운데 어떻게 매주일 감사헌금을 드릴 수 있을까? 한 사람도 손을 들고 결심할 것 같지 않았다. 그런데 놀라운 것은 500여 명 출석 교인 중에 47명이 손을 들고 결심했다. 깜짝 놀랐다. 나는 일어나 손을 들게 하고 그들을 위해 간절히 기도했다.

"저 손에 하나님께서 복을 주셔서 평생 그 손에 감사헌금이 떨어지지 않게 해 주시옵소서."

예배가 끝나고 장로님 한 분이 사무실로 찾아왔다.

"목사님 아까 예배시간에 매주일 마다 감사헌금을 하라고 하셨는데, 감사헌금은 무슨 일이 있을 때에 하는 것이지 아무 일도 없는데 무슨 감사헌금을 합니까?"

트집 잡기 위한 질문이 아니라 목사님 말씀에 순종해야 되겠는데, 잘 이해가 되지 않아 더 설명을 듣고 싶어 묻는 것이었다.

"장로님, 꼭 무슨 일이 있어야만 감사합니까? 아무 일도 없으면 더 감사해야죠."

나는 더 확실하게 설명할 필요를 느꼈다.

"어떤 사람이 교통사고를 당해서 병원에 입원 치료를 받고, 한 달 만에 교회에 나왔으면, 그 사람이 감사헌금을 하겠습니까? 안 하겠습니까?"

"물론 당연히 하겠지요."

"그럼 한 달 동안 교통사고를 한 번도 당하지 않은 교인들은 감사헌금을 합니까? 안 합니까? 왜 꼭 무슨 일이 생겨야만 감사합니까? 아무 일도 없었으면 더욱 감사해야죠. 그러니까 무슨 일이 일어났으면 일어나서 감사하고 아무 일도 없었으면 아무 일도 없었으니 더욱 감사해야죠. 그러므로 이래도 감사, 저래도 감사해야 하니까 매주일 감사할 수밖에 없는 것 아닙니까?"

"아멘."

장로님은 그때부터 빠짐없이 매주일 감사헌금을 했다.

처음 47명으로 시작된 매주 감사헌금이 해마다 늘어 지금은 1,200여 명 이상이 '범사에 감사', 헌금을 드리고 그중에 600여 명이 특별한 내용으로 '특별 감사' 헌금을 드리고 있다.

다니엘은 아무 일이 없을 때에도 매일 "전과 같이 하루 세 번씩 무릎을 꿇고 기도하며 그 하나님께 감사"(단 6:10)하였다. 매일 드리는 '범사에 감사'가 쌓이고 쌓여 결정적인 위기에 기적을 만들어 냈다. 이와 같이 아무 일도 없었을 때 드린 '범사에 감사'가 결국 '특별 감사'를 만들어 낸 것이다. 병을 앓다가 고침을 받고 건강해지는 것도 물론 감사하지만, 항상 건강한 것은 더욱 감사한 일이 아닌가? 아무 일이 없는 것 그 자체가 실상은 특별한 일이다.

물론 매주일마다 '감사헌금'을 드리는 것이 결코 쉬운 일은 아니다.

감사헌금은 십일조와 같이 법으로 규정된 것이 아니다. 어디까지나 자원하는 마음으로 하는 것이고, 또 경우에 따라서는 십일조보다 액수가 더 많을 수도 있다. 이와 같이 '범사에 감사'하는 것은 우리를 향하신 하나님의 뜻이다.

처음에는 감사하는 것이 더 어렵지만, 나중에는 감사하지 않는 것이 더 어렵다. 믿음이 없는 자는 감사하는 것이 짐이 되지만 믿음이 있는 자는 감사하지 않는 것이 더 어렵다. 감사를 모르고 사는 것은 큰 불행이요 감사하며 사는 것은 큰 행복이다.

기적을
만들어 내는 감사

　건강검진을 받으라는 통지를 몇 번 받았지만 나는 검진을 받을 필요를 느끼지 않았고 관심이 없어 무시해 버렸다. 평생 병원을 모르고 살았다. 과로로 네 번 119에 실려 병원에 갔던 일 외에는 병원에 입원해 본 경험이 없었다. 그러나 계속 날아오는 통지를 받고 할 수 없이 혈압 체크하고, 체중 정도나 재어 보자는 가벼운 마음으로 검진을 받으러 갔다.

　며칠 후 재검진을 받으라는 통지가 날아왔다. 약간 이상한 느낌을 가지고 다시 검진을 받았다. 결국 담도에 이상이 있음을 발견하고 종합병원에서 세밀하게 검사한 결과 담도암이라는 진단이 나왔다. 의사를 통해서 설명을 들었다. 담도암은 처음 발견하기가 어렵고 암 수술 중에도 제일 힘들고 위험하여 생존율이 제일 낮다는 것이다. 경우에 따라서는 수술을 해도 생존 기간이 6개월 내지 1년을 넘기기 어렵다고 했다.

입원 전날 아내와 아들, 셋이서 경복궁 정원을 거닐었다. 그날의 산책은 무겁고 그늘진 분위기였다. 무엇인가를 마지막 정리하는 자리처럼 느껴졌다. 나는 아들에게 이 기회에 자연스럽게 죽음에 대한 평소 생각을 말해 주고 싶었다.

"죽은 후에 나를 장례식장보다는 교회에 안치했으면 좋겠다. 수의를 입는 것은 반대다. 영원히 죽는 것도 아닌데 죽은 사람이 입는 옷을 내가 입을 필요도 없고 영원히 살아 있는 입장에서 살아 있을 때 입었던 양복을 그대로 입고 얼굴도 모든 사람과 대면할 수 있도록 보이게 했으면 좋겠다. 절대 우는 사람이 없기를 바라고 찬송도 슬픈 장례식 찬송이 아니라 부활과 영생 그리고 하늘나라에 대한 소망을 가지고 기쁨이 넘치는 찬송을 불렀으면 좋겠다."

평안한 마음으로 내가 하고 싶은 말을 다했다.

2011년 7월 17일, 드디어 서울대병원에 입원했다. 19일에 9시간 가까이 수술을 받고 일반 병실이 아닌 중환자실로 옮겨졌다. 두 손은 침대에 묶인 채 얼굴에 산소 호흡기를 끼고 힘겹게 호흡을 했다. 평생 호흡을 했지만, 세상에 호흡이 이렇게 힘든 줄 몰랐다. 호흡이 바로 생명임을 느낄 수 있었다. 가족들이 들어와서 평안하게 호흡을 하도록 좀 도와줬으면 좋겠는데 도대체 다들 어디에 있는지 아무도 도와주는 이들이 없었다.

내 주변에는 죽음을 앞두고 신음하는 사람, 비명을 지르는 사람, 업혀 나가는 사람들만이 보였다. 중환자실에서 나가지 못하고 마지막 숨을 거두는 사람들도 있었지만 나는 다행히 하루를 보내고, 다음날 일반 병실로 옮길 수 있었다. 함께 있는 환자들은 보통 일주일이면 퇴원했다. 그러나 나는 병실에서 20일을 보냈다. 나에게는 죽음 외에는 아무것도 선택할 수 있는 자유가 없었고 능력도 없었다.

'목회하면서 수백 명 교인들의 마지막 운명을 지켜보고 장례식을 집례하면서 전했던 위로의 말씀이 그들에게 얼마나 위로가 되고 격려가 되었을까?'

"한번 죽는 것은 정해진 것이요, 그 후에는 심판이 있다"고 했으니 죽음 외에는 아무 생각도 들지 않았다. 하나님 앞에 가는 것은 이미 정해진 것이고 문제는 하나님 앞에 갈 때에 어떤 마음으로 갈 것이냐 하는 것뿐이었다.

'나도 원치 않는 어떤 마음을 가지고 가거나, 하나님 보시기에 합당치 못한 마음을 가지고 가면 안 될 텐데….'

이제는 하나님 앞에 정리할 때가 되었다고 느꼈다. 마음을 정리하려고 노력했지만 생각만큼 몸이 따라주질 않았다. 온몸이 탈진되었다. 극단적인 상황에서 계속 마음을 정리하기 위해 노력했다. 드디어 마음을 정리하면서 결정을 내렸다. 그것은 '감사'였다.

'하나님 앞에 감사한 마음을 가지고 가자.'

한없이 마음이 평안해졌다. 지금 당장 하나님 앞으로 가도 될 것 같은 기분이었다. '주 안에서 죽는 자가 복이 있다'는 말씀이 떠올랐다. 감사한 마음을 가지고 하나님 앞에 간다고 생각하니 그 죽음은 나에게 두려움이나 화가 아니라 복으로 느껴졌다. 그러나 문제는 내가 어떻게 해야 '감사한 마음'을 가질 수 있느냐 하는 것이다.

팔에는 링거 줄이 매달려 있었고, 배에는 호수를 몇 개씩 꼽고 누워 있었다. 온몸이 아파서 어른, 아이 할 것 없이 밤낮없이 주물렀다. 어떤 때는 죽음과 고통이 분별이 안 될 때도 있었다. 이런 상황에서 감사한 마음을 갖는다는 것이 얼마나 어려운 일인가. 그래도 나는 감사한 마음을 만들기 위해서 침대에 누워 눈을 감고 감사를 찾아 헤맸다. 하지만 이 현실 속에서는 죽음과 싸우기도 바쁜데 어디서 감사를 찾을 수 있겠는가. 하는 수 없이 어린 시절부터 지금까지 살아온 과거를 회상하면서 감사를 찾기 시작했다.

뚜렷하게 감사의 목록을 기록할 수는 없지만, 드디어 희미하게 감사가 떠오르기 시작했다. 그 감사는 점점 불어나 어느새 내 마음은 감사로 가득 채워졌다. 그 감사는 나에게 한없는 평안을 주었다.

> 평안을 너희에게 끼치노니 곧 나의 평안을 너희에게 주노라 내가 너희에게 주는 것은 세상이 주는 것과 같지 아니하니라 너희는 마음에 근심하지

도 말고 두려워하지도 말라(요 4:27).

감사는 삶과 죽음의 경계선을 점점 희미하게 만들었다. 감사는 나에게 죽음으로부터 자유와 해방을 주는 것 같았다. 나는 마지막 들어갈 관 속에 누워 있을 때를 상상해 보았다. 두 팔과 다리를 쭉 뻗고 누워 있었다. 그렇게 평안할 수가 없었다. 그야말로 안식처였다. 내 안에 이미 하나님 나라가 이루어졌다. 나는 죽음 때문에 모든 것을 다 잃어버린 것이 아니라 죽음을 통해서 모든 것을 다시 찾게 되었다.

수술하고 20일 후에 퇴원을 했다. 퇴원하는 날 교회에서 병원비를 지출하려고 표덕만 장로님이 오셨다. 병원비가 17,975,840원이 나왔다. 병실에 있는 동안 다른 환자들에게 피해가 되어 1인 병실로 옮기고 교인들에게는 일절 병문안을 오지 말라고 광고했다. 그래도 교인들과 친척 그리고 타 교회 목회자 89명이 다녀가셨다. 그분들이 주고 가신 위로금이 공교롭게도 17,570,000원이었다.

나는 장로님의 제안을 끝까지 사양하고 사비로 병원비를 지불했다. 하나님 앞에 감사해야지 교회에 부담을 줄 일은 아니라고 생각했다. 우연의 일치라 할 수도 있겠지만 모든 것이 다 하나님의 은혜라 믿고 사는 나에게는 감격스러운 일이었다.

이제는 덤으로 사는 제2의 인생이 시작되었다. 제2의 인생은 감사로 시작되었다. 하나님에 대한 감사는 모든 사람을 향한 감사로 이어졌다. 수술을 맡아 집도해 주시고 끝까지 돌보아 주신 김선회 교수, 64병동에 있는 동안 돌보아 주신 임유진 주치의와 간호사 그리고 방영주 교수, 이왕재 교수와 지의규 교수, 인천에 이계형 원장, 이건영 교수 모든 분을 일일이 찾아뵙고 진심으로 감사를 드렸다.

2년이 지났을 때 또 한 분이 생각났다. 그분은 2년 전 처음으로 건강검진을 통해 내 몸에 이상이 있음을 알려 주시고 치료받도록 도와주신 백승일 과장이다. 2년 동안 너무 경황이 없어 소식 없이 지냈지만, 꼭 찾아뵙고 감사 인사를 전하고 싶었다. 병원으로 찾아갔다. 한참 바쁜 진료시간이었다. 예약 없이 의사를 만난다는 것이 어렵고 무례한 일인 줄 알았지만 나는 간청해서 의사를 만났다. 나는 만나자마자 밑도 끝도 없이 말씀드렸다.

"선생님 감사합니다. 정말 감사합니다. 나를 살려 주셔서 너무너무 감사합니다."

나는 의사의 손을 꼭 붙잡고 몇 번이고 감사하다는 인사를 드렸다. 의사는 영문도 모르고 의아해하며 물으셨다.

"누구십니까? 왜 그러시죠?"

나는 너무너무 감사해서 뜨거운 마음으로 2년 전 일을 대충 설명하면서 또다시 감사하다는 인사를 드렸다.

의사는 심각하게 물으셨다.

"혹시 교회에 나가십니까?"

"예, 나는 원로목사입니다."

그 순간 우리는 깜짝 놀랐다. 또다시 두 손을 잡고 감사하면서 감격했다.

"하나님께 감사하세요. 하나님께서 고쳐 주셨습니다. 그리고 나를 위해 기도해 주세요. 많은 사람에게 하나님의 사랑을 전하도록 기도해 주세요."

나는 의사의 손을 붙잡고 뜨겁게 간절히 기도했다. 짧은 시간이었지만 우리는 평생 잊을 수 없는 은혜와 사랑을 나누었다.

계속되는 감사는 다시 한 번 내 인생의 놀라운 변화를 가져왔다. 감사를 통해서 삶의 큰 기쁨과 만족을 느끼게 되었다.

퇴원 후, 두 달이 지난 2011년 10월 24일, 계산중앙교회에서 목회자 남편을 먼저 하나님 나라로 보내고 혼자 된 "홀사모회" 전국대회가 열렸다. 노년에 혼자 된 사모님들은 그래도 대부분 자녀교육이 끝났고 어느 정도 생활이 안정되었겠지만 젊은 사모님들은 자녀교육 때문에 얼마나 어려움이 많을까 하는 생각이 들었다. 나는 퇴원 후 두 달 밖에 되지 않아서 아직은 정신적으로 물질적으로 어수선했지만, 그들을 돕고 싶은 마음에 "홀사모회"에 장학금으로 천만 원을 헌금했다.

2011년 8월 8일에 병원에서 퇴원한 후, 5년 동안 국내 여덟 교회 집회를 인도하고, 일본을 12회 방문하여 일본인 교회 스물네 교회에서 52회, 캐나다 세 교회 집회를 인도하였다.

감사로 하나님께 제사를 드리며 지존하신 이에게 네 서원을 갚으며 환

난 날에 나를 부르라 내가 너를 건지리니 네가 나를 영화롭게 하리로다

(시 50:14-15).

감사하는
세 가지 방법

감사는 행복의 시작이다. 감사하는 사람도 행복을 느끼고 감사를 받는 사람도 행복과 감사를 느낀다. 부부 사이에도 사랑보다는 먼저 감사한 마음, 고마운 마음을 갖는 것이 순서다. 감사한 마음이 있을 때 사랑하게 되는 것이다. 그러므로 사랑보다는 감사가 먼저고 사랑보다 더 고귀한 말이 감사다. 우리는 어떤 경우에 감사해야 할까? 감사할 만한 특별한 일이 있을 때에만 아니라 항상 감사해야 한다. 아무 일이 없어도 범사에 감사해야 한다. 범사에 감사하는 것이 너희를 향하신 하나님의 뜻이라 했다.

레위인으로서 성가대 대장이었던 아삽은 평생 감사 제사를 드렸다.

감사로 하나님께 제사를 드리며 지존하신 이에게 네 서원을 갚으며 환난 날에 나를 부르라 내가 너를 건지리니 네가 나를 영화롭게 하리로다 (시 50:14-15).

감사의 제사를 드리는 방법 세 가지

1) 말로 하는 감사

대부분 부모가 아이들에게 처음 가르치는 말의 순서가 있다고 한다. '엄마', '아빠' 다음으로 '감사합니다, 고맙습니다' 하는 말이다. 사랑한 다는 말보다는 먼저 감사한다는 말을 가르친다. 감사한 마음이 없으면 사랑하는 마음을 가질 수 없다. 감사는 계란의 노른자와 같고 사랑은 흰자와 같은 것이다. 그러므로 하나님과 모든 사람에 대하여 항상 감사하는 마음을 가지고 감사해야 한다.

기도를 계속하고 기도에 감사함으로 깨어 있으라(골 4:2).

아무 것도 염려하지 말고 다만 모든 일에 기도와 간구로, 너희 구할 것을 감사함으로 하나님께 아뢰라(빌 4:6).

이스라엘 백성은 감사하지 않고 불평불만하다가 멸망당했다. 이스라 엘 백성을 애굽에서 구원하여 주시고 가나안 땅을 축복으로 주실 것을 약속하셨지만 믿지 않고 광야에서 당한 작은 어려움 때문에 열 번 이상 하나님과 모세를 원망했다. 차라리 옛날 노예 생활하던 애굽으로 다시 돌아가든지 아니면 이 광야에서 죽는 것이 좋겠다고 불평불만했다.

> 나를 원망하는 이 악한 회중에게 내가 어느 때까지 참으랴 이스라엘 자손이 나를 향하여 원망하는 바 그 원망하는 말을 내가 들었노라 그들에게 이르기를 여호와의 말씀에 내 삶을 두고 맹세하노라 너희 말이 내 귀에 들린 대로 내가 너희에게 행하리니 너희 시체가 이 광야에 엎드러질 것이라 너희 중에서 이십 세 이상으로서 계수된 자 곧 나를 원망한 자 전부가 여분네의 아들 갈렙과 눈의 아들 여호수아 외에는 내가 맹세하여 너희에게 살게 하리라 한 땅에 결단코 들어가지 못하리라(민 14:27-30).

결국 하루에 85명씩 죽어 603,548명이 광야에서 죽었다.

> 누추함과 어리석은 말이나 희롱의 말이 마땅치 아니하니 오히려 감사하는 말을 하라(엡 5:4).

> 여호와여 내 입에 파수꾼을 세우시고 내 입술의 문을 지키소서 (시 141:3).

그러므로 항상 하나님을 향하여 입술로 감사 기도와 찬양을 드리고 모든 사람을 향하여 감사하는 말을 해야 한다.

2) 물질로 드리는 감사

물질 그 자체는 선도 아니고 악도 아니다. 그 물질을 쓰는 사람에 의해서 선하게 쓰일 수도 있고 악하게 쓰일 수도 있다. 그 물질로 하나님께 영광을 돌릴 수도 있고(고후 9:13) 반면에 그 물질로 하나님의 영광을 가릴 수도 있다.

그러므로 돈을 버는 것도 중요하지만 그보다 더 중요한 것은 돈을 쓰는 것이다. 영국 속담에 "돈의 가치는 그 소유에 있는 것이 아니라 사용하는 데 있다"고 했다. 서울대학교 도서관 건축을 위해 우리나라 대학 역사상 최고의 기부금 600억 원을 지원한 관정 이종환 회장은 "구두쇠처럼 벌어 천사처럼 쓰라"고 하였다.

미국의 빌 게이츠 부부는 "기부서약운동"에 자기 재산 50%를 바치면서 "돈 버는 것도 어렵지만 돈 쓰는 것은 더 어렵다"고 고백하면서 돈 버는 법보다는 돈 쓰는 법을 가르치라고 하였다.

하나님께 바치는 헌금은 크게 두 가지다. 십일조와 감사헌금이다. 십일조는 법으로 규정되어 있어 어느 정도 율법적인 면이 있어 그야말로 억지로 하게 되는 경우도 있지만, 감사헌금은 자원하는 마음으로 하게 되는 것이다. 사도 바울은 고린도 교인들에게 헌금에 대한 몇 가지 좋은 교훈을 주고 있다.

헌금은 땅에 심는 것과 같다.

그리고 즐거운 마음으로 해라.

후한 헌금으로 하나님께 영광을 돌려라.^(고후 9장)

다니엘의 감사헌금은 그대로 씨앗이 되어 결정적인 위기에 기적을 일으켰고 하나님을 대적하는 백성 앞에 하나님의 영광을 드러냈다.

3) 몸으로 드리는 감사

우리의 몸은 나의 것이 아니다. 예수 그리스도께서 값으로 사셔서 성령의 전이 되었으니 너희 몸으로 하나님께 영광을 돌리라 하였다.^(고전 6:19-20) 몸으로 죄 짓지 말고 하나님이 기뻐하시는 거룩한 산 제사로 드려 봉사와 헌신의 산 제물이 되라는 것이다.

바울은 하나님께서 맡겨 주신 교회 안의 모든 직분과 직책을 무거운 짐으로 생각지 말고 영광스럽게 생각하며 오히려 감사하면서 충성스럽게 감당하라고 권면했다.

> 자기가 짊어진 교회의 모든 짐은 나에게 무거운 짐이 아니라 머리털 같이 가벼운 것이다(존 웨슬리).

존 웨슬리는 사명을 힘든 줄 모르고 감사한 마음으로 감당했다.

바울은 예수 그리스도를 위하여 수고를 넘치도록 하고, 옥에 갇히기도 하고, 매도 수없이 맞고 여러 번 죽을 뻔하였다. 유대인들에게 사십에 하나 감한 매를 다섯 번 맞았으며 세 번 태장으로 맞고 한번 돌로 맞고 세 번 파선하는데 일주야를 깊음에서 지냈으며 또 수고하여 애쓰고 여러 번 자지 못하고 주리며 목마르고 여러 번 굶고 춥고 헐벗었다. 그러나 날마다 내 속에 눌리는 일이 있으니 곧 모든 교회를 위한 염려라 하면서 이와 같은 모든 고난을 오히려 기뻐하고 그리스도의 남은 고난을 그의 몸된 교회를 위하여 내 육체에 채운다고 고백하면서 큰 보람을 느끼며 감사했다. ^(골 1:24)

베드로는 장로들에게 권면하기를 하나님의 일은 억지로 하지 말고 자원하는 마음으로 하고 이해관계를 떠나 즐거운 마음으로 하라고 하였다. ^(벧전 5:1-2)

남강 이승훈 선생은 이 세상에 나와서 유산으로 받은 것은 세 가지밖에 없었다. 첫째 업신여김, 둘째 가난, 셋째 무식이었다. 하지만 그 모든 역경을 이기고 43세에 오산학교를 설립, 55세에 3·1 운동 주동, 60세에 「동아일보」 사장에 취임했다. 그는 11살에 공장에 사환이 되었다. 함께 일하는 다른 사환 아이들이 하기 전에 앞서가며 자기가 먼저 했다. 주인 임 씨는 승훈이를 가리켜 말했다.

"저 애는 시킬 필요가 없다."

시키려고 보면 이미 알아서 다 했기 때문이었다. 시켜도 안 하는 사람들이 있지만 시키기 전에 하는 사람, 그들은 종이 아니라 주인이다. 이승훈 선생은 동상 제막식에서 자기가 한 일에 대하여 말했습니다.

"저는 한 것이 아무것도 없습니다. 다만 하나님이 시키셨을 뿐입니다."

그는 섬김의 사람, 바치는 사람으로 자기의 몸을 하나님과 이 민족 앞에 산 제물로 바치고 갔다. 바울은 로마서 1-11장에서 구원의 진리를 가르쳤고 12장부터는 구원받은 후에 어떻게 살아야 할 것을 가르치고 있다. 그 당시 헬라인들은 육신보다는 영을 더 중요하게 생각했다. 몸은 감옥에 불과하여 몸은 경멸해야 하고 부끄러워해야 할 대상이라고 판단했다. 하지만 바울은 인간의 몸은 영과 똑같이 하나님께 속한 것으로 성령이 거하는 전이라 했다.

> 그러므로 형제들아 내가 하나님의 모든 자비하심으로 너희를 권하노니 너희 몸을 하나님이 기뻐하시는 거룩한 산 제물로 드리라 이는 너희가 드릴 영적 예배니라(롬 12:1).

몸으로 감사하면서 드리는 봉사와 헌신은 그 자체가 예배라고 하였다. 예수께서는 나면서부터 소경된 사람을 고쳐 주시면서 "나는 나를 이 세상에 보내신 하나님의 일을 하는 것"이라고 하였다. 하나님이 우리를 이 세상에 보내시고 또 구원하여 주신 것은 하나님의 일을 하게 하려 하심이다. 또한 하나님의 일을 하는 것은 아무 때나 할 수 있는 것이 아니라 반드시 기회가 있다고 하셨다. 밤이 오리니 그때는 아무도 일할 수 없다고 하셨다. 일할 수 없는 밤, 죽음이 온다는 것이다.

> 네 손이 일을 얻는 대로 힘을 다하여 할지어다 네가 장차 들어갈 스올에는 일도 없고 계획도 없고 지식도 없고 지혜도 없음이니라(전 9:10).

다윗은 칠십을 살고 가면서 인생은 너무 짧아 하나님 앞에 없는 것과 같다고 하였고 모세는 120세를 살고 가면서 인생은 너무 빨리 지나가서 날아가는 것 같다고 아쉬워했다. 기회는 우리를 기다리지 않는다. 기회를 놓치지 말고 일해야 한다. 일하는 사람에게는 내일이 없다. 오늘이 있을 뿐이다.

예수님은 눈먼 소경의 눈을 뜨게 하신 후 6개월쯤 지나 승천하셨다.

몸으로 하는 봉사와 헌신은 세 가지 유익이 있다. 나 자신에게 유익이 된다. 믿음은 눈덩어리와 같다. 가만히 놔두면 다 녹아 없어진다. 아무리 큰 눈덩어리라도 다 없어지고 만다. 믿음도 사용하지 않으면 다 없어진다. 하지만 작은 눈덩어리라도 계속 굴리면 커지듯 아무리 작은 믿음이라도 그 믿음으로 봉사하고 헌신하면 그 믿음이 큰 믿음이 되는 것이다. 또한 나의 봉사와 헌신은 다른 사람들에게 많은 유익을 준다. 그리고 하나님의 뜻을 이루며 하나님께 영광을 돌리게 되는 것이다.

　"우리는 하나님의 성전인 것과 하나님의 성령이 내 안에 거하시는 것"을 알고 항상 감사하면서 나의 몸을 하나님 제단에 산 제물로 바쳐야 한다.

9장
인생의
계획

인생 나그네 길의
계획

청년들에게 인생을 말하면 그들은 이렇게 말한다.

"나의 인생은 이제 시작이며 살 날이 창창한데 무슨 인생 얘기를 벌써부터 합니까? 노인에게나 해당되는 얘기지."

하지만 하루라도 더 젊어서 인생을 배워 두면 그만큼 인생을 더 지혜롭고 보람 있게 살 수 있다. 노인들도 다 산 인생이라 포기하지 말고 운동 경기의 마지막 남은 5분처럼 생각하고, 끝까지 최선을 다해야 할 것이다.

애굽 왕은 야곱에게 물었다.

"당신의 나이가 몇 살이냐?"

실상은 숫자를 알기 위해서라기 보다는 인생 이야기를 듣고 싶어서였다. 야곱은 자기의 나이를 묻는 애굽 왕에게 세 가지 대답을 했다.

첫째, 야곱은 자기가 그동안 살아온 인생을 "나그네 길의 세월"이라고 고백했다. 그러므로 이 세상은 우리의 고향이 아니라 고향으로 돌아가는 길에 잠시 머무는 휴게소와 같은 곳이다. 언젠가는 떠나야 하는 곳이다. 그러므로 이 세상이 아무리 좋고 또 괴로워도 마지막에는 다 이 세상을 떠날 수밖에 없다. 그러므로 항상 이 세상을 떠날 준비를 하고 살아야 한다.

둘째, 내 나이가 130인데 너무 짧은 인생을 살았다고 아쉬워했다. 그 후 17년을 더 살아 147년을 살았지만 조상들 세월 만큼도 미치지 못했다. 아버지 이삭의 나이 180세, 할아버지 아브라함의 나이 175세 만큼도 살지 못한 것을 매우 아쉬워했다. 다윗 왕도 70년을 살다가면서 인생은 손바닥 넓이만 하다고 인생의 짧음을 한탄했고 욥도 말하기를 여인에게서 난 사람은 사는 날이 짧고 그나마 꽃과 같이 쇠하여 가며 그 날이 날아가듯 신속히 간다고 안타까워했다. 그동안 인류는 불노불사를 위한 노력해 왔지만, 아직도 인생 100년은 기적과 같은 일이다.

2015년 통계에 의하면 일본은 100세 이상이 59,000명, 미국 53,000명, 한국 16,000명 정도다. 동식물의 세계와 비교해 보면 인생은 더욱 짧게 느껴진다. 자라는 100년 이상, 고래는 최고 200년, 대합은 300년에서 500년, 은행나무는 최소 600년에서 3,000년까지 산다. 그렇게 짧은 인생도 얼마나 빠르게 가는지, 120년 살다간 모세는 "인간이 천 년을 산다 해도 지나간 어제 같고 밤의 한 경점 같으며 순식간에 쓸어가는 홍수 같고 잠깐 자는 것 같으며, 아침에 돋은 풀이 그날 저녁으로 마르는 것 같다. 인생은 신속히 가니 날아가는 것 같다"고 하였다.

한국인의 평균 수명은 한국전쟁이 일어났던 1950년에도 46세, 1960년도 52세, 1970년도 62세, 2010년에는 81.4세였다. 그러므로 모세는 "인생의 날수를 잘 계수하여 삶의 지혜를 가지라"고 가르쳤다. 인생은 이렇게 짧고 또 빠르게 지나가면서 마지막에는 돌아올 수 없는 강으로 건너가 버리는 것이다. 욥도 "나는 수년이 지나면 돌아오지 못할 길로 갈 것이다"고 고백하였고, R. 롤랑은 78세를 살고 가면서 "인생은 왕복표를 발행하고 있지 않다"고 하였다. 그러므로 인간은 자기가 살아온 인생에 대하여 많은 아쉬움과 후회를 하면서도 결국 인생을 다시 시작하지는 못하는 것이다. 이런 인생을 아무 계획 없이 사는 것은 처음부터 인생을 포기한 것과 같고 죽은 인생을 사는 것과 똑같다.

> …네가 장차 들어갈 스올에는 일도 없고 계획도 없고 지식도 없고 지혜도 없음이니라(전 9:10).

그러므로 우리는 처음부터 인생 계획을 잘 세워야 한다. 노아시대의 홍수 심판은 모든 사람의 계획이 항상 악하기 때문이었다.(창 6:5) 홍수 심판을 교훈 삼아 인생 계획을 잘 세워야 했는데 그렇지 못했다. 홍수 이후 노아의 후손은 살 곳을 찾아 동쪽으로 이동하여 시날 평지에 터전을 삼고 그곳에서 벽돌을 구워 바벨탑을 쌓았다. 그들의 계획은 세 가지였다.

첫째, 바벨탑을 하늘 꼭대기에 닿도록 쌓자. 둘째, 자기들의 이름을 온 세상에 알리자. 셋째, 흩어지지 말고 함께 모여 살자였다.

그들의 계획은 교만하여 하나님에 대한 도전이었으며, 하나님의 이름보다 자기의 이름을 세상에 알려 영광을 얻고자 함이었다. 생육하고, 번성하여 땅에 충만하라는 하나님 말씀에 대한 불순종이었다. 결국 그들의 모든 계획은 바벨탑과 함께 무너졌다. 그리고 언어는 혼잡하게 되어 모든 대화가 다 단절되고 마지막에는 다 흩어지고 말았다.

누가복음 12장에 "어리석은 부자" 이야기가 나온다. 하나님이 쌓을 곳이 없도록 축복해 주셔서 곡간을 헐고 더 크게 짓고 그 모든 축복을 거기 쌓아 두었다. 그는 받은 축복을 놓고 자기 인생의 세 가지 계획을 세웠다. 여러 해 쓸 물건을 많이 쌓아 두었으니 평안히 쉬고, 먹고 마시며, 즐거워하자. 그야말로 호의호식하며 마음껏 향락을 누리자. 이웃이나 하나님을 위한 계획은 하나도 없고 처음부터 끝까지 오직 자기 하나만을 위한 계획을 세웠다. 결국 하나님은 그에게 축복해 주신 것을 후회하시고 그날 밤 그의 영혼을 불러 가셨다. 그가 받은 축복은 다 물거품이 되었고 그의 인생은 허무하게 끝나고 말았다. 그 부자는 축복을 받을 이유도 없고 무병장수해야 할 필요도 없는 인생을 살았던 것이다. 구원받고 축복받은 하나님의 백성은 무엇보다도 먼저 하나님을 위한 계획과 이웃을 위한 계획을 세워야 할 것이다.

위대한 계획에는 세 가지 공통적인 원칙이 있다. 첫째, 하나님을 위한 계획, 둘째, 이웃을 위한 계획, 셋째, 나를 위한 계획이다.

나는 아무 계획이 없고 또 아무 계획을 세울 수 없어도 하나님은 나에 대한 계획을 가지고 계신다. 하나님이 나를 이 세상에 태어나게 하신 것부터가 하나님의 계획이다.

사도 바울도 자기를 향하신 하나님의 계획에 대하여 "어머니의 태로부터 나를 택정하시고 은혜로 나를 불러서 이방의 전도자로 삼으셨다."(갈 1:11-17)고 고백하였다.

나의 계획을 내 힘으로 다 이룰 수 없어도 하나님을 통해서 얼마든지 이룰 수 있다.

> 사람이 마음으로 자기의 길을 계획할지라도 그의 걸음을 인도하시는 이는 여호와시니라(잠 16:9).

모세는 120년을 살고 가면서 마지막 "인생의 날수를 잘 계산해서 삶의 지혜를 잘 배우고 지혜스럽게 살라"고 가르쳤다. 인류 역사에 영원히 살아 있어 인생의 좋은 교훈을 가르치고 삶의 모범을 보인 이들이 있다. 아브라함은 구약에서 제일 오래 산 므두셀라(969세)에 비해 너무나 짧은 인생, 175세를 살고 갔지만 믿음의 조상이 되었고 예수 그리스도의 족보에 오르며 온 인류에게 좋은 교훈과 모범을 보이고 갔다. 그야말로 짧은 인생을 길게 살았고 지금도 우리 가운데 살아 있고 또 앞으로도 영원히 살아 있을 것이다.

미국의 하버드대학교는 1936년 설립되었다. 최초 수업은 1638년 여름 운동장이 딸린 목조 가옥 한 채에서 단 한 사람의 교사에 의해 시작되었다. 학교 운영이 어려워 폐교할 수밖에 없었다. 존 하버드(John Harvard)는 도살업자 아버지와 가축상인 어머니 사이에서 1607년에 태어났고 1637년 결혼해서 이듬해 뉴잉글랜드로 갔다. 찰스 타운 제1교회 부목사로 봉직하다가 1년도 채 안 돼 31세 결핵으로 사망했다.(1638) 세상을 떠나면서 총 재산 1,600파운드 중에 800파운드 그리고 260권의 책을 그 학교에 기증했다. 1639년, 헌납자에 대한 감사 표시로 교명을 하버드대학교로 선포하고, 동문들이 1828년 교정에 화강암으로 하버드 기념비를 건립했다. 좌상에 "미국의 학문과 종교를 위해 영원히 기억될 후원자"라고 기록했다. 19세기 초 신학대학, 법과대학, 의과대학이 개설되었다. 그리고 루즈벨트, 존 F. 케네디 등 7명의 대통령과 노벨상 수상자 152명을 배출했다. 짧은 인생을 길게 살았고, 앞으로도 영원히 살아 있을 것이다.

반면에 특별히 꼭 살아야 할 이유도 없고 필요도 없는 인생을 낭비하고 간 이들이 있다. 중국 명나라 14대 황제 주익균은 57세를 살았다(1563~1620) 10세에 왕위에 올라 47년을 통치했다. 6년 동안 3만 명을 동원하여 지하 무덤 궁전을 지었다. 죽을 때 자기 인생을 기념하기 위해 기념비를 세웠지만 기념할 만한 내용이 없고, 백성이 그를 기념하기 위해 비문을 남기려 했으나 기록할 만한 비문이 없어 결국은 비문이 없는 기념비만 남기고 갔다. 물질을 낭비하는 것보다 더 나쁜 것은 시간 낭비이고 시간을 낭비하는 것보다 더 나쁜 것은 자기 인생을 낭비하는 것이다. 자기 인생을 낭비하는 것은 자기 인생을 주신 하나님 앞에 큰 죄를 범하는 것이며 모든 이유 앞에 영원한 빚을 지고 가는 것이다.

칼빈(1509-1564)은 신학자요, 행정가요, 종교개혁자다. 27세에 『기독교강요』(*Christianae Religonia*)를 저술함으로 기독교 역사에 큰 공헌을 남겼다. 성경주석을 써서 "주석의 왕자"라는 평가도 받았다. 성실한 진리의 탐구자요, 정의의 사도요, 정의와 진리를 생활에 실현하려고 평생을 노력한 사람이다. 프랑스의 역사가요, 종교학자로 남은 칼빈을 가르켜 "그는 당년에 있어 가장 그리스도인다운 인물이었다"라고 존경하고 있다. 그는 평생 하나님의 교회를 개혁하기 위하여 하나님으로부터 부름을 받았다는 확신을 가지고 살았다고 고백했다. 그렇게 교회와 인류를 위해 크게 공헌하는 삶을 살고 55세로 이 세상을 마감했다. 정말 인류 역사에 유익하고 필요한 존재였지만 이 역사 속에 불과 55세만 머물렀다가 떠났다.

친구 파렐에게 마지막 편지를 썼다.

"내가 그리스도를 위해 살고 또 죽으니 그것으로 족하오. 그리스도는 그를 따르는 모든 자에게 살아서나 죽어서나 유익한 것이오."

자기의 유언대로 묘비 없이 공동묘지 소나무 곁에 묻혔다. 칼빈은 자기 인생 55년을 너무 짧다고 생각하지도 않고 마지막이라는 느낌이나 아쉬움 없이 감사한 마음을 가지고 갔다.

성 프란시스(1182~1226)는 어두운 중세기에 믿음, 사랑, 겸손으로 빛을 발한 성자였지만 평생 가난하고 병든 사람들을 위해서 살았다. 그는 자기가 가지고 있는 돈과 물건을 아낌없이 어려운 사람에게 나누어 주면서 살았다. 자연과 동물을 이웃처럼 사랑하여 그들에게 설교도 하고 함께 찬양도 불렀다. 그렇게 살면서 많은 기적도 행하였다. 루이 11세는 죽기 전에 그를 프랑스로 불러다가 "자기 생명을 연장시켜 달라."고 하였으나 거절했다. 그는 이렇게 기도했다.

> 하나님 내가 죽기 전에 두 가지 은총을 내려 주옵소서 하나는 내게 영혼
> 과 육체의 고통을 주셔서 십자가의 고난을 맛보게 하시며 십자가의 사랑
> 을 간직할 수 있게 하옵소서.

이렇게 살다가 44세에 하나님의 부르심을 받았다. 이 땅에서 자기 인생이 끝났지만 그는 아쉬움이나 후회 없이 갔다. 나그네가 고향으로 가는 마음으로 기쁘게 갔고 44년이 아니라 영원 속에 자기 인생을 담아 가지고 갔다.

미국의 유명한 전도자 무디(1837-1899)는 62년간 이 땅에 머물렀다가 떠나면서 "세상은 점점 멀어지고 하늘 문이 열리면서 하나님이 날 부르신다"고 고백하면서 감사한 마음을 가지고 하나님 나라로 갔다. 칼빈이나 성 프란시스나 전도자 무디는 인생의 짧음을 아쉬워하지도 않고 후회 없이 감사한 마음을 가지고 만족하게 이 세상을 떠났다.

인생에 있어서 제일 중요한 것은 얼마나 오래 살았느냐 또는 얼마나 짧게 살았느냐가 아니라 어떻게 살았느냐 하는 것이다.

모든 문제는
해결할 수 있다

사람은 누구나 다 자기의 그림자를 가지고 있듯이 모든 인간은 다 자기 나름대로 힘들고 어려운 문제를 가지고 살아간다. 어느 정도는 자기의 힘과 노력으로 해결할 수도 있지만 대부분의 사람들은 해결하지 못하고 평생을 수고하며 무거운 짐을 지고 살아가다가 마지막에는 모든 것을 포기하고 자살로 끝내 버리는 사람들도 있다. OECD(경제협력개발) 국가 중에 자살률이 제일 높은 나라가 한국이다. 2016년 통계에 의하면 자살자가 연 13,092명, 하루에 35.8명이 자살하고 있다. 자살로 문제가 해결되는 것은 아니다. 자살은 모든 문제를 무덤에까지 가지고 가는 것이며, 동시에 자기를 죽이는 또 하나의 살인이다. 그러면 인간의 문제는 영원히 해결할 수 없는 것인가?

모든 문제에는 답이 있다. 반드시 그 답을 찾아야 한다.

나의 힘과 노력으로 해결

인간에게는 놀라운 지혜와 능력 그리고 여러 가지 수단과 방법이 있다. 그러므로 나의 힘과 노력으로 많은 문제를 해결할 수 있다. 그러나 인간이 가지고 있는 능력에는 한계가 있다. 나의 능력으로 해결할 수 있는 문제도 있지만 절대로 해결할 수 없는 문제도 많이 있다.

많은 사람은 마음껏 재물을 모아 그 재물로 모든 문제를 해결하고 평안하게, 행복하게 살아가려고 노력한다. 그러나 인간의 생각대로 다 되는 것이 아니고 끝까지 노력했지만 결국은 모든 것이 다 헛되게 되는 경우가 많다. 솔로몬은 인생의 지혜를 가르쳤다.

> 너희가 일찍이 일어나고 늦게 누우며 수고의 떡을 먹음이 헛되도다 …
> (시 127:2).

잠을 안 자고 노력하며 제때에 밥을 먹지 못하고 애를 써도 모든 것이 헛되다는 것이다. 그러므로 인간은 많은 문제를 그대로 짊어지고 살아갈 수밖에 없는 불완전한 존재다.

이웃의 도움으로 해결

인간은 혼자 설 수 없고 자기 힘만으로는 살아갈 수 없는 존재다. 그러므로 세상에 태어나면서부터 남의 도움을 받아야 한다. 부모의 도움으로 삶이 시작되고, 선생님의 가르침을 받으며 성장하고, 사회에 나가서는 이웃과 서로 도움을 주고받는 관계 속에서 사회생활을 하게 된다. 그러므로 이웃의 도움은 있어도 좋고 없어도 좋은 상대적인 것이 아니라 절대적으로 나와 이웃에게 필요한 것이다. 스코틀랜드 속담에 이런 말이 있다.

친구 없이는 살 수 있어도 이웃 없이는 살 수 없다.

심지어 몽고 사람들은 이렇게 이웃의 중요성을 강조하고 있다.

가장 가까운 이웃은 자기 양친보다 더 가치가 있다.

가버나움에 사는 중풍병자는 스스로 해결할 수 없는 문제를 가지고 있었다. 아무리 결단하고 노력해도 절대로 해결할 수 없는 문제였다. 죽는 날까지 평생 짊어지고 갈 수밖에 없었다. 그런데 네 사람의 친구의 도움으로 예수를 만나 병 고침을 받고 평생 누워 있던 침상을 들고 집으로 돌아가게 되었다. 그 중풍병자는 스스로 해결할 수 없는 문제를 이웃의 도움으로 해결하게 되었다. 그러나 모든 이웃이 다 나에게 도움을 주는 것은 결코 아니다.

어느 율법사가 예수께 "내 이웃이 누구입니까?" 하고 물었을 때 세 종류의 이웃이 있다고 가르치셨다. 하나는 자기에게 강도와 같이 상처를 입히고 빼앗고 심지어는 생명까지 해치는 이웃이 있고 또 하나는 강도 만난 이웃을 보고 무관심, 무책임하게 그대로 지나치는 이웃이 있다. 세 번째 이웃은 강도 만난 이웃을 보고 불쌍히 여기며 끝까지 돌보며 구해 주는 선한 이웃이 있다.

다윗 왕은 40년 왕위에 있으면서 수많은 전쟁과 함께 환난과 시험을 당하면서 인생의 교훈을 이렇게 말했다. 이웃을 돕고 이웃의 도움을 받는데도 한계가 있다는 것이다. 그러므로 도울 힘이 없는 인생을 의지하지 말라고 가르치고 있다.

하나님의 도움으로 해결

나의 힘으로 해결이 안 되고 이웃의 도움으로도 해결되지 않아 마지막 인생의 벼랑 끝에서 절망할 때가 있다. 그때에 우리는 먼 산을 바라보면서 "나의 도움이 어디서 올까?" 하고 한숨을 짓게 된다. 다윗은 자신의 힘으로 해결할 수 없고 그렇다고 어느 이웃의 도움을 받을 수 없는 극단적인 상황에서 자기가 해결하고 이겨 낸 경험을 이렇게 기록하고 있다.

> …여호와는 너를 지키시는 이시라 여호와께서 네 오른쪽에서 네 그늘이 되시나니 낮의 해가 너를 상하게 하지 아니하며 밤의 달도 너를 해치지 아니하리로다 여호와께서 너를 지켜 모든 환난을 면하게 하시며 또 네 영혼을 지키시리로다 여호와께서 너의 출입을 지금부터 영원까지 지키시리로다(시 121:3-8).

> 수고하고 무거운 짐 진 자들아 다 내게로 오라 내가 너희를 쉬게 하리라 나는 마음이 온유하고 겸손하니 나의 멍에를 메고 내게 배우라 그리하면 너희 마음이 쉼을 얻으리니 이는 내 멍에는 쉽고 내 짐은 가벼움이라 하시니라(마 11:28-30).

우스 땅에 욥이라 하는 사람이 있었는데 그는 순전하고 정직하며 하나님을 경외하며 악에서 떠난 사람이었다. 그의 소생은 남자가 일곱, 여자가 셋이며 동방 사람 중에 큰 축복을 받은 사람이었다. 하지만 욥은 칠십이 되었을 때 자기의 모든 것을 다 잃어버리는 환난과 시험을 당했다. 그 많은 재산, 사랑하는 자녀 그리고 마지막 건강을 잃으면서 가정마저 무너졌다. 이해할 수 없고 감당할 수 없는 많은 문제가 그의 인생을 뿌리채 흔들었다. 욥은 자신의 힘으로 해결할 수 없고 친구나 이웃의 도움으로 해결할 수 없는 삶의 벼랑 끝에서 절망할 수밖에 없었다. 그때 욥에게는 놀라운 변화가 일어났다. 지금까지 아무 문제없고 평안할 때에는 보이지 않던 하나님을 직접 눈으로 보게 된 것이다. 그때부터 모든 문제는 풀리기 시작했다.

칠십 세에 모든 것을 다 잃고 불행스럽게 인생을 끝낼 수밖에 없는 욥에게 어두운 밤이 지나가고 새벽이 밝아왔다. 욥의 인생은 끝이 아니라 다시 축복의 삶으로 시작되었다. 70년이 아니라 갑절을 더 살아 240세까지 장수하면서 다시 10남매를 낳아 자손 4대를 보았고, 갑절의 축복으로 모든 것이 회복되었다. 인간에게는 마지막이 끝이 아니다. 그 마지막이 새로운 시작이 되는 것이다. 그러므로 어떤 경우에도 불평불만이나 절망은 절대 금물이며, 마지막까지 하나님에 대한 믿음을 잃지 말아야 한다. 그리고 하나님을 불러야 한다.

> 감사로 하나님께 제사를 드리며 지존하신 이에게 네 서원을 갚으며 환난 날에 나를 부르라 내가 너를 건지리니 네가 나를 영화롭게 하리로다 (시 50:14-15).

바울은 어떤 형편에든지 자족하기를 배웠고 어떤 상황에서든지 문제를 해결할 수 있다고 당당하게 고백하고 있다. 그것은 나와 이웃이 아니라, 내게 능력 주시는 하나님을 통해서 모든 것을 할 수 있다는 것이다. 믿음의 조상 아브라함은 "바랄 수 없는 중에 바라고 믿었다"고 하였다. 인간적으로는 전혀 희망이 없었지만 끝까지 희망을 버리지 않았다. 왜냐하면 하나님은 죽은 자를 살리시며 없는 것을 있는 것 같이 우리를 부르시기 때문이다.

내가
새벽을 깨우리로다

2008년, 45년 목회를 끝내고 현직에서 은퇴했다. 은퇴하고 나니 내가 서 있을 자리와 해야 할 일이 다 없어졌다. 내 발이 갈 곳이 없어졌고, 내 손이 할 일을 다 잃어버렸다.

나는 평생 일하는 기쁨과 보람을 느끼며 일하는 재미로 살아왔다. 네 번이나 과로로 쓰러져 119구급차에 실려 응급실로 갔지만, 후회보다는 추억으로 남아 있다. 나는 가끔 스스로 물어본다. 은퇴 후 특별히 할 일도 없는데 왜 하나님께서 나에게 계속해서 생명과 건강을 주시며 매일 일용할 양식을 먹이실까? 아프리카 선교사 리빙스턴은 죽음의 위기를 당했을 때 "인간은 사명이 있는 한 죽지 않는다"라는 말을 남겼다. 그러면 아직도 나에게 사명이 남아 있는 것인가. 나는 나 자신과 현실에 대하여 창조적이며, 생산적이고, 긍정적인 생각을 하기로 했다.

'과연 현재 내가 할 수 있는 일이 무엇인가? 하나님이 나에게 맡기시고 기대하시는 일이 무엇인가?'

나는 은퇴 후에 마지막으로 삶을 바칠 제단을 찾기로 했다. 호흡과 함께 마지막까지 해야 할 일, 또 할 수 있는 일은 기도였다. 나는 특별한 사명과 의미를 느끼면서 새벽을 깨우기로 했다. 나는 기도를 통해서 어디든지 갈 수 있고, 무슨 일이든 다 할 수 있고, 얼마든지 많은 일을 할 수 있다는 믿음을 갖게 되었다.

제일 먼저 39년을 바친 계산중앙교회를 위한 기도다. 예수께서 본 교회의 머리가 되어 주시고, 교회는 예수 그리스도의 몸이 되기를 기도한다. 담임목사와 목회자 그리고 각 부회장과 평신도 지도자들을 위해 기도한다. 어려움 당하는 교인 중에 특별히 여러 환자들과 시험을 당하는 성도를 위해 기도한다. 감리회의 감독회장, 각 연회 감독, 본부 총무, 실행위원 그리고 새로운 소망을 가지고 감리교회의 새로운 변화와 성장을 위해서 기도하며, 안타까운 마음으로 신학대학을 위해 기도한다.

나라와 민족을 위해, 대통령, 정부요인, 국회의원, 국가안보와 경제발전 그리고 북한에 자유민주주의가 수립되어 자유와 해방이 오고 지하교회의 부활과 복음화가 이루어지기를 기도한다. 이산가족 상봉, 탈북민의 정착, 통일을 통해 이 땅에 하나님의 나라가 오고 이 백성이 하나님의 백성이 되기를 기도한다. 내가 기도의 책임을 져야 할 가족은 3

대를 합쳐 60명이며 그중에 목회자가 7명이다. 나는 모든 일을 기도에 담아 하나님께 보내기로 했다. 나는 기도를 통해서 현직에 있을 때보다 더 많은 일을 할 수 있게 되었다. 혹자는 말하기를 쉬는 것이 좋고, 쉴 줄도 알아야 한다고 말한다.

물론이다. 그러나 나의 경우는 일하는 것이 더 즐겁고 일할 때 제일 마음이 평안하다. 하나님 앞에 가는 그날에도 교회에 나와 기도하게 되었으면 그 이상의 기쁨과 축복이 또 있을까? 내 평생에 마지막까지 내가 해야 할 일 중에 최대, 최고의 일이 새벽을 깨우는 일이다. 하나님은 이 일을 위하여 생명과 건강과 믿음을 주신 것이다.

그러므로 기도는 할 일이 없는 은퇴자의 소일거리가 아니라 하나님께서 기다리시는, 하나님이 맡기신 일이다. 해도 좋고 안 해도 좋은 상대적인 일이 아니라, 반드시 해야 되는 절대적인 일이다. 기도는 생명과 건강과 믿음이 없이는 할 수 없는 일이며 특별한 일이 있을 때만이 아니라, 항상 영원히 해야 하는 일이다.

> 하나님이 그 성 중에 계시매 성이 흔들리지 아니할 것이라 새벽에 하나님이 도우시리로다(시 46:5).

새날 새벽이 내 앞에 밝아 오면서 새로운 세계와 역사가 내 앞에 펼쳐진다. 어제에 이어서 오늘이 아니라 모든 것은 어제로 다 끝나고 오늘은 어제의 연속이 아니라 또 하나의 새로운 시작이다. 새로운 시간, 새로운 무대, 새로운 역사의 출발이다. 이것은 어제가 만든 결과물이 아니라 새 역사의 창조다. 감격스럽고 놀라울 뿐이다. 새벽에 머리를 숙일 때마다 나도 모르게 감사가 터져 나온다.

"아이쿠, 감사합니다."

생명 주심에 대한 감사

깊이 생각하고 연구해서가 아니라 나도 모르게 터져 나오는 것이 생명에 대한 감사다. 아무리 아름답고 놀라운 새 역사가 찾아와도 생명이 없으면 그 새로운 세계가 나에게 무슨 유익이 있으며, 나와 무슨 상관이 있단 말인가? 생명이 있어 모든 것이 있고, 모든 것이 의미있는 것이다. 그러나 이 귀한 생명은 나 스스로 만들 수 없고 또 온 인류가 힘을 모아도 만들어 줄 수 없는 것이다. 지금 내게 있는 생명은 나나 어느 이웃과는 전혀 상관이 없다. 오직 생명의 주인 되시는 창조주 하나님에 의해서만 주어지는 것이다. 그러므로 생명은 상대적인 것이 아니라 절대적인 것이다.

매일 새벽마다 창조주 하나님께서 코에 생명의 기운을 불어 넣으심을 느낀다. 물론 누구나 똑같은 느낌과 경험을 하는 것은 아니다. 어떤 사람은 '지나가는 바람이 코에 들어오는가 보다' 하고 아무렇지 않게 생각하는 사람도 있을 것이다. 그러나 하나님은 매일 새벽 나에게 생명을 주심으로 또한 모든 것을 다 주고 계신 것이다. 이러한 경험은 일생에 한 번의 경험으로 끝나는 것이 아니다. 하루도 빠짐없이 매일매일 주어지는 경험이다. 그러므로 하루는 하루가 아니라 그 하루가 1년이고, 10년이며, 일생이다. 생각할수록 생명에 대한 깊은 감사와 뜨거운 감격을 느끼지 않을 수 없다.

건강에 대한 감사

건강의 가치는 건강을 잃었다가 다시 찾아보고야 그 가치를 알게 된다. 프랑스 속담에 "건강한 사람은 모든 것을 가졌고 병든 사람은 가진 것이 하나도 없다"라는 말이 있다. 생명이 있어도 건강이 없으면 아무 일도 할 수 없고 건강이 없는 생명은 그의 팔과 다리를 다 잃은 것과 같다. 이 세상에 병든 사람을 보라. 병에 발목이 묶여 있고 병에 노예가 되어 있다. 그러나 건강은 새의 두 날개와 같아서 건강한 사람은 자유스럽고 그의 생명을 마음껏 누릴 수 있다. 건강은 모든 것을 누릴 수 있게 만들어 주는 복 중에 복이다. 생명은 건강이 있을 때 의미가 있고 건강이 없는 생명은 죽은 생명과 같다.

금보다 더 귀한 믿음을 갖게 된 것을 감사

생명은 내가 갖다 바치는 곳에 제물로 바쳐지고 건강은 내가 가자고 하는 대로 따라오며 내가 시키는 대로 무엇이든 하게 된다. 그러므로 생명과 건강이 나의 종이 되어서는 안 된다. 주인 되시는 하나님의 제단에 바쳐지고 그 하나님에게 쓰임 받고 인도되어야 한다. 그렇게 만드는 것이 내 속에 있는 금보다 더 귀한 믿음이다.

이스라엘 백성이 애굽에서 나와 광야를 지나 마지막 가나안 땅에 입성하게 되었다. 가나안 땅을 정복하고 그곳에 정착하려면 그 꿈이 하루 아침에 이루어지는 것이 아니다. 애굽에서 430년, 노예생활 광야 40년, 고난의 삶이 그대로 한 알의 밀알처럼 썩어야 하는 것이다. 가나안 땅을 정복하고 영원히 그곳에 정착하기 위해서는 중심에 있는 여리고성을 침공하여 정복해야 하는 것이다. 그러나 여리고 성은 주전 3000년경부터 이중으로 축조된 성으로 이스라엘 백성의 침공에 대비하여 성문을 굳게 잠그고 방어벽과 망대를 설치한 난공불락의 성이었다. 그야말로 이 여리고 성을 정복하려면 고도의 전술이 필요했던 것이다.

그러나 하나님께서 이스라엘 백성에게 요구하신 것은 하루에 한 번씩 6일 동안 여리고 성을 돌고, 칠 일째 되는 새벽에는 일곱 번 돌아, 열세 번 여리고 성을 돌라는 것뿐이었다. 이것은 하나님에 대한 그들의 믿음과 순종뿐이었다. 열세 번 여리고 성을 도는 것은 그런 방법으로 여리고 성을 무너뜨리고 정복하라는 것이 아니라 하나님을 향한 절대적인 믿음과 철저한 순종을 보이라 하신 것이다.

백성에게 중요한 것은 그들 스스로 여리고 성을 정복하는 것이 아니다. 하나님을 향한 그들의 믿음과 순종을 보이는 것이고 여리고 성을 정복하는 것은 백성이 아닌 하나님의 몫이었다. 우리가 감사하게 생각하는 것은 여리고에 대한 우리의 지혜와 노력이 아니라 하나님을 향한 금보다 더 귀한 믿음과 순종이다. 여기서 특별히 지적하고 싶은 것은 역사는 새벽에 이루어진다는 사실이다. 어두운 밤이 지나가고 밝은 새벽이 온다.

실례로 히스기야 통치 당시 앗수르왕 산헤립의 침략으로 이스라엘은 예루살렘까지 함락될 멸망의 위기에서 하나님의 도움으로 구원된 사건(주전 701년경)이 있다.

> 하나님은 우리의 피난처시요 힘이시니 환난 중에 만날 큰 도움이시라 그러므로 땅이 변하든지 산이 흔들려 바다 가운데에 빠지든지 바닷물이 솟아나고 뛰놀든지 그것이 넘침으로 산이 흔들릴지라도 우리는 두려워하지 아니하리로다(셀라) 한 시내가 있어 나뉘어 흘러 하나님의 성 곧 지존하신 이의 성소를 기쁘게 하도다 하나님이 그 성 중에 계시매 성이 흔들리지 아니할 것이라 새벽에 하나님이 도우시리로다(시 46:5).

영원한 밤은 없다. 밤은 아무리 길고, 절망적이라 해도 반드시 지나갈 것이고 새벽이 온다. 새벽은 우리가 오게 하는 것은 아니지만 주시는 새벽을 맞이하기 위해서는 새벽에 깨어 있어야 한다. 기름 준비하고 새벽을 기다리는 다섯 처녀와 같이 우리는 믿음을 가지고 그 새벽을 기다리고 있어야 한다. 다윗 왕은 제사장들에게 유언하기를 새벽마다 하나님께 축사하고 찬송하라 하였고 에스라는 수문 앞 광장에서 새벽부터 오정까지 성경을 봉독했는데 성경을 펼 때에 백성이 다 자리에서 일어나 손들고 "아멘, 아멘"하며 허리 굽혀 하나님께 경배하며 눈물을 흘리며 울었다.

예수께서도 이 세상에 계실 때 새벽 미명에 일어나 한적한 곳으로 가셔서 기도하셨다. 그리고 요한계시록에서 "나는 광명한 새벽 별이라"(계 22:16)고 하셨다. 새벽은 하나님께서 모든 어두움을 물리치시고 새날을 주시는 시간이다. 도움을 주시겠다고 약속된 시간이다. 우리는 믿음을 가지고 예수 그리스도를 만나고 교통하며 함께 새 역사의 장을 열어야 할 것이다. 새벽은 하나님을 만날 뿐 아니라 무슨 일이든 할 수 있고 어디든 갈 수 있다. 새벽기도를 위해서 생명과 건강을 투자할 수 있어야 한다. 새벽기도는 그만한 가치가 있는 것이다. 죽는 날까지 우리가 할 수 있고 해야 하는 일이 새벽기도다.

하나님의 나라가
너희 안에 있다

  인간이 이 세상에 살아 있을 때, 아직 죽음이 잘 보이지 않을 때에는 하나님 나라에 대하여 별 관심이 없다. 있어도 그만, 없어도 그만이다. 그러나 죽음이 가까이 오면 누구나 하나님의 나라에 대한 관심이 생기고 하나님 나라에 대한 믿음과 소망을 가지고 싶어 한다.

  예수 옆에 십자가에 달린 강도도 평생 강도질을 하며 온갖 죄를 지었지만 죽을 때에는 예수께 "하나님 나라에 임하실 때 나를 생각하소서"라고 어렵게 부탁했다. 하나님 나라에 들어갈 자격도 없고 공로도 없는 강도였지만 마지막 이 세상을 떠날 때에는 하나님 나라를 생각하게 되고 기대하게 되었다. 인간이 무신론자로 평생을 살다가도 마지막 죽음 앞에서는 누구나 다 유신론자가 되고 하나님 나라에 대한 소망을 갖게 된다.

어느 날 제자들이 예수께 "하나님의 나라가 어디에 있습니까?"라고 물었을 때 예수께서는 "하나님 나라는 너희 안에 있다"라고 말씀하셨다. 예수 자신을 가르켜 하신 말씀이었다. 우리는 예수 그리스도를 통하여 하나님 나라를 볼 수 있고 경험할 수 있기 때문이다. 예수께서 "나를 믿는 자는 죽어도 살고 살아서 믿는 자는 영원히 죽지 않는다"라는 말씀을 하셨다.

나는 병원에서 수술을 받고 생사의 갈림길에서 헤메다가 20일 만에 퇴원했다. 나는 무엇을 먹을까, 무엇을 마실까, 무엇을 입을까, 삶의 대한 걱정이 아니라 오직 죽음에 대한 염려와 걱정을 하게 되었다. 삶의 문제보다는 죽음에 대하여 더 많은 생각을 하게 되었고, 삶에 대한 준비 보다는 죽음에 대한 준비를 더 많이 하게 되었다. 당장 죽는 것이 아니라 살 날이 많이 남아 있다 해도 살 날보다는 죽음에 대한 준비를 먼저 해 놓고 살자는 생각이 들었다. 죽음에 대한 준비를 미리 해 놓지 않고 산다면 그 삶이 얼마나 불안하고 불행스러운가?

나는 죽음에 대한 준비와 내 안에 하나님 나라를 이루기 위해서 몇 가지 노력을 시작했다. 우선 요한계시록을 읽자. 하나님 나라에 대한 말씀을 찾아 그 주석을 읽자. 신령한 눈으로 하나님 나라를 바라보며 내 안에 하나님 나라를 이루기로 했다.

그동안 계산중앙교회에서 39년 목회하면서 저녁예배 시간에 요한계시록 강해를 세 번했다. 나는 그때마다 많은 교훈을 받고 은혜와 감동을 받았다. 또한 CBS TV를 통해서 크리스찬파워 특강 시간에 "종말에 대비하라"는 성경 강해를 50분씩 16회 방송했고, 그 내용을 2005년에 책으로 발간했다. 나는 열심히 하나님 나라에 대하여 연구하고 가르쳤지만, 그 당시에는 하나님 나라가 직접적으로 느껴지지도 않았다. 그러나 이제는 그 하나님의 나라가 내 안에 이루어져야 하겠고 경험되어져야 했다.

나사로가 죽었을 때 예수께서 나사로와 그 가족들에게 하신 말씀이 있다.

> 예수께서 이르시되 나는 부활이요 생명이니 나를 믿는 자는 죽어도 살겠고 무릇 살아서 나를 믿는 자는 영원히 죽지 아니하리니 이것을 네가 믿느냐(요 11:25-26).

신학자들의 종말론을 통해서 하나님 나라에 대한 믿음을 확실히 가지고 싶었다. 게할더스 보스(Geerhardus vos)는 1932년 70세 나이로 은퇴하기까지 39년을 프린스턴신학교의 교수로 봉직하다가 1949년 87세 고령으로 하나님의 부름을 받은 신학자다. 그가 쓴 『바울의 종말론』(*The pauline Eschatology*)을 읽었고, 미국 칼빈신학교 조직신학 교수로 봉직했던 안토니 A. 후쿠마(Anthony A. Hoekma)의 『개혁주의 종말론』도 읽었다. 그의 종말론적 입장은 '현재'나 '미래'가 아니라 '현재-미래적'이라는 견해이다. 다시 말해서 우리는 '이미'(already) 그리스도에 의해 시작된 하늘나라 현재 상태와 '아직'(not yet)인 그리스도의 재림 시에 수립될 왕국의 완성된 상태에 대해서 설명한다. 끝으로 죄와 죽음을 무너뜨린 그리스도의 결정적 승리를 즐거워할 뿐만 아니라 장차 올 세상에서 이 승리가 최종적으로 완성되기를 바라볼 수 있도록 주님이 인도하시기를 기원하고 있다. 그리스도인과 온 피조물이 가고 있는 곳은 시간의 마지막 종착(finis)이 아니라 목적의 완성으로(telos) 앞을 향해 가고 있는 것이다. 윌리엄 핸드릭슨(William Hendrickson)이 쓴 『내세론』도 읽었다. 부활과 영생의 확신 속에 하나님의 나라가 내 안에 있음을 확인하게 되었다.

교인들에게 하나님 나라를 가르치고 전하기 위해 열심히 연구하고 노력하는 것과 죽음 앞에서 하나님 나라를 이루기 위해 노력하는 것은 본질적인 차이가 있는 것 같다. 하나님 나라를 바라보면서 제일 큰 걸림돌은 하나님 나라를 잃어버리게 한 인간의 죄이다. 인간이 자기의 죄를 해결하는 방법은 인간 스스로 자기의 죄를 책임지는 것밖에 없다. 인간 스스로 자기의 죄를 책임지는 방법은 세 가지뿐이다. 돈으로 책임지는 벌금형, 몸으로 죗값을 치르는 감옥생활, 마지막 생명으로 책임지는 사형이다. 인간에게는 이 세 가지 외에 다른 방법이 없다.

누군가가 나를 위해서 죄를 책임지고 구원할 자가 없을까? 그 이름은 '예수'(자기 백성을 죄에서 구원할 자)시다. 그 예수께서 우리 죄를 지시고 십자가에 죽으시며 동에서 서가 먼 것 같이 죄과를 멀리 옮기셨고,(시

103:12) 깊은 바다에 던지셔서^(미 7:19) 다시는 만날 수 없게 하셨다. 그리고 다시는 우리의 죄를 기억하지 아니하리라 하셨다.^(렘 31:34) 그 증거는 예수 그리스도의 십자가다. 이와 같이 우리는 예수 그리스도께서 죄를 대신 책임지시고 십자가에 죽으심으로, 죄와 죽음에서 자유를 얻게 된 것이다. 죽음은 마지막이 아니다. 예수 그리스도를 통해서 '죽어도 다시 살고 그 죽음에서 자유와 해방을 얻고 살아서 믿는 자는 영원히 죽지 않는다.' 구원받은 자에게는 죽음 그 자체가 없다는 것이다.

죽음은 헬라 철학이 가르치는 것처럼 육체로부터 영혼만의 자유와 해방이 아니라 육체와 영혼이 함께 '신령한 몸'으로 다시 부활하고 그 '신령한 몸'은 하나님의 나라와 함께 영원한 삶으로 이어지는 것이다.

다윗 왕은 70세로 이 세상을 떠나면서 하나님의 나라를 바라보며 노래하였다.

> 나는 항상 여호와를 내 앞에 모셨다. 그가 내 오른편에 계시므로 내가 흔들리지 않을 것이다. 그래서 내 마음이 기쁘고 내 영혼이 즐거우며 내 육체도 안전할 것이다. 주께서 나를 무덤에 버려 두지 않으시고 주의 거룩한 자를 썩지 않게 하실 것이다. 주께서 생명의 길을 나에게 알려 주셨으니 주가 계신 곳에는 기쁨이 충만하고 영원한 즐거움이 있을 것이다!(시 16:8-11, 현대인의성경)

우리가 반드시
이겨야 할 세 가지

이 세상은 전쟁터요 산다고 하는 그 자체가 또 하나의 싸움이다. 또한 신앙생활도 또 하나의 싸움이다. 사도 바울은 자기가 살아온 삶을 "믿음의 선한 싸움"이었다고 고백하고 있다. 그 많은 싸움에서 우리가 반드시 이겨야 할 것, 세 가지가 있다.

모든 고통을 이겨야 한다

인간이 짊어지는 고통 중에 가난과 질병이 있다. 가난은 물질적으로 당하는 고통이고 병은 육체적으로 당하는 고통이다. 한국전쟁은 1950년 6월 25일, 중학교 때 일어나 3년 1개월 만에 휴전되었다. 나의 고통은 전쟁과 함께 시작되어 대학을 졸업하고 군대를 다녀올 때까지 13

년, 목회는 교회 개척으로 시작하여 미자립 교회에서 3년, 결국 16년 동안 가난과 함께 많은 환난과 시험을 당하며 살았다. 가난은 단순히 물질적인 고통으로 끝나는 것이 아니라 정신적 고통, 마음의 상처, 인간관계, 사회생활 전반에 걸쳐 많은 문제를 가져다주는 것이다.

아라비아의 속담에 "가난의 짐은 돌이나 쇠뭉치보다 무겁다"고 하였다. 평생 건강을 자랑하던 나에게도 병이 찾아와 5년 동안 죽음의 문전에서 투병생활을 했다. 질병도 단순한 육체의 고통으로 끝나는 것이 아니라 마음과 정신을 병들게 하고 인생에 많은 상처를 남긴다. 그러므로 가난과 질병은 평생 우리가 싸워 이겨 나가야 할 고통이다. 하지만 인간이 싸워야 할 고통은 평생 주인처럼 내 안에 머무는 것이 아니라 하룻밤 자고 떠나 버리는 나그네와 같은 것이다.

저녁에는 울음이 깃들일지라도 아침에는 기쁨이 오리로다(시 30:5).

인간의 고통은 한 곳에 영원히 머무는 것이 아니라 나그네와 같이 지나가는 것이다. 또한 인간의 힘으로는 감당하고 이길 수 없는 고난도 하나님의 도움으로 이길 수 있다.

사람이 감당할 시험 밖에는 너희가 당한 것이 없나니 오직 하나님은 미쁘사 너희가 감당하지 못할 시험 당함을 허락하지 아니하시고 시험 당할 즈음에 또한 피할 길을 내사 너희로 능히 감당하게 하시느니라(고전 10:13).

죄를 이겨야 한다

인간이 죄를 범하면 그때부터 그 죄의 노예가 되는 것이다. 예수께서도 "죄를 범하는 자마다 죄의 종이라"고 하셨다.(요 8:34) 자기가 지은 죄의 노예가 되어 모든 자유를 잃어버리고 평생 죄의 무거운 짐을 지고 죄의 노예로서 살아가게 되는 것이다.(히 12:1) 그러나 인간은 죄를 범할 수는 있지만 자기 힘으로 그 죄를 해결할 수는 없다. 끝까지 그 죄를 지고 가야 한다. 아니면 누군가가 나의 죄를 대신 담당해야 나의 죄에서 자유와 해방을 얻을 수 있다. 그러므로 하나님께서는 인간을 죄에서 구원하시고 자유와 해방을 주시기 위하여 속죄의 제사를 드리게 하셨다. 어린 양 머리에 손을 얹고 나의 모든 죄를 그에게 담당시킨 후 목을 베어 피를 제단에 뿌리게 하였다. 그러므로 그 어린양 예수는 우리의 죄를 대신 지고 희생의 속죄 제물이 되신 것이다. 예수께서 이 세상에 오신 목적은 예수라는 이름 그대로다.

하나님이 그 아들을 세상에 보내신 것은 세상을 심판하려 하심이 아니요 그로 말미암아 세상이 구원을 받게 하려 하심이라(요 3:17).

예수께서는 "세상 죄를 지고 가는 하나님의 어린양"(요 1:29)이 되셔서 우리의 죄를 대신 지시고 십자가에서 죽으셨다. 그러므로 인간은 예수 그리스도의 은혜로 죄에서 구원받고 자유와 해방을 얻게 된 것이다. 또한 하나님은 우리의 죄를 다시는 만날 수 없도록 동이 서에서 먼 것같이 우리 죄를 멀리 옮기셨다.(시 103:10-12)

뿐만 아니라 "우리가 지은 죄를 영원히 기억치 아니 하시겠다."고 약속하셨다.(렘 31:34; 히 10:17) 그러므로 이제 중요한 것은 다시는 그 죄를 짓지 않는 것이다.

> 그리스도께서 우리를 자유롭게 하려고 자유를 주셨으니 그러므로 굳건하
> 게 서서 다시는 종의 멍에를 메지 말라(갈 5:1).

죄를 이기는 방법은 무엇인가? 선을 행하는 것이다. 하나님께서 가인에게 경고하셨다.

바울은 로마서 1-12장까지 구원의 도리를 가르치고 12장에서 구원받은 자로서 어떻게 살아야 할 것을 가르치고 있다.

> 그러므로 형제들아 내가 하나님의 모든 자비하심으로 너희를 권하노니
> 너희 몸을 하나님이 기뻐하시는 거룩한 산 제물로 드리라 이는 너희가 드
> 릴 영적 예배니라 너희는 이 세대를 본받지 말고 오직 마음을 새롭게 함

으로 변화를 받아 하나님의 선하시고 기뻐하시고 온전하신 뜻이 무엇인

지 분별하도록 하라(롬 12:1-2).

죄를 이기는 방법은 적극적으로 선을 행하는 것이다. 죄 용서받고 구원받은 감사와 감격으로 선을 행하는 것이다. 그리고 항상 성령으로, 말씀으로 무장해야 한다.

죽음을 이겨야 한다

다윗은 30세에 왕위에 올라 40년 통치하면서 열한 번의 전쟁을 치르고 그 모든 싸움에서 승리하여 이스라엘을 통일국가로, 강대국으로 만들었다. 그의 능력이나 공로로 봐서 또 국가의 장래나 백성들의 기대에 부흥해서라도 당연히 장수할 만한 인물이었지만 70세로 짧은 인생을 마감했다. 그리고 세상을 떠날 때에 "내가 이제 모든 세상 모든 사람의 가는 길로 가게 되었다"고 고백했다. 어떤 인생을 살았느냐 하는 것은 사람마다 다르지만 죽음 앞에서는 다 똑같은 것이다. 죽음은 인간을 차별해서 데려가는 법이 없고 필요에 따라 수명을 정하는 것도 아니다. 죽음은 눈이 멀었고 판단력이 없는 바보다. 그러나 죽음을 이길 수 있는 사람은 아무도 없다. 죽음을 이기는 방법은 죽지 않는 것이 아니라 죽으면서 그 죽음을 이기는 것이다. 죽음을 이기시고 부활하신

예수 그리스도를 만나는 것이다. 죽음을 이기시고 부활하신, 예수 그리스도를 만난 바울은 죽음을 이긴 자로서 승리의 개가를 불렀다.

> 사망아 너의 승리가 어디 있느냐 사망아 네가 쏘는 것이 어디 있느냐 사
> 망이 쏘는 것은 죄요 죄의 권능은 율법이라 우리 주 예수 그리스도로 말
> 미암아 우리에게 승리를 주시는 하나님께 감사하노니 그러므로 내 사
> 랑하는 형제들아 견실하며 흔들리지 말고 항상 주의 일에 더욱 힘쓰는
> 자들이 되라 이는 너희 수고가 주 안에서 헛되지 않은 줄 앎이라(고전
> 15:55-58).

  우리는 최초의 순교자 스데반에게서 죽으면서 죽음을 이기는 거룩하고 복된 모습을 볼 수 있다. 스데반은 돌에 맞아 죽었지만 그는 죽음을 이기고 평안히 잠이 들면서 그의 죽음은 생명으로 이어졌다.(고전 15:51-57) 필요한 것은 믿음이다.

> 예수께서 이르시되 나는 부활이요 생명이니 나를 믿는 자는 죽어도 살겠
> 고 무릇 살아서 나를 믿는 자는 영원히 죽지 아니하리니 이것을 네가 믿
> 느냐(요 11:25-26).

  믿는 자에게는 '죽음은 이미 죽음이 아니다.' 오직 영원한 삶이 있을

뿐이다. 인간의 지혜나 능력으로는 세상을 이길 수 없다. 인간은 승자가 아닌 패자로서 세상을 살아가고 있는 것이다. 인간이 세상을 이길 수 있는 것은 세상을 이기신 예수 그리스도를 통해서만 가능하다.

> 무릇 하나님께로부터 난 자마다 세상을 이기느니라 세상을 이기는 승리는 이것이니 우리의 믿음이니라(요일 5:4).

예수 그리스도를 믿는 자가 아니면 세상을 이길 수 없는 것이다.

> 예수께서 이르시되 할 수 있거든이 무슨 말이냐 믿는 자에게는 능히 하지 못할 일이 없느니라 하시니(막 9:23).

바울도 "내게 능력 주시는 자 안에서 내가 모든 것을 할 수 있다"(빌 4:13)고 고백하면서 "내가 선한 싸움을 싸우고 나의 달려갈 길을 마치고 믿음을 지켰으니 이제 후로는 나를 위하여 의의 면류관이 예비되었다"고 승리의 개가를 불렀다. 어거스틴은 "믿음이야말로 그리스도인의 승리의 원천"이라고 말했다. 인간은 하나님에 대한 믿음으로 모든 고통을 이기고 죄를 이기며 죽음을 이길 수 있는 것이다.

우리가 반드시
지켜야 할 네 가지

이 세상에는 내가 할 일이 많이 있지만, 그중에 내가 책임지고 지켜야 할 일이 네 가지 있다.

나를 지켜야 한다

우리가 지켜야 할 것이 많이 있다. 건강, 명예, 재물, 사회적인 여러 가지 책임. 그러나 그보다 더 중요한 것은 먼저 나의 마음을 지키는 일이다. 인생의 지혜를 가르친 솔로몬은 "무릇 지킬 만한 것보다 더욱 네 마음을 지키라"고 가르치고 있다. 왜냐하면 '생명의 근원'이 여기서부터 나오기 때문이다. 모든 행동은 마음에서부터 나온다. 도둑질은 마음의 욕심에서, 간음은 마음의 음욕에서 그리고 살인은 미워하는 마음에서 시작되는 것이다. 그러므로 항상 마음을 잘 다스리고 끝까지 잘 지켜야 한다. 제자들의 경우도 마찬가지다.

가룟 유다가 3년 동안 보고, 배운 예수를 하루 아침에 팔아 버릴 수 있었던 것은 마음속에 사탄이 들어와 예수를 팔 생각을 넣어 주었기 때문이었다. 가룟 유다는 자기의 마음을 끝까지 지키지 못하고 결국 자기를 사탄에게 빼앗긴 것이다. 베드로도 자기의 마음을 지키지 못하여 마지막에는 예수를 부인하고 떠나고 말았다. 사탄은 항상 우리 마음속에 들어와 자리를 잡고 항상 나를 빼앗기 위해 끊임없이 공격해 오는 것이다. 그러므로 우리는 항상 예수 그리스도의 마음을 품고 나를 지켜야 한다.

가정을 지켜야 한다

집에서 나간 사탄은 영원히 떠나 버린 것이 아니라 항상 문밖에서 다시 들어오려고 기회를 엿보며 자기보다 더 악한 귀신 일곱을 데리고 들어온다. 사탄은 우리 가정에 들어와 가정을 빼앗고 나 대신 가정의 주인이 된다. 교인 집 문에 교패가 붙어 있지만 들어가 보면 예수 그리스도가 아니라 사탄이 주인이 되었고, 남편과 아내 그리고 자녀들을 다 사탄에게 빼앗긴 가정도 있다. 그 결과 가족은 믿음의 원수가 되고 예수 모신 천국이 아니라 지옥이 되어, 가정은 파탄에 이르게 된다. 그러므로 가정에 대한 책임으로 누구든지 자기 친족, 특히 자기 가족을 돌보지 않는 사람은 믿음을 배반한 자요 불신자보다 더 악한 자라고 하였다.(딤전 5:8)

프랑스, 로마 가톨릭 철학자 몽테뉴는 가정의 중요성과 책임에 대하여 "왕국을 통치하는 것보다 가정을 다스리는 것이 더 어렵다"고 가르치고 있다. 가정과 가문은 당대뿐 아니라 적어도 3대까지는 책임지고 지켜야 한다.

마태복음은 예수의 족보로 시작되었다. 하나님께서 예수 그리스도를 이 세상에 보내실 때 어느 가문을 택하셨는가? 아브라함과 다윗의 가문에서 태어나게 하셨다. 아브라함과 다윗의 가문은 대를 이어 가면서 신앙을 지키고 축복의 약속을 받은 가문이었다.(창 12:3; 삼하 7:12-16)

디모데의 그 훌륭한 믿음도 당대에 이루어진 것이 아니라 외조모 로이스와 어머니 유니게, 3대를 이어오면서 만들어진 믿음이다. 10계명에도 "하나님을 미워하고 그 계명을 지키지 아니하면 그 죗값을 자손 삼사 대까지 이르게 하고 하나님을 사랑하고 그 계명을 지키는 자에게는 천대까지 은혜를 베풀어 주리라" 하였다.

링컨 대통령은 가난한 가정에서 태어나 정규 교육은 받지 못했지만, 그 어머니의 성경과 믿음과 기도가 대통령으로 만들었다. 세계 최고의 부자 록펠러는 가난해서, 16세 때에 취직하려고 한 회사를 세 번 찾아가 사정해서 취직을 하게 되었다. 그날이 9월 26일, 록펠러는 평생 그 날을 "직장인의 날"로 정하고 기념했다.

그는 어렸을 때 어머니를 통해 십일조를 배웠고 평생 십일조를 드렸다. 그의 회사에는 십일조를 계산하는 직원이 40명 있었다. 그가 설립한 교회가 4,928교회, 설립한 대학과 후원한 대학이 24대학 그리고 뉴욕에 의학연구소를 세웠고, 그곳에서 노벨의학상을 받은 사람이 16명 배출되었다. 이런 역사와 기적을 만들어 낸 것은 록펠러의 믿음이었고 그 믿음은 어머니로부터 대를 이어 내려온 믿음의 유산이었다.

> 오늘 내가 네게 명하는 이 말씀을 너는 마음에 새기고 네 자녀에게 부지런히 가르치며 집에 앉았을 때에든지 길을 갈 때에든지 누워 있을 때에든지 일어날 때에든지 이 말씀을 강론할 것이며 너는 또 그것을 네 손목에 매어 기호를 삼으며 네 미간에 붙여 표로 삼고 또 네 집 문설주와 바깥 문에 기록할지니라(신 6:6-9).

교회를 지켜야 한다

현대 교인들의 문제점은 교회에 다니긴 하지만 내 교회가 없다는 것이다. 교회에 나가도 등록은 하지 않는다. 목회자나 교인들과 어떤 관계를 맺거나, 구속을 받고 싶지 않고 부담 없이 교회를 다니고 싶은 마음에서다. 교회는 다 마찬가지니까 아무 교회나 가서 예배만 드리면 되지 되지 특별히 내 교회를 만들고 싶지 않은 것이다. 그래서 교회에 대하여 소속감이 없고 주인 의식이 없고 항상 손님처럼 이 교회 저 교회를 떠돌아 다니게 된다. 당연히 교회를 사랑하는 마음이 없고 교회에 대한 책임감이 전혀 없다. 그러나 구원받은 성도는 하나님 성전에 기둥이 되어 교회를 지켜야 한다.

교회도 희생정신을 가지고 제자리를 지키며 교회를 받들어 섬기는 기둥이 있어야 유지가 되고 부흥 성장케 되는 것이다. 그러나 결코 쉬운 일은 아니다. 교인에게 장로, 권사, 집사 그리고 여러 직책을 맡기는 것은 결코 계급이나 명예가 아니다. 교회를 지키기 위해 순서를 정하는 것이다. 그러므로 교회의 직분과 직책을 맡은 이들은 모든 교인에게 기둥으로서 희생의 본이 되어야 할 것이다.

초대교회는 최초의 순교자 스데반이 교회의 기둥으로서 희생의 본이 되었고, 그 뒤를 이어 베드로와 바울이 기둥이 되어 30년 사도행전의 역사를 만들었고, 예루살렘에서 시작된 기독교를 세계적인 종교로 발전시켰다.

베드로는 갈릴리 사람으로서 가버나움에 살았다. 어부로서 고기를 잡다가 예수의 부름을 받고 배와 그물을 버리고 예수를 따랐다. 갈릴리 사람들은 혁신을 좋아하고 변하기 쉬운 성격으로 소란을 일으키며 충동적이며 싸움을 잘했다. 이익보다는 명예를 존중했다. 베드로는 전

형적인 갈릴리 사람이었다. 많은 결점을 가지고 있었다. 자주 실망하고 실패했지만, 다시 회복하고 본래 자세로 돌아왔다. 인간적으로 보면 하나님 교회의 기둥이 될 수 없는 사람이었다. 거친 바다에 나가 격랑과 싸우며 고기를 잡는 어부로 일생을 살 사람이었다.

그러나 예수께서는 베드로를 불러 목수가 나무를 다듬듯이 그를 가르치고 책망하며 훈련을 시켜, 제자라는 직분과 직책을 맡겨 교회의 기둥으로 삼으셨다. 안디옥 교회의 첫째 감독으로 7년을 지나면서 처음으로 이방인에게 복음을 전하고 교인들을 처음 그리스도인이라 부르는 교회의 기둥이 되었다. 61년경 예수 그리스도를 대신하여 십자가에 달리기 위해 로마로 가서 순교했다. 그는 실수도 실패도 하였지만, 마지막까지 제자의 직분을 가지고 교회의 주춧돌 역할을 잘 감당했다.

바울은 교회를 위하여 수고를 넘치도록 했고, (고후 11:23) 교회와 교인들을 위해 받는 괴로움을 오히려 기뻐했다. 그는 감옥에 갇히기도 하고, 매를 195번 맞고 전도 여행을 하면서 여러 번 강의 위험과 바다에서 죽을 고비를 당하고, 자지 못하고 주리고 목마르고 굶고 춥고 헐벗었다. 그러면서도 오히려 날마다 내 속에 눌리는 일이 있으니 곧 모든 교회를 위한 염려라 고백하면서 그리스도의 남은 고난을 그의 몸 된 교회를 위해 육체에 채운다고 하였다. (골 1:24)

구원받은 감사와 감격이 넘치면 죽도록 충성하면서도 그것을 무거운 짐으로 느끼는 것이 아니라 거기서 더 큰 기쁨과 보람을 느끼는 것이다. 존 웨슬리는 "내가 짊어진 그 많은 교회 일들은 무거운 짐이 아니라 머리카락보다 더 가볍다"고 고백하였다.

구원받은 성도들은 하나님 성전에 주춧돌이 되고 기둥이 되어야 한다. 예수님은 빌라델비아 교회를 향하여 "이기는 자는 내 하나님 성전에 기둥이 되게 하리라" 하셨다. 예수께서 12제자에게 교회의 기둥이 되라고 불러 세우셨지만 끝까지 아름답고 위대한 기둥으로서의 사명을 다한 제자들이 있다. 반면에 가룟 유다는 그 중요한 위치에서 썩은 기둥이 되어 버렸고 무너져 버린 기둥이 되고 말았다. 차라리 제자의 이름을 가지고 그 자리에 있지 않았으면 더 좋을 뻔 했다. 기둥은 아무나 할 수 있는 것이 아니고 그 이름, 그 자리는 아무나 가져서도 안 된다. 기둥은 자기 사명을 감당하고 모든 성도에게 모범을 보이지 못할 바에야 차라리 기둥이라는 이름을 갖지 않고 기둥의 자리에 서 있지 않는 것이 자기를 위해서나 기둥으로 세워 주신 예수 그리스도를 위해서 좋을 것이다.

우리는 평생, 마지막까지 하나님이 구원해 주신 나와 가정 그리고 예수 그리스도께서 피로 사신 교회를 지켜야 한다.

나라와 민족을 지켜야 한다

이스라엘 민족과 그 역사가 주는 교훈이 있다. 이스라엘 민족이 나라를 제대로 지키지 못해 애굽 사람 밑에서 430년 동안 노예생활을 했다. 하나님께서 그들이 당하는 고통을 보셨고, 부르짖음을 들으셨다. 모세를 통하여 국가를 회복시켜 400여 년 만에 하나님이 주신 자유와 권리를 누리게 되었고 하나님을 향한 올바른 신앙을 다시 찾게 되었다.

다윗과 솔로몬의 통치기간을 제외하고는 이스라엘은 제대로 나라 구실을 못했다. 다윗은 30세에 왕위에 올라 40년을 통치하고 70세에 세상을 떠났다. 그 뒤를 이어 솔로몬도 40여 년을 통치했다. 솔로몬 이후 나라는 남과 북으로 갈라졌다. 그 이유는 지리적 위치가 강대국의 틈바구니에 끼어 있어 그들의 세력 다툼에 본의 아니게 환난과 시련을 겪었고, 강대국의 역사적인 소용돌이 속에서 형성되었다. 또한 솔로몬은 즉위 4년부터 10년 동안 성전 건축을 완성했고 이어서 13년 동안 자기의 부귀영화를 누리기 위한 궁전을 건축했다. 그리고 얼마동안 부국강병을 이루었다. 하지만 결과적으로는 백성의 원망과 불평이 쌓이게 되었다. 하나님의 축복을 끝까지 지키지 못하고 나라는 남북으로 갈라지고, 이방신 바알, 아세라 우상을 모시고 섬기게 되었다. 솔로몬은 끝까지 나라를 지키지 못하고 독재와 부귀영화에 빠져 말년을 불행하게 보내고 역사적인 죄인이 되고 말았다.

하나님께서는 왕에게 세 가지 금지사항을 말씀하셨다.(신 17:16-19) 전쟁을 위해서 말을 많이 두지 말 것, 아내를 많이 두지 말 것, 은·금을 많이 쌓아 두지 말 것이다. 이것은 옛날 왕들에게만이 아니라 시대를 초월해서 모든 정치 지도자들에게 꼭 필요한 역사적인 교훈이다.

독일의 경우도 기독교인들이 나라를 똑바로 지키지 못했다. 국가 사회주의로 알려진 대중운동을 추진한 독일 정당 아돌프 히틀러의 주도 하에 1933년 1월 30일, 히틀러가 총리로 지명되어 정권을 장악하고 1945년까지 전체주의적인 방식으로 사실상 독재 권력을 행사하였다. 한국의 경우도 우리 조상들이 나라와 민족을 지키지 못해 36년 동안 일본에게 지배를 받으면서 정치, 경제, 문화, 종교를 다 빼앗겼다. 또한 한국전쟁 속에서 끝까지 나라를 지키지 못해 결과적으로 북한은 공산주의 국가가 되었다. 나라와 민족을 지키지 못한 그 책임을 지고 하나님 심판대 앞에 설 수 밖에 없는 민족이 되었다.

현재 한국에는 1,200만 명의 기독교인이 있다. 그들이 빛과 소금이 되어 어려움을 당할 때마다 올바른 신호등 역할을 해야 한다. 하지만 깜깜한 밤에 모든 신호등의 불이 꺼져 제 구실을 못한다면 이 사회의 혼란과 무질서의 책임을 누가 감당할 것인가?

정교 분리가 기독교인의 사회에 대한 무책임한 결과를 낳게 된다면 역사적인 범죄를 범하는 것이다. 우리의 기도는 기도로 끝나는 것이 아니라 그 기도가 이루어지도록 행동으로 옮겨져야 한다. 우리의 믿음은 마음에서 끝나는 것이 아니라 생활로, 행동으로 옮겨져야 한다. 아브라함의 믿음은 아들, 이삭을 바치는 데서 그 열매를 맺은 것이다.

모든 교회는 세상을 구원하고 지켜야 할 책임이 있다.

죽을 때에
마지막 남긴 말

다윗은 청소년 시절 양치는 목자로서 푸른 초장과 잔잔한 물가를 무대로 양을 지키며 키우며 살았다. 그는 용감하고 의협심이 강했다. 또한 시인이며 음악가로서 예술성이 뛰어났다. 다윗은 30세에(주전 1000년) 사울 왕의 뒤를 이어 이스라엘의 제2대 왕위에 올라 40년 동안 이스라엘을 통치하여 통일 대국을 이루었다. 그가 칠십이 되어 세상 떠날 날이 가까워지자 사랑하는 아들 솔로몬에게 유언하였다.

나는 이제 세상 모든 사람이 가는 길로 간다

여기에는 중요한 두 가지 교훈이 있다. 죽는 사람에게는 오직 자기에게만 죽음이 오는 것 같은 느낌이 드는 것이다. 그러나 죽음은 어떤 사람에게만 오는 것은 아니다. 병든 사람이나 늙은 사람 또는 불의의 사고를 당하는 사람에게만 오는 것이 아니다. 또 잘했으면 오지 않을 수도 있는데 무엇인가 잘못해서 죽게 되었다고 후회하고 아쉬워하는 경우도 있다.

그러나 죽음은 특별히 어떤 사람에게만 아니라 세상 모든 사람에게 똑같이 오는 것이다. 모든 사람이 똑같이 호흡을 하고 있듯이 호흡하는 사람에게는 똑같이 죽음이 오는 것이다. 나도 결코 예외가 될 수 없는 것을 알아야 한다. 또한 죽음은 많은 사람이 생각하는 것처럼 끝이 아니고 마지막이 아니다. 하나의 길이다. 가는 길이다. 빌리 그레이엄 목사는 2018년 2월 21일 100세에 이 세상을 떠났다.

나는 오늘 하나님 나라로 이사 간다.

무디는 62세에 세상을 떠나면서 말했다.

땅은 멀어지고 천국 문이 내 앞에 열리는구나.

그리고 다윗 왕은 70세에 이 세상을 떠나면서 말하기를,

내가 이제 세상 모든 사람이 가는 길로 가게 되었노니(왕상 2:2).

결국 죽음은 마지막이 아니고 또 끝이 아니라 더 좋은 곳을 향하여 가는 길이다. 이사 가는 길이다. 하나님 나라로 가는 길이다.

나는 패배자가 아니라 승리자다

인생은 한평생 전쟁터와 같은 이 세상에서 파란만장한 삶을 살고 가는 것이다. 다윗도 40년 왕위에 있으면서 평탄한 세월이 아니라 크고 작은 전쟁을 열 번 이상 치렀다. 그러나 그는 한 번도 패배한 일이 없이 모든 싸움을 다 이겼다. 승리의 비결은 자기의 어떤 수단 방법이나 노력이 아니라 "하나님이 이기게 하셔서 이겼다"라고 하나님께 감사와 영광을 돌렸다. 그 당시 아들 솔로몬은 20세가 되기 직전, 아버지 다윗에게는 어린아이 같이 보였다. 그러므로 아들에게 어린아이가 아니라 대장부가 되라고 하였다.

무슨 일을 만나든지 불안해하거나 두려워하지 말고 대장부가 되어 승리하라고 당부했다. 나를 믿고 의지하는 것이 아니라 하나님을 믿고 의지하는 대장부가 되라는 것이다.

왕위가 끊어지지 않을 것이다

하나님이 주신 계명과 말씀을 지키고 순종하면 그 영향이 자손 대대로 이어져 왕위가 끊어지지 않는다고 약속하셨다.

다윗 자손들의 역사는 마태복음 1장 예수의 족보 가운데 자세히 기록되어 있다. 놀라운 것은 다윗이 약속한 대로 그의 후손 가운데 예수가 태어난 것이다. 우리의 후손도 아브라함과 모세와 같이 하나님 말씀에 순종하고 지키면 후손 가운데 예수와 같은 인물이 태어날 수 있다는 것이다. 우리는 자손에게 어떤 유언과 유산을 남길 것인가? 우리가 마지막 자손에게 줄 수 있는 것은 물질적인 것, 정신적인 것, 신앙적인 것이다. 물질적인 것보다는 정신적인 것이 더 귀하고 정신적인 것보다는 신앙적인 것이 더 중요하고 필요한 것이다.

미국신문편집인협회가 1970년에 실시한 "역사상 가장 존경받는 사람"을 투표한 결과 최고 득점자는 예수 그리스도, 차점자는 링컨이었다. 링컨은 창문도 없는 통나무 집, 흙바닥에서 자라면서 정식 학교 교육은 1년 정도 받았다. 아버지 토마스는 무식해서 자기 이름을 겨우 쓸 정도였고, 어머니 낸시는 문맹이어서 자기 이름도 쓰지 못했다. 링컨의 부모들은 가난하고 무식했다. 그러므로 링컨의 부모들은 자식에게 가난과 무식을 물려 줄 수밖에 없었다. 하지만 링컨의 어머니는 34세에 세상을 떠나면서 9세 된 아들 링컨에게 성경과 신앙을 유산으로 물려주고 갔다. 링컨은 어머니를 '천사 같은 어머니'라 불렀고 어머니가 주신 성경은 하나님이 주신 제1의 보물이며 그 보물을 캐기 위해 평생 성경을 읽고 묵상했다. 대통령 취임식에서 "이 성경이 나를 대통령으로 만들었다"고 고백했다.

록펠러는 평생 24개 대학과 4,928개 교회를 지어 하나님과 인류사회에 헌납했다. 그 비결을 묻는 기자에게 "어머니가 물려준 세 가지 유산 때문이다"라고 대답했다. 첫째, 십일조, 둘째, 맨 앞자리에 앉아 예배드리고, 셋째, 교회 일에 순종하고, 목사님의 마음을 아프게 하지 말라.

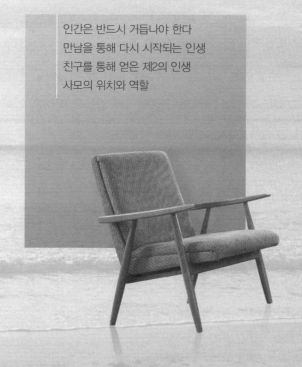

10장

우리의
만남

인간은 반드시 거듭나야 한다
만남을 통해 다시 시작되는 인생
친구를 통해 얻은 제2의 인생
사모의 위치와 역할

인간은
반드시 거듭나야 한다

가끔 후배 목회자들이 물어본다.

"목사님 교회는 교인들이 많아서 교인 중에 별별 사람들이 다 많죠!"

자기들의 교회는 교회가 작고 교인들이 많지 않아도 힘들고 어려운데 큰 교회를 담임하신 목사님은 얼마나 힘들고 어려운 일이 많겠냐는 것이다. 그때마다 나는 웃으면서 말했다.

"큰 교회만이 아니라 작은 교회라도 있을 것은 다 있는 법이에요."

예수님의 경우를 보자. 12명밖에 안 되는 작은 교인들 그리고 3년씩 예수를 따라 다니며 보고 배웠지만 심지어 제자라는 직분을 맡은 이들 중에도 별별 사람이 다 있었다.

도마는 3년 동안 예수 그리스도를 그림자처럼 따라다니며 말씀을 배우고, 늘 옆에서 그분의 인격과 생활을 지켜보았다. 때로는 정말 믿기 어려운 기적을 보면서 많은 교훈과 감동을 받았지만, 끝까지 예수 그리스도를 믿지 못하고 의심하는 바람에 부끄러운 책망을 받았다.

> 예수께서 이르시되 너는 나를 본 고로 믿느냐 보지 못하고 믿는 자들은 복되도다 하시니라(요 20:29).

베드로의 경우는 항상 나서기를 좋아하고 말만 앞세워 큰소리치며 다짐하고 맹세하였다.

> 베드로가 대답하여 이르되 모두 주를 버릴지라도 나는 결코 버리지 않겠나이다(마 26:33).

그러나 결국에는 예수를 모른다고 부인하고 심지어는 저주하며 맹세하였다. 또 제자들 중에는 서로 시기하고 질투하여 누가 더 높으냐 하는 자리다툼하는 이들도 있었다. 또한 가룟 유다는 12제자 중 제일 똑똑하고 항상 비판적이며 부정적인 사람이었다. 그리고 매사에 옳고 그름보다는 먼저 이해관계를 따지고 계산하며 머리로 믿는 신앙인이었다. 그러므로 예수 그리스도의 제자였지만 예수 그리스도보다는 돈을 더 사랑하고 이해관계에 빨라 결국 예수님을 팔아 돈을 챙겼다. 마지막에는 불행하고 불명예스럽게 자살로 인생을 마감하고 말았다. 그야말로 12명 밖에 안 되는 적은 교인들이며 거기다 제자라는 직분과 직책을 가졌지만, 그들 중에는 별별 사람들이 다 있었다.

교회는 어떤 사람들이 생각하는 것처럼 천사 같은 사람들만 모이는 곳이 아니다. 그야말로 별별 사람들이 다 모인 곳이다. 그럴 수밖에 없는 것이 교회는 일반 사회단체와는 다른 곳이다. 사회단체에서는 사람을 받을 때 아무나 받아들이는 법이 없다. 반드시 자격과 능력을 따지고 추천서를 받고 면접한 후 심사숙고하여 받아들인다. 교회도 그 성격으로 보아 더 엄격하게 엄선해서 그야말로 천사 같은 사람만 받아들여야 할 것이다.

그러나 교회는 그렇게 천사 같은 완벽한 사람들만 받아들이는 곳이 아니다. 교회는 항상 문을 열어 놓고 "아무나 와도 좋소." 하고 초청하고 기다리는 곳이다. 그러므로 교회는 누구든지 아무 부담 없이 들어올 수 있는 곳이다. 또 일반 사회단체는 어떤 공통점이 있는 사람들이 모이는 경우가 많다. 고향이 같은 사람, 학교가 같고 학력이 비슷한 사람, 직업이 같고 취미가 같은 사람이 모인다. 그러면서도 종종 싸우고 갈라진다. 그러나 교회는 하나부터 열까지 다 다른 사람들, 고향이 다르고 직업과 취미가 다르며 학력이나 생활 수준이 다르고 연령층이 다른 남녀노소가 모인 곳이다. 싸우기로 하자면 매일 싸울 수 있는, 절대로 하나가 될 수 없는 곳이 교회다. 그런데 교회는 하나가 되고 끝까지 건재하며 아름답게 성장하는 곳이다. 서로 다르면서 하나가 되는 곳이 바로 교회다.

그러므로 교회를 설명할 때는 '교회는 사람의 몸과 같다'고 했다. 인간의 몸은 서로 다른 지체가 모여 하나의 몸을 이루는 것이다. 이와 같이 교회는 아무나 들어올 수 있고 또 나와 전혀 다른 사람들이라도 전혀 부담 없이 들어올 수 있는 곳이다. 문제는 들어와서 옛사람 그대로 머무는 곳이 아니다. 토기장이에 의해서 귀한 그릇으로 다시 만들어지고 목수가 나무를 다듬어 그것으로 가구도 만들고 집을 짓듯 그리고 대장장이에 의해 쓸모없는 쇠들이 불속에서 좋은 연장으로 다시 만들어지듯 교회 안에서는 반드시 옛사람을 벗어 버리고 새사람으로 다시 지음받아야 하는 것이다. 예수 그리스도는 인간을 다시 만드는 인간 목수다.

유대인 중에 니고데모라 하는 사람이 있었다. 그는 유대인의 관원으로 성읍의 장관이었고, 최고재판소 의원이었으며, 지식인이며, 부자였다. 자존심이 강해 밤에 예수님을 찾아왔다. 예수께서 그에게 말씀하셨다.

"사람이 거듭나지 아니하면 하나님 나라를 볼 수 없다."

"사람이 늙으면 어떻게 다시 태어날 수 있습니까? 두 번째 모태에 들어갔다가 날 수 있습니까?"

예수님은 말씀하셨다.

예수께서 대답하시되 진실로 진실로 네게 이르노니 사람이 물과 성령으로 나지 아니하면 하나님의 나라에 들어갈 수 없느니라 육으로 난 것은 육이요 영으로 난 것은 영이니 내가 네게 거듭나야 하겠다 하는 말을 놀랍게 여기지 말라(요 3:5-7).

교회는 별별 사람들이 다 들어와 거룩한 새 사람으로 다시 지음을 받는 곳이다. 니고데모는 사회 고위층으로 사회를 위해 크게 공헌하며, 많은 사람에게 존경을 받고, 권력과 재물을 양손에 쥐고 있어 그 자격이나 능력에 전혀 손색이 없는 사람이었다. 하지만 예수께서는 본질적으로 다시 지음을 받아야 한다고 명령하셨다.

만남을 통해
다시 시작되는 인생

　모세는 이스라엘 백성으로 출생 후 석 달 만에 나일강에 버려졌다. 그렇지만 애굽 공주의 도움으로 구출되었다. 궁중에서 공주의 양아들로 세상 부귀영화를 누리며 모든 학문을 통달하였다. 40세가 되었을 때 히브리 사람들이 애굽 사람 밑에 노예 생활하는 것을 보고 견디다 못해 애굽 사람을 살해하고서 빈손으로 미디안 광야로 도망 나와 고난의 길을 걷기 시작했다. 그곳에서 결혼하고 처가살이를 하면서부터 그 집의 양들을 치면서 겨우 연명하게 되었다.

　인생의 황금기라 할 수 있는 40대부터 항상 쫓기는 도망자의 삶을 살게 되었고 내일에 대한 보장 없이 미래가 없는 절망적인 하루하루를 보내는 신세가 되었다. 차라리 모든 것을 다 포기하고 스스로 자기 인생을 끝내는 것이 오히려 불안하고 미래가 없는 불행한 인생을 사는 것보다 낫겠다고 판단되었다.

어느 날 들판에서 양을 지키다가 이상한 광경을 보게 되었다. 떨기나무에 불이 붙고 있는데 가까이 가 보니 나무는 타지 않았다. 그때에 모세는 불꽃 속에서 자기를 부르는 하나님의 음성을 들었다. 애굽으로 들어가 노예 생활을 하고 있는 이스라엘 백성을 구출하여 가나안 땅으로 인도하라는 것이었다. 지금 모세가 애굽으로 들어가는 것은 스스로 기름을 가지고 불속으로 뛰어 들어가는 어리석고 무모한 자살 행위와 같은 것이었다. 모세는 여러 가지 이유를 들어 거절했다. 그러나 하나님의 약속을 믿고 하나님의 도움으로 애굽에 들어가 역사적인 출애굽 기적을 만들어 냈고, 가나안 땅에 들어가 새로운 이스라엘 역사를 시작하게 되었다. 이와 같이 모세는 마지막 극단적인 상황에서 하나님을 만나 제2의 인생이 시작되었고 모세 한 사람이 하나님을 만나므로 이스라엘 민족의 역사는 바뀌었다.

만남은 참으로 중요한 것이다. 어린아이들에게는 부모의 만남이 학생들에게는 선생님 그리고 사회인은 좋은 지도자를 만나는 것이 자기 인생을 만들어 가는데 결정적인 역할을 하는 것이다. 그러나 그 누구보다도 중요한 것은 하나님을 만나는 것이다. 경우에 따라서는 열사람 백사람을 다 잘못 만난다 해도 하나님 한 분만 만나면 오히려 모든 것이 전화위복의 기회가 될 수 있는 것이다.

우스 땅에 욥이라 하는 사람이 살고 있었다. 그는 순전하고 정직하여 하나님을 경외하며 악에서 떠난 사람으로 모든 사람에게 존경을 받고 하나님의 사람으로 인정을 받았다. 그는 자녀의 축복으로 10남매를 낳아 잘 양육했고 물질 축복을 받아 모든 사람의 부러움의 대상이 되었다. 항상 넘치는 건강으로 하나님의 축복을 자랑하며 모든 사람에게 귀감이 되었다. 그런 욥에게 전혀 상상할 수 없고 이해할 수 없는 환난과 시련이 닥쳐왔다. 욥은 70세에 자기가 가지고 있는 모든 것을 다 잃어버렸다. 그 많은 재산이 하루 아침에 다 날아갔고 사랑하는 자녀들이 갑자기 부모 앞에서 다 세상을 떠났다. 업친데 덮친 격으로 자신의 건강까지 잃어버리고 발바닥에서 정수리까지 악창이 나서 재 가운에 앉아 기와 조각으로 몸을 긁고 있었다.

욥은 그 모든 고통을 이기지 못해 "내가 생명을 싫어하고 항상 살기를 원치 아니하오니 나를 놓으소서. 내 날은 헛 것입니다" 하며 울부짖었다. 이런 비참한 광경을 보고 있던 아내는 남편을 위로하고 격려하기보다 "차라리 하나님을 욕하고 죽으라"는 악담을 남기고 욥을 떠나가 버렸다. 소문을 듣고 찾아온 친구들은 욥이 이해할 수 없는 고난을 당하는 것을 보며 오히려 비판과 논쟁을 하다가 돌아갔다. 이제 욥에게 남은 것은 꺼져가는 등불 같은 생명과 하나님을 향한 실낱 같은 마지막 믿음뿐이었다.

처음에는 어느 정도 믿음으로 감당할 수 있었다.

욥이 일어나 겉옷을 찢고 머리털을 밀고 땅에 엎드려 예배하며 이르되 내가 모태에서 알몸으로 나왔사온즉 또한 알몸이 그리로 돌아가올지라 주신 이도 여호와시요 거두신 이도 여호와시오니 여호와의 이름이 찬송을 받으실지니이다 하고 이 모든 일에 욥이 범죄하지 아니하고 하나님을 향하여 원망하지 아니하니라(욥 1:20-22).

그러나 마지막에는 견디다 못해 자기 생일을 저주하고 자기를 낳아 젖을 먹여 살려놓은 어머니를 원망하기도 하였다. (욥 3:1-19) 그때 욥의 나이는 칠십이었다. 극단적인 상황에서 욥은 고백했다.

인간의 머리로는 의인이 당하는 고통을 이해할 수 없고 하나님을 믿는 자의 고통을 설명할 수 없다. 이런 상황에서 욥은 하나님을 만났다.

내가 주께 대하여 귀로 듣기만 하였사오나 이제는 눈으로 주를 뵈옵나이다 그러므로 내가 스스로 거두어들이고 티끌과 재 가운데에서 회개하나이다(욥 42:5-6).

하나님께서는 욥의 노년에 복을 주사 잃어버린 재물의 갑절을 회복시켜 주시고, 다시 10남매를 낳게 하시고, 건강의 복을 주셔서, 140세를 더 살아 210세까지 살면서 아들 손자 4대를 보게 하셨다. 머리로만 알던 하나님을 이제는 삶의 현장에서 삶의 경험을 통해 직접 눈으로 보게 하시므로 모든 문제의 해답을 얻게 하시고 욥의 마지막이 하나님의 시작이 되게 하셨다. 칠십 평생 살아온 모든 고난은 하나도 헛되이 돌아가지 아니하고 갑절의 축복으로 새 역사를 만들어 놓았다.

그러나 잘못된 만남을 통해서 잘못된 변화를 가져오는 경우도 있다. 이스라엘의 사울은 하나님을 만나 이스라엘의 초대 왕으로 세우심을 받았다. 그러나 인생 후반에 이방 여인을 만나 그들을 통해 사신 우상을 섬기다가 부끄럽고 불행한 역사를 만들어 놓고 한 생애를 마쳤다.

조셉 스탈린(1879~1953)도 74세를 살면서 처음에는 신앙심 깊은 어머니 밑에서 9살부터 6년 동안 교회학교에 다니며 러시아어를 배웠고 그후 티플리스신학교에 다녔지만, 재학 중에 비밀리에 국제 공산주의 최고 이론가 칼 막스의 저서와 다른 금서들을 읽다가 1899년 20세에 신학교에서 퇴학당했다. 1904년 신앙심 깊은 그루지야 처녀 예카테리나 스바니드제와 결혼하여 아들 하나를 낳고 아내는 사망했다. 1989년 소련 역사학자 로이 메드베테프는 스탈린에 의해 2,000만 명이 노동수용소, 강제집단화, 숙청으로 사망했고 또 다른 2,000만 명이 투옥, 추방, 이주의 희생자가 되었다고 했다.

김일성도 기독교 가정에서 그의 인생이 시작되었지만 나쁜 방향으로 변하여 남침으로 민족 상쟁의 비극을 만들었고 결국 한 민족, 한 나라를 분단국가로 만들고 말았다. 하나님은 인간을 하나님의 형상으로 변화시키고 사탄은 인간을 사탄의 형상으로 타락시킨다. 그러므로 인간은 누구보다도 하나님을 만나고 끝까지 믿음으로 하나님과의 관계를 온전히 유지해야 한다.

> 너희는 여호와를 만날 만한 때에 찾으라 가까이 계실 때에 그를 부르라 (사 55:6).

친구 통해 얻은
제2의 인생

　"친구를 사귐은 제2의 인생이다"라는 말이 있다. 나는 좋은 친구를 만남으로 제2의 인생이 만들어졌다. M. T. 키케로의 말대로 "친구는 또 하나의 나다"

　나는 1956년 4월에 서울 감리교 신학교에 입학했다. 새로운 친구들과 이름도 기억하기 전에 그해 9월 2학기에 등록금 마련을 못해 휴학을 하게 되었다. 1년이 지나 1957년 9월 2학기에 다시 복학을 해서 1957년 입학생과 또 다른 친구가 되었다. 고등학교 졸업장도 없이 졸업을 하고 대학 1학년 1학기에 휴학을 할 정도로 너무 가난에 쫓기는 생활을 하다 보니 자연히 친구들과 함께 교제를 나눌 기회도 없고 절기마다 나가는 소풍이나 여행도 함께 다닐 수도 없었다. 하는 일이란 혼자 남모르는 가난과의 싸움뿐이었다. 나는 당장 눈앞에 있는 가난을 이겨내

야만 그다음 단계로 넘어갈 수 있었다. 한번은 여행을 함께 가지 못하고 혼자 떨어졌는데 반장 조문걸이 빈 교실로 나를 부르더니 물었다.

"왜 함께 못 가? 무슨 특별한 사정이 있어?"

많은 친구들이 있었지만 특별히 관심을 가지고 가까이 다가오는 친구들은 거의 없었다. 나는 모처럼의 기회를 만난 듯 나의 모든 어려운 사정을 친구에게 다 털어놓았다. 그리고 그 친구로부터 따뜻한 위로와 뜨거운 격려를 받았다. 바로 이것이 계기가 되어 그때부터 그는 나의 좋은 친구가 되었다. 그 친구 때문에 제2의 인생이 시작되었고 또 다른 나를 만들어 가게 되었다. 예수께서 "친구를 위해 목숨을 버리면 이에서 더 큰 사랑이 없다" 하셨지만, 목숨은 고사하고 따뜻한 위로와 격려의 말 한마디가 이렇게 큰 사랑으로 올 줄은 정말 몰랐다.

예수께서는 그 당시 '세리들과 죄인들의 친구'라는 불명예스러운 취급을 받았고 자기를 팔아넘기려고 온 가룻 유다에게 말씀하셨다.

"친구여 네가 무엇을 하려고 왔는지 행하라."

또 죽은 나사로를 향하여 "내 친구 나사로가 잠이 들었다"고 했다. 모든 사람에게 마치 하나밖에 없는 친구처럼 대해 주셨다.

조문걸은 함께 기숙사 생활을 하면서 새벽이면 매일 촛불을 켜들고 함께 예배실에 들어가 개인적으로 새벽기도 생활을 했다. 신학교 1학년 추수감사절에 추수감사헌금을 하느라 한 벌밖에 없는 옷을 팔아 헌금하려고 결심을 했다. 깊이 생각하지 않고 성령의 감동으로, 인간적으로 말하면 어떨 결에 결정을 했다. 결정을 해 놓고도 어떻게 하는 것이 좋을까 싶어서 그 친구에게 물었다.

"네 생각은 어때?"

아마 그 친구가 "그만 둬, 야 없으면 그만이지 무슨 옷까지 팔아서 헌금하니, 하나님은 다 아실 텐데" 하고 만류해 주기를 은근히 바라는 마음도 있었을 것이다. 그러나 그는 한참 머리를 숙이고 생각했다.

"좋은 마음이 우러나면 그대로 해야지."

나는 아무 소리 못하고 옷을 팔아 추수감사헌금을 드렸다. 친구는 너무 깊이 생각했던 것 같다. 깊은 바다 속에 큰 고기를 잡아 나에게 준 격이다.

그 친구가 산업 선교를 한다고 인천 중공업에 노동자로 취직해서 작은 방 하나를 얻어 자취를 하고 있었다. 나는 강화에서 목회하면서 종종 중공업으로 친구를 찾아갔다. 먹고 싶은 것이 있으면 또 돈이 필요하면 찾아갔다. 면회실에서 작업이 끝날 때까지 기다렸다가 일이 다 끝난 저녁에 만났다. 더벅머리 기름때가 묻은 작업복 그리고 헌 군화를 신고 나를 반갑게 맞아 주었다. 검은 얼굴에 흰 이를 드러내고 웃으며 반갑게 두 손을 잡고 반가와 한다. 부담 없이 가볍게 평안하게 맞아준다. 내가 도움을 받기 위해 찾아 가지만 전혀 부담이 없다. 한번은 나뿐 아니라 우리 부모 형제를 위해서 자기가 거래하는 쌀가게에서 외상으로 쌀을 사서 자기 어깨로 메어다가 우리 집까지 가져다 준 일도 있었다. 공장에 찾아가 돈이 좀 필요하다 했더니 열쇠를 주면서 집에 가서 주머니에서 꺼내 가라는 것이다. 형제보다 더 가까운 것이 무엇일까? 내가 계산중앙교회에 부임해서(1969년 4월. 32세 생활비 월 25,000원) 조문걸 친구에게 월부로 양복을 해 주고 1971년 4월 22일에 그 월부가 끝났다. 아마 친구는 부담을 느꼈을는지 모른다. 나는 큰 기쁨과 만족과 감사를 느꼈다. 아마 친구도 별 미안한 감을 느끼지 않았을 것이다.

친구라면 박이섭을 빼놓을 수 없다. 그 친구는 기숙사 한 방에서 살았다. 책 읽기를 좋아해서 밤새 책을 읽다가 그대로 책상에 엎드려 이불을 뒤집어 쓴 채 자는 경우가 많았다. 기숙사에서는 앉아서 자는 사람이라고 소문이 났다. 어느 장소에서든 혼자 강의하듯 말하기 좋아하고 또 아는 게 많으니 듣는 친구들도 다 좋아했다.

방학이 되면 갈 곳이 없어 기숙사 사감 몰래 방문을 걸고 이불 뒤집어쓰고 책 읽고 공부하며 지냈다. 어떤 때는 혈액은행을 통해 등록금을 마련하기도 했다. 가난이 우리를 친구로 묶어 주기도 했지만, 신앙과 사상이 통해 형제보다 더 가까이 지냈다. 인천 화도감리교회를 담임했을 때 교회 건축을 하게 되었는데 박 목사 어머니는 금반지를 빼어 하나님께 바치셨다. 그 소식을 들으면서 몹시 안 된 생각이 들었다. 노인이 당신의 분신처럼 아끼던 금반지를 바치고 또 아들 목사를 따라 곧 미국으로 가시니 평생 언제 반지를 끼실 수 있을까. 안타까워서 아내와 의논 끝에 중앙시장에서 교인이 운영하는 금은방에서 월부로 부탁해서 금지환 두 개를 해 드렸다. 은퇴 후 80세를 넘기면서 박 목사는 나에게 때마다 용돈을 쓰라고 주었다. 우리는 이해관계나 계산이 필요 없고 먹이고 싶으면 불러서 먹이고, 주고 싶으면 세지 않고 주면서 좋아하고 만족해한다. 신세진 것도 없고 갚을 것도 없다. 누구의 말처럼 '친구는 또 하나의 나'일 뿐이다. 지금도 나이 85세에 그렇게 밥 잘 먹고 소화 잘 시키는 것 보면 그렇게 기쁘고 감사할 수가 없다.

우리들은 신학교를 졸업하고 목회 일선에 나가면서 열두 친구들이 모여 "한 힘"(New Creatine Power)을 만들었다. 1964년부터 지금까지 54년을 한 형제처럼 지내온 친구들이다. 좋은 친구를 만나는 것도 중요하지만 더 중요한 것은 내가 좋은 친구가 되는 것이고 좋은 친구를 만나는 것도 어렵지만 내가 좋은 친구가 되는 것은 훨씬 더 어려운 일이다.

나는 지금도 새벽기도 때마다 우리 한 힘 친구들이 친구가 아닌 형제처럼 지내게 해 달라고 기도하고 있다.

사모의 위치와
역할

사모 때문에 목회에 성공하는 목사도 있고, 사모 때문에 평생 무거운 짐을 지고 목회 실패의 쓴잔을 마시는 목사도 있다. 반대로 남편 목사 때문에 평생 가볍고 기쁜 마음으로 성공적인 목회자의 아내로 살아가는 경우도 있지만, 남편 때문에 평생 힘들고 불편한 목회자의 아내로 살아가는 사모들도 있다.

목사 부부는 목사와 사모로서의 위치와 역할도 중요하지만
남편과 아내로서의 관계와 역할도 중요하다

어떤 목사에게는 사모가 있는데 아내가 없고 어떤 사모에게는 목사가 있는데 남편이 없는 경우도 있다. 가정에서 남편을 목사님이라 부

르고 아내를 사모님이라 부르는 부부도 있다. 목사 부부에게 교회는 있는데 가정이 없다고 상상해 보라. 아내가 없고 남편이 없으면 그 빈자리가 유혹과 시험이 될 수도 있다. 혹자는 말하기를 한 사람이 아내의 역할과 사모의 역할을 동시에 할 수 없으니 둘 중에 하나를 선택해야 한다고 주장한다. 이것은 양자택일의 문제가 아니라 양자를 겸비해야 하는 문제다.

사모는 목사의 내조자가 아니라 동역자다

사모는 목사의 조수나 심부름꾼이 아니다. 사모가 모든 사람 앞에 나서서 활동하지 아니하고 보이지 않는 곳에서 목사를 돕는다고 해도 내조자가 아니라 동역자다. 그러므로 목사는 사모를 내조자로 비하시켜도 안 되고 사모 자신도 자신을 과소평가해서는 안 된다. 그러므로 목사 부부는 똑같이 사명감을 가지고 동역자 의식을 가지면서 서로 이해하고 사랑하며 협력해야 한다. 다만 중요한 것은 동역자이지만 그 역할과 일하는 방법에 있어서는 많은 지혜가 필요한 것이다.

목사는 설교자가 되고 사모는 상담자가 되는 것이 좋다

아내에게 물었다. 45년 목회하는 중에 제일 보람있었던 일이 언제였느냐고 물으니 교인들과 상담하면서 그들의 모든 어려운 사정을 끝까지 듣고 위로하고 격려해 줄 때였다고 한다. 목사는 말을 많이 하게 되지만 사모는 듣기를 많이 해야 한다. 그러므로 목사는 아버지의 마음으로 설교를 하고 사모는 어머니의 마음으로 많이 듣는 편이 좋다.

남편에게 칭찬을 아끼지 말라

목사는 설교하고 나면 그날 설교에 대한 평가를 듣고 싶어 한다. 어린아이 같이 칭찬을 듣고 싶은 마음이다. 아무나 붙들고 물어볼 수도 없고 그래도 제일 부담 없는 것이 아내다.

"여보, 나 오늘 설교 어땠어?"

아내가 퉁명스럽게 "그걸 설교라고 해요? 그래 내가 뭐랬어. 그만 저만 돌아다니고 설교 준비 좀 잘하랬지?" 이런 말을 듣고 나면 목회자들은 설교에 자신감을 잃어버린다.

"수고했어요. 참 좋은 내용이었는데 조금만 더 준비하셨더라면 100점인데."

이렇게 칭찬과 함께 지혜로운 권면이 필요하다.

교인들과 적당한 거리를 유지하는 것이 좋다

어떤 사모는 너무 사교적이거나 재주가 좋아 아예 교인들을 오빠, 언니, 동생으로 삼아 한 가족처럼 아주 가깝게 지내기도 한다. 교인들과 싸우는 사모도 있는데 얼마나 재주가 좋으면 그럴 수가 있을까? 그러나 지나치게 가까우면 그것이 목회 실패의 원인이 될 수도 있다.

첫째, 항상 다른 교인들보다 특별대우를 해 주어야 한다. 열 번 잘하다가도 한 번 소홀히 하면 다른 교인들보다 열배로 섭섭함과 배신감을 느껴 사랑이 증오로 변한다.

둘째, 어떤 교인과 특별히 가까이 지내면 다른 교인들은 상대적으로 멀어진다.

셋째, 목사와 그 가정의 비밀과 결점이 그들을 통해 나쁘게 소문이 나게 되고 결정적인 순간에 불행의 원인이 되기도 한다. 그러므로 교인들과 적당한 거리를 유지하는 것이 가장 좋다.

교인들과 금전 거래

사모가 빠지기 쉬운 시험과 유혹이 있다. 교인들과의 금전 거래다. 교인들에게 꾸어 주지도 말고 꾸지도 말아야 한다.

공금을 임시변통으로 사용하는 것도 안 된다. 계를 묶는 일도 절대금물이고 친목회나 사조직을 만들어서도 안 된다. 어떤 이유로도 금전거래는 그 자체가 시험이고 유혹이다.

자녀교육

목회에 자녀가 걸림돌이 되는 경우가 많다. 자녀들 앞에서 교인들을, 특별히 중직을 비판해서는 안 되고 불미스러운 내용을 드러내 비난해서도 안 된다. 자녀들을 목회 전선에 전초병으로 세워서도 안 된다. 어느 장로님의 아들은 평생 아버지로부터 목사님에 대한 불평이나 비난을 들어본 일이 없다는 말을 듣고 그렇게 존경스러울 수가 없었다.

남편을 격려하고 아내를 위로하는 부부

은퇴 후에 아내에게 물었다. 평생 목회하는 중에 지금까지 제일 기억에 남는 일이 무엇이냐고 물었다. 1968년(31세) 성천감리교회(간촌)에서 맥추 감사를 지킬 때의 일이다. 교인 30여 명, 두 교회에서 생활비 보조를 받아 정말 어렵게 살아갈 때다. 미자립 교회라는 무거운 짐을 지고 또 그 위에 가정의 짐, 칠 남매 중 장남으로 경제적으로 부모 형제를 돌보아야 하는 또 하나의 짐을 지고 있었다. 밤이나 낮이나 이십사 시간 등에 지고 살아야 할 형편이었다. 그래도 교회의 짐은 남에게 이해와 동정을 받을 수 있고 나름대로 보람과 기쁨을 함께 느낄 수 있지만, 집안의 가난은 경제적으로만이 아니라 정신적으로 심리적으로 이중 삼중의 짐이 되었다. 남 앞에 떳떳하게 들어낼 수 도 없고 어느 누구의 도움을 구할 수도 없는 일이었다. 인천에 계신 부모님은 닭을 키우고 계셨다. 아내는 부모님의 양계를 돕기 위해 교회 주변 논두렁 밭두렁 야산으로 다니며 풀을 뜯어 사료를 만들어 인천 부모님께 보내 드렸다. 교인들 눈에 띄거나 마을에 소문이 날까 봐 몰래 작업해서 사료를 만들어 자루에 담아 부천까지 가서 거기서 인천으로 가는 버스를 갈아타고 집까지 날라다 드렸다. 그 어려운 상황에서 맥추감사절을 지키게 되었다. 그때 아내는 26세 된 새색시로서 한 살 된 아들과 두 살 된 딸의 엄마였다. 맥추 감사 주일을 앞에 놓고 맥추감사 헌금을 해야 하는데 헌금할 돈이 없다. 그때 헌금을 하기 위해서 몸부림치며 울며불며 하나님께 매달려 간절히 기도했던 일이다.

우리는 평생 헌금이나 남을 돕는 일에도 항상 가족회의를 하고 때로는 식구마다 헌금하고 싶은 금액을 적어내 제일 많은 금액으로 결정하기도 했다. 목회자의 가정이 겪어야 하는 많은 어려움 가운데 하나가 경제적인 문제다. 돈이 없어도 모범적인 헌금을 해야 하고 남을 돕는 일에 앞장서야 하는 것이다. 그때마다 제일 힘들고 어려운 십자가를 져야 하는 위치가 사모의 자리다. 제일 무거운 짐을 제일 가볍게 지고 가는 모습을 가족들과 교회 앞에 보여 주어야 한다. 남편의 따뜻한 사랑과 위로와 격려가 절대적으로 필요하다. 사모는 그 사랑과 위로와 격려를 받으면서 다시 새 힘을 얻고 일어나는 것이다.

11장
젊은 후배 목회자의 질문

성령 충만함을 받고 성령과 동역하려면?
목회자가 갖추어야 할 덕목
목회 철학
설교와 성경 강해를 가장 쉽고 효과적으로 하려면?
목회자의 용서는 어디까지 가야 하나?
교회를 옮기는 교인들에 대하여
후회스러웠던 일, 보람 있었던 일

계산중앙교회 39년 목회하는 동안 80여 명의 부목사와 전도사들과 함께 목회하면서 젊은 목회자들의 고민과 갈등을 피부로 느낄 수 있었다. 1990년 62곳의 선교지와 미자립 교회를 돕기 시작하면서 1994년에는 228회, 그리고 2000년까지 10년 동안 총 821회 선교지와 미자립 교회를 지원했다. 자연히 교회 개척에 대한 갈등과 고민, 그리고 그들의 관심과 질문에 대한 답변을 정리해 보았다.

성령 충만함을 받고 성령과 동역하려면?

목회는 성령에 의해 시작되고 진행되며 그 열매가 맺히기 때문에 성령을 믿고 의지하며 성령의 도움을 받아야 한다. 목회는 인간의 일이 아니고 하나님의 일이기 때문에 인간의 수단이나 방법 또는 노력에 의해서가 아니라 하나님의 영, 성령의 도움으로만 가능한 것이다.

예수께서는 마지막 우리에게 성령을 보내 주실 것을 약속하셨고, 그 성령의 능력으로 땅 끝까지 복음을 전하고 인류를 구원하라고 당부하셨다. 사도행전은 30년 역사를 기록하면서 약 50회 이상 성령의 역사를 기록하고 있다. 그야말로 '성령의 복음'이다. 우리는 성령의 역사로 이 시대의 '사도행전 역사'를 이루어야 할 것이다. 성경 말씀과 기도와 하나님의 일에 최선을 다하는 중에 성령 충만을 받고 성령과 함께 하나님의 역사를 만들어 가야 할 것이다.

목회자가 갖추어야 할 덕목

첫째, 목회에 대한 기술이나 수단 방법 또는 노력으로 목회에 대한 전문가가 되기 이전에 먼저 목회자로서 인격을 갖추어야 한다. 하나님의 부르심을 받은 후에는 계속 예수 그리스도를 보여 줄 수 있는 목회자로서의 인격을 만들어 가도록 다듬고 노력해야 한다. 산속에 있는 나무는 그대로 아름다운 건물이 되는 것이 아니다. 그 나무를 베어다가 깎고 다듬고 또 다듬어서 좋은 건물이 되는 것이다. 그러므로 성공적인 목회자가 되기 위해서는 먼저 교회보다도 자신이 모범적인 목회자로서의 모든 인격을 갖추어야 한다.

둘째, 목회자의 인격을 계속 끝까지 유지하려면 하나님의 말씀으로 영의 양식을 삼고 그 말씀을 생활로 나타내 보여야 한다. 나는 은퇴 후에 교인들에게 좋은 설교를 더 잘하기 위해 성경을 읽고 연구하는 것이 아니다. 설교를 안 해도 나 자신을 위해서 성경을 읽고 연구하는 것이다. 나 자신을 위해 성경을 읽고 연구 하다보면 마치 좋은 음식을 먹는 것처럼 그렇게 기쁘고 평안하고 만족할 수가 없다.

목회 철학

항상 치밀한 목회 계획을 세우고 그 목표 달성을 위해 최선을 다하는 것이다. 1998년 성역 35주년(계산중앙교회 근속 30주년) 되는 해에 책을 출판하게 되었고 마지막 원고를 탈고한 후 부목사들과 전도사들에게 책 제목 20개를 내놓고 나에게 제일 적합한 제목을 골라 보라고 했다. 똑같이 지적한 제목이 『죽도록 하면 사는 길이 열린다』라는 제목이었다. 그 제목으로 출판이 되었다. 나와 함께 일하는 동역자들이 함께 일하면서 그들의 눈에 비친 나의 목회 철학이었다.

나는 평생 목회하면서 병원을 모르고 살았다. 간장병에 "우루사"라는 광고를 들으면서 그것은 약이 아니라 밥상에 올려 놓는 그릇 중에 '간장을 담는 병' 이름인 줄로만 알았다. 그렇게 건강했는데 네 번 쓰러져 119에 실려 병원 응급실로 간 일이 있었다. 물론 병이 아니라 과로로 쓰러졌던 것이다. 다음 날 아침 다시 교회로 돌아와 죽도록 충성했다. 나는 평생 쉬는 재미를 모르고 일하는 재미로 살았다. 노는 것은 오히려 마음에 부담이 되었고 일할 때만 일하는 기쁨과 평안과 보람을 느끼며 살아왔다.

설교와 성경 강해를 가장 쉽고 효과적으로 하려면?

주보에 다음 주일 설교 제목을 내보내는 것이 좋다. 교인에게는 설교에 대한 기대와 관심을 갖게 만들고 목회자 자신에게는 설교에 대한 부담을 덜어 주는 동시에 설교를 준비할 수 있는 마음과 시간의 여유를 갖게 만든다. 설교 제목을 정한 후에는 주제별 성서대전을 통해서 직접 간접으로 관련된 성구를 찾고 그 성구에 관련된 주석을 읽으면서 정리해 본다. 주석은 진보나 보수, 동서고금을 망라해서 가능한 한 많은 주석을 읽고 비교하면 성경의 보다 깊고 넓은 의미와 교훈을 접하게 되고, 여기서 설교의 80%가 이루어지게 된다.

그 다음 여기에 관련된 실화와 예화를 찾는다. 그리고 문장 백과 대사전 속에서 관계된 어록을 찾아 인용한다.

마지막으로 음식을 만들어 줄 때 아무리 좋은 재료라 해도 그대로 먹게 하는 것이 아니라 좋은 음식으로 만들어 먹이듯, 아무리 좋은 설교 재료를 준비 했다 해도 그대로가 아니라 좋은 설교를 만들어 맛있게 먹도록 만들어 주어야 한다. 항상 만드는 사람이 아니라 먹는 사람 입장에서 음식을 만들어 주어야 하듯 설교도 설교자 자신이 아니라 설교를 듣는 입장에서 생각하고 설교를 정리하고 준비해야 한다.

성경 강해도 마찬가지다. 한국 교회는 한 주간에 세 번 설교, 일곱 번 새벽기도까지 열 번 정도 설교를 해야 한다. 그야말로 그때마다 목회자는 어떤 설교를 어떻게 해야 할지, 교인들 입장에서는 그 많은 설교를 어떻게 듣고 소화시켜야 할지 고민이 아닐 수 없다. 나는 주일 저녁과 수요예배는 반드시 설교가 아닌 성경 강해를 해 왔다. 계산중앙교회에서만 39년 동안 2,600회, 타 교회에서 300회 정도, 약 3,000여 회 칠판을 놓고 성경 강해를 해 왔다. 성경 강해의 유익한 점이 몇 가지 있다. 예배 때마다 어떤 제목으로 어떤 설교를 해야 할까 하는 목회자의 설교 부담이 줄어들고 동시에 설교를 듣는 교인 입장에서는 밤낮 듣는 설교에 대한 지루함 대신 성경 강해를 통해 새로운 성경공부를 하면서 새로운 신선한 느낌과 기대를 갖게 만든다. 그리고 말씀을 배우면서 신앙의 뿌리가 깊어지고 신앙의 체계와 정리가 이뤄진다. 그래서 교인들은 성경 강해에 대한 연속성을 놓치지 않으려고 큰 기대와 열심을 가지고 오히려 더 열심히 모이게 된다.

목회자의 용서는 어디까지 가야 할까?

무조건 용서하고 끝까지 간다고 하면 본인뿐만 아니라 다른 교인들이나 교회 분위기에 어떤 영향을 미칠까? 언제까지 어떻게 용서하는 것이 좋을까? 예수께서는 "일흔 번씩 일곱 번이라도 용서하라."고 가르치시며 끝까지 용서하신다. 하지만 그 용서가 열매를 맺으려면 용서받는 자의 회개와 변화와 열매가 이뤄져야 한다. 다윗은 회개하고 그 열매로 하나님 앞에 통일된 대국을 만들어 냈다. 베드로는 용서받은 후 변화되어 사람 낚는 어부가 되었고 교회의 반석이 되었다. 하지만 가룟 유다는 용서도 받았으나 회개의 합당한 열매를 맺지 못하고 그대로 인생을 비참하게 마감하고 말았다. 목회자의 용서에는 상황에 따라서 깊고 넓은 지혜와 방법이 필요하다.

교회를 옮기는 교인들에 대하여

교회를 옮길 수밖에 없는 몇 가지 경우가 있다. 학교 진학문제, 결혼, 직장과 사업관계로 물론 현대는 과거와 달리 교통의 발달로 거리나 시간이 크게 문제가 되지 않지만 그럼에도 신앙생활에 문제가 된다면 옮길 수밖에 없는 것이다.

현대 교인들의 신앙의 문제를 하나 지적한다면, 교회는 다녀도 내 교회가 없다는 사실이다. 또 어느 교회든 출석하면 됐지. 꼭 한 교회에 소속할 필요가 없다는 것이다. 오히려 한 교회에 등록하고 내 교회로 정해 놓으면 오히려 교회의 간섭을 받게 되고 또 교인의 의무와 책임을 감당해야 하기 때문에 더욱 불편하고 부자유스러워진다고 생각한다.

교인이 교회를 떠나고 교회를 옮기는 것이 과연 누구의 책임일까?

목회자의 책임일 수도 있고 교인 본인의 책임일 수도 있다. 또 다른 교인들의 책임일 수도 있다. 우리는 누구에게 책임을 돌리기 전에 한 번 더 깊이 생각해 봐야 할 부분이 있다. 교회는 반드시 나와 똑같은 사람들만 모이는 공동체는 아니다. 교회는 다르다. 다르면서 하나가 될 수 있는 공동체가 교회다. 교회는 다르면서도 하나가 되어야 하고 또 하나가 될 수 있는 곳이다. 많은 차이가 있을 수 있지만 차별해서는 안된다.

평안의 매는 줄로 성령이 하나 되게 하신 것을 힘써 지키라(엡 4:3).

이 말씀을 다시 한 번 새겨들을 필요가 없을까?

경우에 따라서는 오히려 다른 교회로 나가 주는 것이 차라리 목회에 도움이 된다고 주장하는 목회자들도 있다. 교회 안에 있으면서 교회에 문제를 일으켜 목회자에게 어려움을 주거나 교회 분위기나 성장에 나쁜 영향을 줄 바에야 차라리 다른 교회로 가는 것이 목회에 도움이 된다고 주장하는 이들도 있다. 모든 상황에 잘 대처해야 할 것이다.

후회스러웠던 일, 보람이 있었던 일

사람에 따라서는 일할 때보다 쉬고 놀 때에 더 큰 기쁨과 즐거움을 느끼는 사람들도 있다. 하지만 내 경험으로는 일을 안하면 오히려 마음이 불안하고 자책감이 들어 더 큰 부담이 되었다. 그러므로 일이 없으면 뭔가 일을 만들어서라도 해야 마음이 평안하고 보람을 느꼈다. 이렇게 살다 보니 가끔 주변에 있는 이들에게 "사람이 쉴 줄도 알고 놀 줄도 알아야 한다"는 재미있는 권면을 듣기도 했다.

하여간 나는 무슨 일이든 할 때에는 '죽도록 하면 사는 길이 열린다'는 신념을 가지고 했다. 그렇게 일하다 보니 건강한 나도 과로로 네 번씩이나 119를 타고 응급실에 실려 갔다가 다음 날 아침에 돌아오는 일도 있었다. 그러므로 나는 내가 살아온 삶에 대하여 하나님 앞에서는 부족한 면이 많이 있었겠지만 내 자신에 대하여는 별로 후회가 없다.

억지로 아쉬웠던 일을 찾는다고 하면, 교인들에게 힘에 겹도록 봉사 헌신을 요구하고 어려운 가운데서도 후한 헌금으로 하나님께 영광을 돌리도록 지나치게 강요했던 때의 일이었던 것 같다. 물론 그것이 하나님과 이웃을 위한 일이기에 지나치다고까지 말할 수는 없겠지만, 목회자 입장에서 따뜻한 사랑과 위로와 격려를 마음껏 해 주지 못한 아쉬움은 있다. 하지만 한편으로 아쉬움을 느낀 것은 교인들에 따라 좀 더 봉사와 헌신 그리고 헌금을 했더라면 얼마나 좋았을까 하는 마음도 있었다.

물론 그것은 교인들의 신앙생활에 따라 느낌이 다를 수밖에 없는 것이었다. 그러면서도 크게 보람을 느낀 것은, 일하는 것만큼 교회가 부흥 성장하여 1969년 부임 당시 120여 명의 교인이 1980년 8월 31일 총동원주일에 1,000명을 돌파하고 수천 명이 출석하고, 39년 동안 10년마다 교회 3회, 기도원까지 4회에 걸쳐 대지를 구입하고 건축하여, 현재 3,000평 성전 대지 위에 5,000평 교회를 건축한 일이다. 힘들었지만 후회보다는 더 큰 감사와 보람을 느낀다.

또한 부임했을 때 태어난 아기들이 이제는 50세가 넘고 4대, 5대를 이어가며 아브라함의 자손들처럼 하늘의 별과 같이 번성하고 축복받는 것을 보면서 더욱 보람을 느끼며 감사한다. 나는 심은 대로 거두며

행한 대로 갚아 주시는 하나님의 역사를 목회현장에서 경험했다.

나는 아브라함의 하나님, 바울의 하나님을 옛날이 아니라 오늘의 목회현장에서 만나고 사도행전의 역사가 지금도 일어나는 것을 보면서 하나님께 영광을 돌린다.